U0552735

姜宏 著

中小企业集群化成长与集聚区建设
以中国东北地区为例

The Growth of Small and Medium-sized
Enterprises Cluster and the Construction
of Agglomeration Area:

The Northeast China as an Example

中国社会科学出版社

图书在版编目（CIP）数据

中小企业集群化成长与集聚区建设：以中国东北地区为例／姜宏著.—北京：中国社会科学出版社，2021.12
ISBN 978-7-5203-8945-7

Ⅰ.①中… Ⅱ.①姜… Ⅲ.①中小企业—高技术产业—企业发展—研究—东北地区 Ⅳ.①F276.44

中国版本图书馆 CIP 数据核字（2021）第 166310 号

出版人	赵剑英
责任编辑	王　衡
责任校对	王　森
责任印制	王　超

出　版	中国社会科学出版社
社　址	北京鼓楼西大街甲 158 号
邮　编	100720
网　址	http://www.csspw.cn
发行部	010-84083685
门市部	010-84029450
经　销	新华书店及其他书店
印　刷	北京明恒达印务有限公司
装　订	廊坊市广阳区广增装订厂
版　次	2021 年 12 月第 1 版
印　次	2021 年 12 月第 1 次印刷
开　本	710×1000　1/16
印　张	15
插　页	2
字　数	216 千字
定　价	89.00 元

凡购买中国社会科学出版社图书，如有质量问题请与本社营销中心联系调换
电话：010-84083683
版权所有　侵权必究

前　言

新中国成立前，东北地区就已初步形成了重工业基地的雏形。新中国成立后，东北地区在国家巨额投资和政策扶持下，以地域生产综合体（Territorial Productive Complex）的集群模式自上而下地被建设发展成为中国重工业基地。形成了以大型国有企业为核心，众多大中小型企业和相关机构聚集的发展模式，为新中国经济的发展作出了巨大贡献。但是，20世纪80年代后，面对国内经济发展和市场总体环境的阶段性变化，以及东部沿海地带新兴工业迅猛发展所带来的巨大冲击，东北地区的经济结构、产品结构、企业组织等由于未能进行及时调整，整体发展水平迅速被长三角、珠三角地区超越，已经远远落后于这些发达地区。特别是近几年中国经济发展进入新常态，东北地区经济发展增速更是持续下滑。2016年全国31省份GDP排行榜中，辽宁省、吉林省、黑龙江省分别排名第31、30、29位，辽宁省甚至出现了负增长。2019年在全国31省份GDP排行榜中，东北情况有所好转，辽宁省排名第14位、黑龙江省排名第23位、吉林省排名第24位；GDP增速排名中辽宁省排名第15位、黑龙江省排名第24位、吉林省排名第26位，但经济发展速度仍然在全国排名中垫底。

导致东北地区经济增长速度放缓的原因中有国家改革开放经济发展重心南移、经济结构调整和国有企业改革等因素，但东北地区中小企业未能得到应有的发展，中小企业所特有的活力没有得到充分的发挥也是原因之一，东北不缺大项目、大企业，缺少的是依托于中小企业灵活发展所能带来的竞争优势。而中小企业集群能够形成具有持续竞争优势的价值网络，近30年来，硅谷高科技中小企业集群及意大利北部传统中小企业集群的成功，使中小企业集群现象越来越引起各国政府、企业和学术界的广泛关注。现如今不管是在发达国家，还是发展中国家，企业集群已经成为区域、国家参与全球竞争的重要力量。改革开放以来，中国中小企业集群也得到了很好的发展，特别是近几年在中国相关政策的扶持下，中小企业集群的整体素质和综合技术水平都有所提高，东部发达地区中小企业集群基本实现了集群化成长，如嵊州领带产业中小企业集群、永康五金中小企业集群等，都对地区经济的发展起到较强的推动作用。

东北地区的集群经济发展由来已久，2014年8月，国务院提出35条政策来破解东北地区振兴的难题，如出台《关于近期支持东北振兴若干重大政策举措的意见》；2015年4月，李克强总理提出"新一轮东北振兴"方针；2015年7月，习近平总书记在吉林省调研时提出老工业基地振兴新思路，即"增强内生发展活力和动力"；同年3月，国家把东北三省定位为我国向北开放的重要窗口；2016年4月，国务院印发《中共中央国务院关于全面振兴东北地区等老工业基地的若干意见》，2018年国务院更是任命李克强同志为振兴东北地区等老工业基地"领导小组组长"等，东北要抓住机遇，发挥地区优势，合理配置资源，优化地方产业布局，培育和加快发展若干个有实力的中小企业集群，促进地方经济发展。

本书从马克思主义政治经济学和西方经济学相结合的角度出发，综合运用产业经济学、发展经济学、区域经济学和地理经济学等相关理论知识，对中国东北地区中小企业集群化成长的问题进行研究。首先，为便于对本研究中的概念有一个清晰的理解，使读者在阅读时不易混淆，本书对几个相关概念进行了界定，分别是中小企业、产业集聚、企业集群、规模经济和范围经济。整理并分析了中小企业集群化成长的相关基础理论。通过对中小企业集群化成长理论的述评，加深

前言

了对中小企业集群化成长埋论演进地理解，有助于对中小企业集群化成长理论的定义进行创新。通过对中国中小企业集群的深入研究，中国中小企业集群的类型可以按照以下四个标准进行划分，一是按组织形式划分；二是按与市场的关系划分；三是按形成机制划分；四是按现代化程度划分。通过对中小企业集群化成长的竞争优势进行综合分析，可以得出的结论是中小企业集群化成长能够有效提高企业竞争力、发挥规模经济效应、营造良好环境集聚等特点，可以有效地帮助中小企业健康成长。其次，通过对东北地区中小企业集群化成长的现状进行评析，对辽、吉、黑及内蒙古东部中小企业集群进行总体把握，了解他们所处的发展阶段，进而找出东北地区中小企业集群化成长的劣势，如企业间专业化分工程度低、创新动力不足、对外贸易额偏小、服务业发展缓慢、企业文化落后、战略性新兴产业市场发育程度较低等问题。再次，要学习、借鉴发达国家和地区的成功经验，改善东北地区中小企业集群化成长过程中存在的问题。通过对国内外成功中小企业集群的学习和研究，找到东北地区中小企业集群化发展与国内外发达地区中小企业集群化发展之间存在的差距。并充分利用先进的经验与东北地区经济社会发展实际相结合，以集聚区建设为依托，走中小企业集群化成长的发展道路，促进东北地区中小企业集群化成长，最终解决地区经济发展落后的局面。最后，提出解决东北地区中小企业集群化成长的对策建议，主要包括：地方政府推动中小企业集群化成长、增强企业自主创新能力、提升集群企业产业链条、加快服务业发展步伐、加强企业文化建设、提高集群企业对外贸易质量、进一步加强招商引资工作、寻找适合中小企业集群发展的战略性新兴产业机遇等。

Preface

Before the founding of the People's Republic of China, northeast China had already formed the embryonic form of heavy industry base. After the founding of the People's Republic of China, under the support of the state's huge investment and policy, the northeast region developed into China's heavy industry base from the top down in the cluster mode of Territorial productive complex. It had formed a development model with large state-owned enterprises as the core and numerous large, medium and small enterprises and related institutions gathered together, making great contributions to the economic development of new China. After entering the 1980s, however, in the face of the phases of domestic economic development and the overall market environment changes, as well as the eastern coastal area of emerging industry rapid development brought about by the huge impact, the northeast region's economic structure, product structure, enterprise organization for failing to make adjustment in a timely manner, was of the overall development level of Yangtze river delta, the pearl river delta region, had been far behind the developed areas. In particular, China's economic development had entered a new normal in recent years, and the economic growth rate in northeast China had continued to decline. In the GDP ranking of 31 provinces and cities in 2016, Liaoning, Jilin and Heilongjiang ranked 29th, 30th and 31st respectively (the last, second and third), with Liaoning even showing negative growth. In the GDP ranking of 31 provinces and cities in 2019, the situation in northeast China improved, with Liaoning ranking 14th, Heilongjiang 23rd and Jilin 24th. Liaoning ranked 15th, Heilongjiang 24th and Jilin 26th in terms of GDP growth, but its economic growth rate was still the lowest in the country.

Cause of slower economic growth in northeast China are in the country's reform and opening up and economic development south center, economic structure adjustment and the reform of state-owned enterprises, but the development of small and medium-sized enterprises in northeast China failed to be peculiar to small and medium-sized enterprises vitality without fully play is one of the reasons, the northeast is not short of large projects and large enterprises, lack is flexible on small and medium-sized enterprise development can bring competitive advantage. In the past three decades, the success of high-tech some clusters in Silicon Valley and traditional some clusters in northern Italy has drawn more and more attention from governments, enterprises and academia around the world. Nowadays, whether in developed or developing countries, enterprise clusters have become an important force for regional and national participation in global competition. Since reform and opening-up, our country small and medium-sized enterprises clusters has a very good development, especially under the support of relevant policies in China in recent years, the whole quality of the small and medium-sized enterprise cluster and comprehensive technology level is improved, the east developed area is made up of small and medium-sized enterprise cluster basic cluster growth, such as: Sheng zhou tie industry cluster of small and medium-sized enterprise clusters, Yong kang hardware small and medium enterprises, etc., are the development of regional economy play a strong role in promoting.

Cluster economic development in northeast China has a long histo-

Preface

ry. After a series of national policies (In August 2014, the State Council proposed 35 policies to solve the problem of Northeast China revitalization (Opinions on Some Major Policies and Measures to SupportNortheast China Revitalization in the Near future); In April 2015, Premier Li Keqiang put forward the policy of "a new round of Northeast Rejuvenation". In July 2015, General Secretary Xi Jinping put forward a new idea of revitalizing old industrial bases during his investigation in Jilin Province, that is, "enhancing the vitality and power of endogenous development". In March of the same year, the state positioned the three provinces in northeast China as an important window for opening up to the north (according to the layout of vision and Actions issued by the State). In April 2016, the State Council issued of the central committee of the communist party of the State Council about comprehensive revitalization of northeast China and other old industrial base of the several opinions, in 2018 the State Council has appointed Li Keqiang as the revitalization of northeast China and other old industrial bases "leadership team leader", etc.), the northeast to seize the opportunity, use of regional advantages, the rational allocation of resources, optimize the layout of the local industry, foster and accelerate the development of small and medium-sized enterprises cluster of several powerful, promote local economic development. From the perspective of the combination of Marxist political economy and Western economics, this book studies the growth of small and medium-sized enterprises in northeast China through the comprehensive use of industrial economics, development economics, regional economics, geographic economics and other relevant theoretical knowledge. First of all, in order to have a clear understanding of the concepts in this study, so that readers will not be confused when reading, the book defines several related concepts, namely small and medium-sized enterprises, industrial agglomeration, enterprise cluster, economies of scale and economies of scope. The basic theories of the formation of small and medium-sized enterprises cluster are analyzed. Through the review of the theory of small and medium-sized enterprise cluster growth, it deepens the understanding of the evolution of the theory of small and medium-sized enterprise cluster growth, and helps to innovate the definition of the theory of small and medium-sized enterprise cluster growth. Based on the in-depth study of China's sme clusters, the types of China's sme clusters can be divided according to the following four standards. Second, it is divided according to the relationship with the market; Third, it is divided according to the formation mechanism; Fourth, divide according to modernization degree.

Through the comprehensive analysis of the competitive advantages of the formation of small and medium-sized enterprises cluster, the conclusion can be drawn that the growth of small and medium-sized enterprises cluster can effectively improve the competitiveness of enterprises, give play to the scale economy effect, create a good environment for agglomeration and other characteristics, can effectively help small and medium-sized enterprises grow healthily. Second, through to the northeast, the present situation and problems of small and medium-sized enterprise clusters into long for Liao, Ji, Hei and small and medium-sized enterprise clusters in eastern Inner Mongolia overall grasp, understand their stage of development, and then find out the cluster of small and medium-sized enterprises in northeast China into long disadvantages, such as the low degree of specialization, between enterprise innovation power and small foreign trade volume, the slow development of service industry, the enterprise cultural lag, strategic emerging industry market development degree is low. Thirdly, we should learn from the successful experience of developed countries and regions to improve the problems existing in the process of the cluster growth of somes in northeast China. Through the study and research of successful some clusters at home and

4

abroad, the paper finds the gap between the development of some clusters in northeast China and that in developed regions at home and abroad. And make full use of advanced experience and the reality of economic and social development in northeast China, follow the development path of small and medium-sized enterprises cluster, relying on the construction of agglomeration area, promote the growth of small and medium-sized enterprises cluster in northeast China, and finally solve the backward situation of regional economic development. Finally, puts forward the small and medium-sized enterprise clusters in northeast into long countermeasures, mainly including: the local government to promote small and medium-sized enterprises cluster growth, the enhancement enterprise's capacity for independent innovation, promote enterprise cluster industry chain, to speed up the pace of development of service industry, to strengthen the construction of enterprise culture, improve the quality of cluster enterprise of foreign trade, further strengthen the investment promotion and capital introduction work, looking for suitable for small and medium-sized enterprises cluster development opportunity for strategic emerging industries, etc..

目　录

第一章　绪论 …………………………………………………（1）
　第一节　选题背景及意义 ……………………………………（1）
　第二节　主要内容及框架 ……………………………………（7）
　第三节　研究方法及创新点 …………………………………（10）

第二章　中小企业集群化成长理论综述 ……………………（14）
　第一节　相关概念界定 ………………………………………（14）
　第二节　中小企业集群化成长理论述评 ……………………（29）
　第三节　中国中小企业集群类型划分 ………………………（63）
　第四节　中小企业集群化成长优势分析 ……………………（66）

**第三章　中国东北地区中小企业集群化成长概况与
　　　　　现状评析** ………………………………………（73）
　第一节　东北地区中小企业集群化成长概况 ………………（73）
　第二节　东北地区中小企业集群化成长的现存问题 ………（109）
　第三节　东北地区中小企业集群化成长的症因分析 ………（132）

第四章　发达国家和地区中小企业集群化成长的经验借鉴 ……（144）
　第一节　国外中小企业集群化成长案例典示 ………………（144）

第二节　国内中小企业集群化成长成功范例 …………（161）
　　第三节　中外中小企业集群化成长的经验启示 …………（174）

第五章　加快东北地区中小企业集群化成长的集聚区建设 ……（177）
　　第一节　地方政府推进中小企业集群化成长 ……………（177）
　　第二节　企业增强创新能力 ………………………………（181）
　　第三节　现代服务业高质量发展 …………………………（187）
　　第四节　企业加强文化建设 ………………………………（190）
　　第五节　对外贸易规模持续扩大 …………………………（195）
　　第六节　战略性新兴产业加快发展 ………………………（200）

第六章　结论与研究展望 ……………………………………（206）
　　第一节　研究结论 …………………………………………（206）
　　第二节　研究展望 …………………………………………（210）

参考文献 ………………………………………………………（213）

后　　记 ………………………………………………………（225）

第一章　绪论

第一节　选题背景及意义

一　选题背景

随着美国"硅谷"的成功发展和"第三意大利"的崛起，中小企业集群作为一种客观存在的社会经济现象，引起了世界各国的广泛关注。自1990年美国商学院波特（Michael E. Porter）教授在《国家竞争优势》中正式提出企业集群概念，并把它提高到增强国家竞争力的高度以来，企业集群研究更是被推向了学术界和公共政策领域的最前沿。它作为一种特殊的企业空间组织形态，无论在发达国家还是在发展中国家，在促进市场变革、参与商业竞争、吸纳人员就业、提升区域经济整体竞争力等方面都发挥了重要的作用，对经济发展有着巨大的贡献。

改革开放以来，中国的中小企业蓬勃发展，从小到大，由弱到强，在增加就业、稳定增长、促进创新方面发挥了独特的重要作用，作为国民经济生力军的作用也日益凸显。截至2018年年底，我国中小企业已经超过了3000万家，个体工商户数量超过7000万户，贡献了全国50%以上的税收、60%以上的GDP、70%以上的技术创新成果和80%以上的劳动力就业[①]。随着中央和地方一系列的支持，在相

---

① 《工信部：到2018年底我国中小企业的数量已超3000万家》，http://finance.sina.com.cn/china/gncj/2019-09-20/doc-iicezueu7164785.shtml。

关政策的带动下中国中小企业集群也如雨后春笋，蓬勃发展，中小企业集群整体素质和综合技术水平都有所提高，这为大型集团企业的发展奠定了坚实的基础。特别是2005年，美国《商业周刊》派遣其亚洲问题专家和首席记者对中国产品在国际市场上所产生的巨大竞争力的原因进行调查，并撰写《探究"中国价格"现象》一文，提到"中国之所以能在全球市场上拥有巨大竞争力，源于非常庞大的地方规模经济，由于供应方面资源丰富，你可以非常方便地从某个区域数百厂商那里买到你所需要的零部件和原材料；国内市场竞争激烈，厂家拥有力争去满足顾客每一个愿望的热情"。该文章发表后，立刻引起了全世界各方对我国"中小企业集群"的普遍关注，并使"企业集群"再次成为研究中国经济的热点。

中国中小企业集群它介于企业与市场之间，是一种新型经济组织形态，能够有效配置资源要素，使集群内杂乱、零散的状态逐渐走向系统化、有序化，同时也能降低集群内企业成本，提升区域竞争力。中小企业集群优点很多，但也有自身的弱点，例如，集群内中小企业规模小，知识扩散程度不强、生产协作能力弱、发展的稳定性和抗风险能力一般、中小企业融资难、企业自身实力弱、集群成长乏力等方面内容，致使中小企业的"死亡率"非常高。正如有关学者在对美国中小企业的研究得出的结论中所言，在全部中小企业中，约有68%的企业在第一个5年内倒闭，19%的企业可生存6—10年，只有13%的企业寿命能够超过10年。中国中小企业也面临着同样的问题，每年有近100万家企业倒闭，中小企业的平均寿命只有2.6年。为了更好地解决这一难题，中国从学习研究国外优秀的中小企业集群实践中总结经验，集群内企业只有通过不断追求科技进步、加速社会生产分工，在集群内企业之间形成方便快捷的网络化联系，才会提高集群产业的整体竞争力，有效地抵制国内外大企业的竞争威胁，克服自身规模的劣势。

东北地区经济是中国区域经济发展板块中一个非常特殊的经济区

第一章　绪论

域。相对于中国东中西三大板块而言，区域内部的同质性非常显著，各个省份经济水平发展相差不多、自然条件相近、地缘条件相仿、文化传统相同、开发历史基本相似，具有整体性。在新中国成立前，基于资源掠夺的目的，东北地区已经初步形成了重工业地域的雏形，当时呈现的是典型的殖民地经济特点。由于这种雏形以及与苏联邻近的地理位置，新中国成立后中国政府优先选择发展东北地区。东北地区的建设始于1950年的第一个五年计划，在国家巨额投资下，自上而下建设起来的，到1960年的第二个五年计划末期基本建成。形成了以国有大型企业为核心，众多大中小型企业和相关机构聚集的模式，为新中国经济的发展作出巨大贡献。然而改革开放以来，面对国内经济发展和市场总体环境的阶段性变化，以及东部沿海地带新兴工业迅猛发展所带来的巨大冲击，东北老工业基地的经济结构、产品结构、组织结构等由于未能进行及时地调整，致使东北地区经济增长速度放缓，与沿海发达地区相比经济呈现衰退趋势，衍生出了"老体制""老工业区""老企业"等诸多问题。党的十八大以来，国家提倡产业转型升级、绿色发展，东北由于重工业产业比重偏高，东北经济增长又出现了"断崖式下滑"，GDP增速全国垫底。

东北不缺大项目、大企业和政策支持，特别是2016年中央出台《关于深入推进实施新一轮东北振兴战略加快推动东北地区经济企稳向好若干重要举措的意见》之后，东北地区的大企业取得了良好发展，中小企业的发展较之过去无论是数量上，还是质量上也都取得了较大的进展，整体素质和综合技术水平有所提高，并涌现出了一批优秀的中小企业。但这些成果与我国东部沿海各省发达地区相比无论在质量、效益、管理机制等微观层面，还是在规模、数量、整体协同竞争力等宏观层面都还存在一定差距，特别是近几年东北经济发展较慢，差距越发明显。以吉林省为例，2009年吉林省地区生产总值为7203.18亿元，广东省地区生产总值39081.59亿元，吉林省地区生产总值占广东省地区生产总值的18.43%。10年后，2019年吉林省

GDP 达 11726.8 亿元，广东省 GDP 达到 107671.07 亿元，吉林省地区生产总值仅占广东省地区生产总值的 10.61%。这组数据中可以明显看出，东北地区与发达地区的差距越来越大。尤其当前面临生产相对过剩的市场压力和企业粗放式经营管理带来的收入降低、成本增加、融资困难等问题，东北地区中小企业可谓困难重重。如何让东北地区中小企业摆脱困境，是本书所要思考的主要问题。

二　研究意义

东北地区是中国实行计划经济体制时间最长、计划经济思想最严重的地区之一，在制度变迁过程中，东北地区也是市场经济体制最难以建立的地方。面对这种实际情况，如何加速发展东北地区经济，对于我国经济整体发展具有极其特殊而重要的意义。本书以中小企业集群化成长理论研究为基础，结合东北地区实际情况，深刻剖析在市场经济体制下东北地区中小企业集群化成长问题的症结所在和发展方向，并设计出适合东北地区中小企业集群化成长的发展模式，培育东北地区企业集群的集聚效应、外部效应、学习效应、溢出效应、竞合机制、互利机制等，以此加速东北老工业基地改造，推动东北地区经济迅速增长。基于这一认识和思路，以下是本书的研究意义。

（一）有利于丰富和完善中国中小企业集群化成长理论

中小企业集群在世界范围内的迅速发展已逐步引起了学术界的关注，成为经济学、社会学、经济地理学、管理学等众多学科的研究热点，并得出一些理论成果，诸如：导致企业集群内产业集聚的内在本质是劳动力和资本的规模效益递增，是运输成本的地理分布不平衡，是信息传递的成本差异等等。但由于国内外企业集群理论研究中学派众多，各学派观点彼此独立，在宏观和微观两个层面上极大地困扰了中小企业集群对影响因素的识别和理解。不可否认，以上这些观点都存在一定的价值。

但是，这些解释似乎缺乏一个具有普遍适用性的分析框架和理论体系。① 本书力求在理论上将现有对中小企业集群化成长的影响因素纳入综合性研究的分析框架内，通过对不同经济理论流派中企业集群理论研究的回顾和整合，分析出中小企业集群化成长的影响因素，在一定程度上丰富和完善中国中小企业集群化成长理论。

（二）有利于区域经济以及整个社会的可持续发展

由于中国地区经济发展极不平衡，导致各个地区间的经济状况存在很大差距。通过不同地区经济发展的实证分析得出那些自然条件突出、具有领先地位、经济资源有优势的地区经济发展并不一定最快；自然资源条件一般的地区也一样能获得较快的发展。究其原因主要有两点，一是国家优惠政策的支持，二是企业集群效应的发展。例如：广东、浙江等地的经济高速发展与当地企业集群化的快速成长是密切相关的。通过实施中小企业集群战略，以系统的观念开发和利用包括物质、土地、人才、社会资本等有效资源，提高区域经济的整体运营效率与效益，对地区发展有很大的帮助。在东北，集群现象虽然比较普遍，但仍然存在诸如集群不经济、工业园区非集群化、中小企业发展速度缓慢等问题。本书以总结国内外优秀中小企业集群的发展轨迹为基础，揭示成功中小企业集群地发展规律和经验，并依据东北地区的自身特点，注重发挥区域的比较优势和特色产业优势，提出相应的对策建议，推动东北地区中小企业集群化成长，为东北地区可持续发展奠定坚实的基础。

（三）有利于提高东北地区中小企业应对风险的速度和反应能力

目前，中小企业正处于技术变革的挑战、知识经济的方兴未艾以及全球化市场竞争的威胁下，可谓处于一个瞬息万变的环境之中。虽然中小企业拥有生产经营灵活，进入退出成本较低等优点，但也面临着企业规模小、设备落后、管理理念滞后、技能型人才缺乏以及技术含量低等困难，致使单个中小企业竞争力不足，盈利能力差。如何解

---

① 惠宁：《产业集群的区域经济效应研究》，博士学位论文，西北大学，2006年。

决这些问题使中小企业可以适应世界经济大环境的要求，是摆在每一个中小企业面前的战略课题。东北地区经济长期以来受体制性和结构性矛盾的制约，中小企业发展步伐缓慢，极大地限制了东北地区经济发展。本书通过研究中小企业集群化成长的现象，试图寻找出有利于中小企业提高应对风险的速度和反应的能力，最大限度地增强防范和抵抗中小企业经营风险的能力。东北地区通过发展集群经济打破原有传统的中小企业间的业务联系和利益关系模式，集群内中小企业充分共享了集群内公共知识、技术、信息、物质与人力资源等，客观上促进了集群内中小企业的整体运营效率，提高了中小企业对市场变化的敏感度。中小企业通过集群的"共生关系"而发挥其"协同效应"，加快了东北地区中小企业集群化成长的步伐。与此同时，本书还从企业的层面上为中小企业的经营管理提供合理的建议，力求为中小企业的成长提供行动指南，帮助中小企业正确认知所处的时代环境、自身的成长状况和企业的成长潜力，为企业的发展提供现实指导。以上这些研究不仅有利于提高东北地区中小企业整体竞争力，更为振兴东北老工业基地战略提供了新思路。

（四）有利于加速东北地区各省市工业化和城镇化进程

目前，东北地区正处于经济发展的黄金时期，既拥有中央提出的振兴东北老工业基地的优惠政策，又适逢国际国内产业分工深刻调整，我国东部沿海地区产业向中西部地区转移的好时机，且东北地区本身具有良好的制造业基础、低廉的劳动力成本等优势。在这些有利条件下，东北地区要认真选择适合本地发展的产业计划，通过产业空间积聚来加速现代城市的发展。为了加快实现东北地区各省市工业化和城市化进程，东北当前首要的任务就是加紧实施中小企业集群化成长战略。原因有三：一是企业集群有利于核心产业的形成，可以有效地提升区域中心辐射作用和竞争力，并且企业集群多半是和城镇发展相伴而生的。二是有利于小城镇在区域发展中的地位和功能的确定，为合理确定区域城镇体系奠定基础。① 三是有利于扩大就业人数，为城市人口积聚提供必要的条件。东北地区通过发展中小企业集群，加快产业空间积聚，使农村人口向城镇转移，加速了东北地区工业化和城镇化进程，从而使东北地区有望成为承接新一轮产业转移的最佳区域。

第二节 主要内容及框架

一 主要内容

本书共分六个部分，各部分的主要内容如下：第一部分：绪论。主要阐述了本书的选题背景和研究意义，明确了本书的研究框架和研究内容，介绍了具体的研究方法和创新点。

第二部分：理论基础。该部分是中小企业集群化成长的理论基础部分。首先，为了便于在写作中对概念的理解更加清晰以及使读者在阅读时不易混淆，本书对几个基本概念：中小企业、产业集聚、企业集群、规模经济和范围经济进行了重新界定。其次，对中小企业集群化成长理论进行综述。通过对中小企业集群化成长理论的述评，清晰地掌握企业集群理论的发展脉络。本书从劳动分工与协作理论开始研究，依次是产业集群理论、产业区经济理论、竞争优势理论和区域创新理论，通过对这些理论的分析研究，为本书核心理论作出相应铺垫。在对核心理论的分析中，本书以层层递进的方式，先从企业成长理论入手，通过研究中小企业集群网络理论，继而引出中小企业集群化成长理论。通过对三方面现有理论成果的学习研究，本书对核心理论（中小企业集群化成长理论综述）进行重新界定，力求丰富和完善集群化理论。再次，本书对中

---

① 《按照五个统筹的要求，强化城镇体系规划的地位和作用——仇保兴副部长在省域城镇体系规划经验交流会上的讲话》，http://www.law-lib.com/fzdt/newshtml/22/20051027163137.htm。

国中小企业集群的类型进行划分，加深对我国中小企业集群形式的基本认识。最后，本书对中小企业集群化成长的优势进行总结，总结出企业集群化成长能够有效提高企业竞争力、获得规模经济效应、营造良好环境集聚等特点，这些可以有效帮助中小企业的成长。

第三部分：东北地区中小企业集群化成长概况与现状评析。此部分是对我国东北地区中小企业集群化成长的概况进行研究，在整体上对辽宁省、黑龙江省、吉林省和内蒙古自治区东部地区的中小企业集群进行分析，了解他们现在所处的发展阶段，进而找出东北地区中小企业集群化成长的劣势，如企业间专业化分工程度低、企业创新动力不足、对外贸易额度偏小、服务业发展缓慢、战略性新兴产业市场发育程度较低等问题。通过对导致东北地区中小企业集群化成长劣势的原因进行综合考虑并分析得出如下结论：企业集群的成长存在制度的障碍、政府规划缺乏科学性、招商引资政策存在偏误以及中小企业自身素质较低等。由此引出下一部分，应该学习、借鉴先进地区的成功经验，改善东北地区中小企业集群的现状。

第四部分：发达国家和地区中小企业集群化成长的经验借鉴。本部分从两方面入手：一方面是介绍国外中小企业集群化成长的成功范例。通过对美国硅谷高科技中小企业集群、意大利纺织业中小企业集群、印度班加罗尔软件企业集群的学习、了解，总结出各个集群的不同优点；另一方面是学习国内中小企业集群化成长的典型范例，对台湾新竹科技工业园区、嵊州领带产业中小企业集群、永康五金中小企业集群进行分析，并总结成功的原因。在这里特别要指出，由于拥有相差不多的人文环境、地理环境、生活习惯、思维方式及社会资源等，使国内的企业集群案例更具说服力和影响力，国内其他地区更容易从中学习和掌握先进的经验来帮助和改善各自发展的不足。最后是本书总结中外成功中小企业集群对中国东北地区中小企业集群发展的启示，指出东北地区发展企业集群应注意政府的扶持、公共部门的指导、环境的建设以及人才的培养。

第五部分：加快东北地区中小企业集群化成长的集聚区建设。本部分结合东北地区中小企业集群的发展情况，提出东北地区中小企业集群化成长的发展思路，即通过对集聚区的建设为依托促进中小企业集群化成长来推进东北地区经济快速发展。具体做法如下：地方政府推进中小企业集群化成长、增强企业自主创新能力、加快服务业发展、加强企业文化建设、加快发展对外贸易、积极寻找适合中小企业集群发展的战略性新兴产业的机遇。

第六部分：结论。对全书进行概要总结，并提出不足之处及今后进一步的研究展望。

二 研究框架

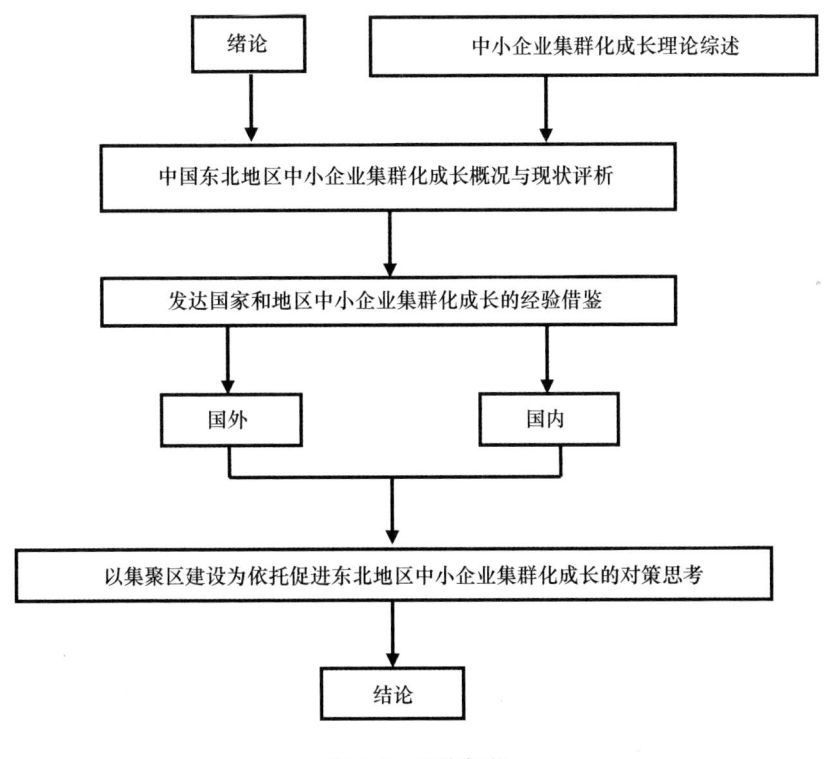

图 1.1 研究框架

第三节　研究方法及创新点

一　研究方法

本书以马克思主义政治经济学和西方经济学为指导,综合运用产业经济学、发展经济学、区域经济学和管理学等相关知识,对中国东北地区中小企业集群化成长问题进行研究。

（一）规范分析与实证分析相结合

规范分析和实证分析是经济学的基本研究方法。规范分析是指根据一定的价值判断为基础,提出某些分析处理经济问题的标准,作为制定经济政策的依据,并研究如何才能符合这些标准,它主要用来回答"应该是什么"的问题,并多侧重于对研究对象的理性判断；实证分析是指对经济现象、经济行为或经济活动及其发展趋势进行客观分析,得出一些规律性的结论,回答"是什么"的问题,分析问题具有客观性。本书中将运用规范分析和实证分析相结合的研究方法,来验证东北地区中小企业集群化成长的发展模式。

（二）多学科边缘交叉

中小企业集群问题的研究要涉及经济、政治、文化、制度、环境等多方面因素,因此,只有从经济学、社会学、政治学、文化学、心理学和人文地理学等多学科角度对东北地区中小企业集群的发展状况进行深入、细致的分析和研究,才能构建出东北地区中小企业集群化成长的合理框架体系。

（三）案例分析方法

案例分析法是对企业和企业集群研究中最常用的方法。应用典型案例分析中小企业集群的形成、成长、优势培育和管理。尤其是在我国目前区域经济发展不平衡,地理状况差异大的背景下,不同的人文、地理、政府决策、产业组织形式,都可能导致形成不同特色的集群经济类型和模式。本书运用个案分析与一般分析相结合的方法,抽象提炼出集群发展中的共性特征,从而推动我国东北地区中小企业集群化发展战略的实施。

(四)理论和实际相结合的方法

本书的研究一方面以马克思主义理论为指导,同时借鉴西方中小企业集群相关的理论成果,探讨中小企业集群化成长的内在规律性及特征,揭示中小企业集群化成长的形成条件及其集聚效益。在这些理论研究的指导下,试图探索出能促进中国东北地区中小企业集群化成长的对策建议。

二 本书创新点

(一)理论创新

企业集群是以中小企业为主体的空间产业组织。由于集聚,使得资源有效配置成为可能。目前,产业集聚化和企业集群化已成为中国区域经济发展的主要特征。但国内对于中小企业集群化成长理论的研究处于初级阶段,国外的相关研究也未形成系统化的理论。本书以集群内中小企业为对象,从集聚区建设、集群化成长的视角出发,探讨东北地区中小企业集群发展模式与企业转型升级,以期为打造富有竞争力的中小企业集群提供新思路,同时有益于完善中小企业集群化成长理论。本书首先从几个相关概念入手,对中小企业、产业集聚、企业集群、规模经济、范围经济进行较为全面、系统的分析,并重新对他们作出概念的界定。然后,对已有的关于中小企业集群化成长的文献进行较为全面地研究和梳理并进行评论,在此基础上,对中小企业集群化成长理论的定义进行创新。以上这些研究结果,在一定程度上将有助于丰富中小企业集群化成长理论。

(二)选题视角创新

本书以马克思关于分工与协作理论和西方中小企业集群理论为基础,将西方经济学、产业经济学、区域经济学、发展经济学、地理学、企业管理学等学科的相关知识进行融合,并以国内外典型成功的中小企业集群为例，深入探讨中小企业集群化成长对集群内企业成长的影响因素。并且针对东北地区中小企业集群化成长现状进行分析，把握东北地区中小企业集群总体发展态势，寻找与发达地区企业集群之间的差异。最后，在缺乏足够厚实的理论支撑前提下，对东北地区中小企业集群化成长模式进行构建，提出以集聚区建设为依托发展东北地区中小企业集群化成长的对策。本书的研究结论将有利于推动东北地区中小企业集群化成长的建设和完善，这些既是本研究的创新之处，也是本研究的难点。

（三）研究内容创新

第一，本书提出了中小企业集群化成长的逻辑分析起点、理论研究基础和类型。认为中小企业集群化成长的基本条件是产业链的聚集，而且各个企业在集群结构中的层次与地位是企业集群化成长的基础。中小企业集群是介于纯市场和科层组织之间的中间组织形式，是一定区域内大量相关企业、服务组织和支撑机构在空间上的集聚而形成的经济形态，它具有区域的同一性、网络以及产业链的共享性、文化的根植性和区域的创新性等特征。

第二，提出中小企业集群化成长的优势是有效提高竞争力、发挥规模经济效应、营造良好环境集聚和提升信息反馈质量效率等，同时指出了中小企业集群化成长有利于加快中小企业创新、增强市场融资能力、推进企业国际化进程等。在这些理论研究的基础上，本书对我国东北地区中小企业集群化成长的现状进行深入分析，并找出东北地区中小企业集群化成长发展过程中存在的问题，如政府规划缺乏科学性、企业间专业化分工程度低、企业创新动力不足、对外贸易额偏小、服务业发展缓慢、企业文化落后、引资政策存在偏误、战略性新兴产业市场发育程度较低等现象，这些研究结果在客观上可以使东北地区中小企业集群在成长过程中总结经验教训，为进一步发展打下坚实的基础。

第三，目前中国正处于走新型工业化道路、全面实现小康社会的重要阶段，为了缩小区域经济差距，迫切需要以高新技术改造提升传统产业，以新兴产业带动产业结构调整和发展方式的转变。针对这一实际情况，本书力求寻找东北地区中小企业集群如何发挥自身优势，合理配置资源，抓住国家加快发展战略性新兴产业的时机，培育和加快发展若干个新兴产业，形成新的竞争优势的方法，让中小企业集群真正成为城市经济和高科技产业发展的新引擎。

第二章 中小企业集群化成长理论综述

中小企业集群化作为一种典型的经济活动空间现象一直被学者们所注意。从企业空间聚集的历史来说，前工业化时期就已经明显地存在企业聚集，而后工业化时代这种特征更为典型。随着人类向知识经济的新时代迈进，中小企业集群作为区域经济发展的载体之一和创新发展的动力，并没有因为时间的流逝而消失，而是在全球价值链的主导下，发生了有别于工业化时期的新的集聚方式，以中小企业集群化成长的方式继续前行。

第一节 相关概念界定

任何研究都是建立在一些基本概念之上的，只有对相关概念形成理解才能展开充分的讨论和比较，才能使研究成果在理论和实践上有价值和意义。对于中小企业集群化成长问题相关的研究需要融合西方经济学、企业管理学、社会学等多学科的知识，这些不同的学科对与本书相关的概念存在着不同的分析视角和内涵界定。为了不引起歧义以及本书确保行文的流畅，有必要对以下相关概念进行说明和界定。

一 中小企业

工业革命的完成（18世纪60年代至19世纪40年代），使具有资本主义性质的大工业体系和现代商业体系逐渐形成并完善。企业在人们的经济生活中占据主导地位。相对于大企业具有带头作用和创新性，受到国家的重视外，近些年中小企业的发展也越来越成为各国政府和经济理论界普遍关注的一个热点。合理的界定中小企业是各国研究中小企业的基础，也是政府制定中小企业政策的依据。一般来说，各国对中小企业的界定有定量（Quantitative）和定性（Qualitative）两种方法。定量方法主要从企业雇员人数、资产额和营业额三个方面进行界定，这主要是从经济学角度进行划分的；定性界定一般从企业质量和地位两个方面进行评价，这主要是从经营管理和社会学角度划分的。[1] 而且，目前各国或地区对中小企业的提法存在很大区别，主要原因有三点：一是各国家和地区的经济发展水平各异，中小企业所处的经济发展环境也不相同。二是即使在同一国家和地区，也会因时间的推移和经济的发展对中小企业的划分标准和界定产生相应的改变。三是企业自身的发展也是一个动态、复杂的过程，包含多方面的因素条件，很难用一个统一、完整的标准将这些因素囊括进来。[2] 但大多数国家和地区对中小企业的界定都是基于规模差异提出的相对概念。表2.1介绍了世界主要国家和地区关于中小企业的划分标准。

表2.1　　世界主要国家和地区关于中小企业的划分标准

国家及地区	名称及划分标准	依据
美国	质的规定：符合下列条件（或至少两项）的企业为小企业：①企业所有者也是经营者；②企业的资本由一个或几个人出资；③企业产品的销售范围主要在当地；④与同行业的大企业相比，规模较小。 量的规定：雇员人数≤500人	美国经济发展委员会

---

[1] 赵优珍：《中小企业国际化》，复旦大学出版社2005年版，第9页。
[2] 康立：《非对称信息条件下中小企业银行融资研究》，博士学位论文，华东师范大学，2007年。

续表

国家及地区	名称及划分标准	依据
欧盟	中型企业：雇员人数≤250人且年交易额≤4000万欧元；或资产年度负债总额≤2700万欧元，并不被其他企业拥有25%以上的股权。 小型企业：雇员人数≤50人且年交易额≤700万欧元；或资产年度负债总额≤500万欧元，并不被其他企业拥有25%以上的股权	欧洲委员会会
英国	质的规定：①市场份额小；②所有者依据个人判断进行经营；③所有经营者独立于外部支配。 小企业：制造业雇员人数≤200人；建筑业、矿业雇员人数≤25人；零售业年营业≤45万英镑	博尔顿委员会
日本	制造业：雇员人数≤300人或资本金≤3亿日元； 批发业：雇员人数≤100人或资本金≤1亿日元； 零售业：雇员人数≤50人或资本金≤5000万日元； 服务业：雇员人数≤100人或资本金≤5000万日元	《中小企业基本法》（2000）
澳大利亚	质的规定：所有者在拥有专业知识的同时，由1—2个所有者进行全部重要的经营决策。 中型企业：制造业雇员人数在100—499人；服务业雇员人数在20—499人； 小型企业：制造业雇员人数≤100人；服务业雇员人数≤20人	《维尔特谢尔委员会报告》（1973）
韩国	制造业、运输业：从业人员≤300人或资产总额≤5亿韩元； 建筑业：从业人员≤50人或资产总额≤5亿韩元； 商业、服务业：从业人员≤50人或资产总额≤5000万韩元； 批发业：从业人员≤50人或资产总额≤2亿韩元	《中小企业组织法》（1986）
新加坡	中型企业：固定资产额在≤500万—1000万新元； 小型企业：固定资产≤500万新元，且生产用固定资产≤200万新元	小工业金融计划
中国台湾	制造业、营造业、矿业土石采掘业： 中型企业：实收资本≤8000万元新台币，或经常雇员≤200人； 小型企业：经常雇员≤20人； 农林渔牧业、水电燃气业、商业、运输业、金融保险业、工商服务业： 中型企业：前一年营业额≤1亿元新台币，或经常雇员≤50人； 小型企业：经常雇员≤5人	《台湾地区中小企业白皮书》（2000）

资料来源：高正平：《中小企业融资新论》，中国金融出版社2005年版，第40—41页。

新中国成立以来，不同经济发展阶段对中小企业的划分和界定也不尽相同。例如，1984年的《中国企业管理百科全书》中对中小企业的界定是："中小型企业是指生产规模较小的企业，即劳动力、劳动手段和劳动对象集中程度较低的企业。"林民书和李玉谭定义为："中小企业是指相对于大企业而言经营规模小，在本行业中不居于市场主导地位的经济单位。"[1] 包锡妹认为："中小企业是指独立经营、形式多样、规模较小，在市场上不具有支配地位的经济单位。"[2] 于惠芬认为："企业资源的占有和支配在本行业内部不占优势的企业为小企业。"[3]

白钦先和薛誉华形象地描述中小企业的特征为一国或地区经济发展中的"弱位强势"群体。所谓"强势"是指中小企业在世界各国或地区经济发展中的战略性重要地位；而"弱位"是指中小企业由于规模小、产品市场占有率低、技术装备水平低、劳动生产率总水平偏低等原因，造成在与大企业激烈竞争中处于劣势。[4] 锁箭提出："中小企业是一个多重相对性的概念，在不同的行业、时间和区域，其所代表的企业群体各异，而且这些群体自身具有非匀质性，即构成这一集合的各元素的异质多元特征。"[5] 用函数可表示为：SMEs = F（I，T，S），其中，I（Industry）代表行业变量；T（Time）代表时间变量；S（Site）表示地域变量。在上述变量中，如果将其中任何两个变量视为恒定常量，则第三个变量的变化就能够得到一系列不同的结果或者说成是各种不同的中小企业内涵。

---

[1] 转引自康立《非对称信息条件下中小企业银行信贷融资研究》，博士学位论文，华东师范大学，2007年。

[2] 包锡妹：《中小企业法律界定标准初探》，《中国青年政治学院学报》2000年第6期。

[3] 转引自康立《非对称信息条件下中小企业银行信贷融资研究》，博士毕业论文，华东师范大学，2007年。

[4] 白钦先、薛誉华：《各国中小企业政策性金融体系比较》，中国金融出版社2001年版，第15页。

[5] 白钦先、薛誉华：《各国中小企业政策性金融体系比较》，中国金融出版社2001年版，第16页。

张圣平和徐涛从中小企业涵盖的范围角度提出：中小企业指城镇和农村的国有及集体中小企业（乡镇企业）以及众多的民营（私营）企业。① 范秀峰和李建中把总股本在2亿股以下（包含2亿股），流通股本为5000万股以下（包含5000万股）的上市公司作为划分中小型企业的代替标准。② 万兴亚提出：中小企业是相对于大企业的规模而言的一个概念，是指那些依法设立，内部组织结构简单，自主开展生产经营，在相关产品市场不具有垄断力量，承担相应社会责任，并且生产经营规模属于中小型范畴的各种所有制和各种组织形式的企业。③ 杨波提出：与大企业相比社会上出现一些规模经济（资本规模、经营规模和人员规模）比较小的企业单位都被称之为中小企业。④

中国首次给出中小企业具有法律依据的定义是在《中华人民共和国中小企业促进法》（2003年1月1日实施）中提出来的，规定：中小企业是指在中华人民共和国境内依法设立的有利于满足社会需要、增加就业、符合国家产业政策，生产规模属于中小型的各种所有者和各种形式的企业。表2.2是中小企业促进法中对不同行业中小企业制定的标准。

表2.2　　　　　　　中小企业标准（2003年开始实行）

行业分类	中小企业标准
工业	职工人数2000人以下，或销售额3亿元以下，或资产总额为4亿元以下。其中，中型企业必须同时满足职工人数300人及以上，销售额3000万元及以上，资产总额4000万元及以上；其余为小型企业

---

① 转引自康立《非对称信息条件下中小企业银行信贷融资研究》，博士学位论文，华东师范大学，2007年。

② 范秀峰、李建中：《资本结构与中小企业股份权融资的实证分析》，《宁夏大学学报》2005年第5期。

③ 万兴亚：《中小企业成长原理与方略》，人民出版社第2005年版，第11—12页。

④ 转引自张志强《中小企业开放式创新中介网络模型的构建》，《技术经济与管理研究》2018年第11期。

续表

行业分类	中小企业标准
建筑业	职工人数 3000 人以下，或销售额 3 亿元以下，或资产总额 4 亿元以下。其中，中型企业必须同时满足职工人数 600 人及以上，销售额 3000 万元及以上；资产总额 4000 万元及以上；其余为小型企业
批发零售企业	职工人数 500 人以下，或销售额 1.5 亿元以下，其中，中型企业必须同时满足职工人数 100 人及以上，销售额 1000 万元及以上，其余为小型企业。 批发业中小型企业必须符合以下条件：职工人数 200 人以下，或销售额 3 亿元以下。其中，中型企业必须满足职工人数 100 人及以上，销售额 3000 万元及以上；其余为小型企业
交通运输企业	职工人数 3000 人以下，或销售额 3 亿元以下。其中，中型企业必须同时满足职工人数 500 人及以上，销售额 3000 万元及以上；其余为小型企业。 邮政业中小型企业必须符合以下条件：职工人数 1000 人以下，或销售额 3 亿元以下。其中，中型企业必须同时满足职工人数 400 人及以上，销售额 3000 万元及以上；其余为小型企业
住宿和餐饮业	职工人数 800 人以下，或销售额 1.5 亿元以下，其中，中型企业必须同时满足职工人数 400 人及以上，销售额 3000 万元及以上；其余为小型企业

资料来源：国家经济贸易委员会国家发展计划委员会财政部国家统计局联合颁布的《中小企业标准暂行规定》（国经贸中小企〔2003〕143 号），2003 年。

本书认为，中小企业是指那些依法设立，内部组织结构简单，自主开展生产经营，在本行业中不居于市场主导地位，与所处行业的大企业相比在人员规模、资产规模与经营规模都相对较小的经济单位。

二 产业集聚

目前研究产业集聚现象所涉及的学科众多，主要有经济学、区域经济学、地理经济学、管理学、社会学等学科，由于学科之间的融合度不够，导致产业集聚研究领域目前缺乏统一的概念与研究范式。在现有产业集聚的论述中，大体有以下两种认识：一是经济地理学的观点，认为经济活动向相对少量的一些城市中心及其周围区域化的趋势。这种情况被视为极化或集聚，趋势由市场、信息源、控制与决策的基础、内部活动联系和其他外部经济的空间集中而引起[①]；二是经济学的观点，从规模效应的角度进行分析，认为产业集聚是集聚经济的具体化，是指某些产业部门或者某些产业由于资源分享或技术与产品的内在联系而在某一特定区域里进行集中布局的状况。从经济学的基本原理来看，产业集聚形成的基本原因是集聚可以改善企业的成本曲线，从而提高企业的经营效益。[②]

关于产业集聚的定义国外学者比较有代表性的有：克鲁格曼以假定报酬递增，以垄断竞争分析框架为基础，加入空间因素，建立了描述产业集聚的"中心—外围"模型。中心思想是产业在一个地方集聚，规模报酬递增和正反馈效益导致了集聚的自我增强，形成领先区域。Rolelandt 和 Hertog 等从集聚形成的动机和功能（即组织学习与知识创新效应）出发，定义为"为获取新的和互补的技术、从互补资产和利用知识的联盟中获得收益、加快学习过程、降低交易成本、克服（或构筑）市场壁垒、取得协作经济效益、分散创新风险，相互依赖性很强的企业（包括专业供应商）、知识生产机构（包括大学、研究机构和工程设计公司）、中介机构（包括经纪人和咨询顾问）和客户通过增值链相互联系形成的网络"。Bacattnii 认为："产业集聚是具有共同社会背景的人们和企业在一定自然地域上形成的社会地域生产综合体。"[③]

经济法学者马库森认为，产业集聚是指同一产业的一群企业在地理上的集中。它是许多国家特定产业发展的必经阶段，也是国际竞争中优势产业的共同特征。产业集聚可能发生在任何产业，既可以是制造业，也可以是服务业；既可以是新兴产业，也可以是传统产业；既可以是主导产业，也可以是非主导产业（提供配套服务的其他企业和

[①] [英] R. J. 约翰斯顿主编：《人文地理学词典》，柴彦威等译，商务印书馆 2004 年版，第 100 页。

[②] 徐强：《产业集聚因何而生——中国产业集聚形成机理与发展对策研究》，浙江大学出版社 2004 年版，第 12 页。

[③] 转引自刘蓓《基于产业集群的环渤海经济圈发展模式》，《合作经济与科技》2013 年第 1 期。

机构）；既可以是上游企业如零部件、机械设备制造商，也可以是下游的分销渠道和顾客。① 经济地理学家斯特的表述，产业集聚是以贸易导向的经济活动为主体，在空间范围有界的区域内集聚，它存在独特的经济专门化特征，或者以资源相关型产业为主，或者以制造业为主，或者以服务业为主。此定义强调了产业集聚的贸易特征和企业间资源依赖思想。②

国内常见的定义有：王建刚和赵进提出产业集聚是指经营同一种产业的一群企业在地理上的集中，如在同一区位点上同类销售企业集聚在一起，形成专业市场；生产同类产品的企业在空间上集聚；存在产业纵向关联的上下游工业在空间上集聚等。③ 刘志迎和周春花认为，集聚经济就是指特定的领域里相互联系的企业和机构在地理上的集中所产生的经济现象，是经济活动在空间上的非均衡分布而呈现出的一种局部的经济特征。④ 石培哲指出产业集聚是产业发展演化过程中的一种地缘现象，即某个领域内相互关联（互补、竞争）的企业与公私机构在一定的地域内集中连片，形成上、中、下游结构完整（从原材料供应到销售渠道甚至最终用户）、外围支持产业体系健全、具有灵活机动等特性的有机体系，成为区域经济发展的主要动力的现象。⑤ 尽管对集聚现象的关注各有侧重，但这些概念的含义大同小异，都从不同的侧面反映了产业集聚的地理特征、产业联系特征、经济外部性特征。

综上所述，本书认为产业集聚：就是经营同一产业的相关企业在地域上的集中，由于地理上的接近，致使相互关联的企业可以减少成

---

① 转引自臧新《产业集群产生原因的理论困惑和探索》，《生产力研究》2003 年第 3 期。
② 转引自唐建民《商业集群"竞合"结构形成机制》，《企业科技与发展》2008 年第 12 期。
③ 转引自张弢《我国制造业集聚测度——基于指数的实证研究》，《学术论坛》2011 年第 4 期。
④ 刘志迎、周春花：《高技术产业聚群的经济学分析》，《经济理论与经济管理》2002 年第 5 期。
⑤ 石培哲：《产业集聚形成原因探析》，《机械管理开发》1999 年第 11 期。

本曲线，从而提高企业的经营效益。

三　企业集群

企业集群（Enterprises Cluster）这一经济现象是伴随着分工与专业化的发展而出现的，起源于国外，理论的研究也形成于国外。由于研究背景及目的不同，企业集群的概念存在着多种不同的解释。

国外主要有以下几种表述。最早对企业集群问题进行研究的是马歇尔，他认为企业集群是由专门人才、专门机械、原材料提供、运输便利及技术扩散等"外部经济"所形成的企业的集聚。韦伯认为，企业集群是在某一地域相互联系的企业的集聚体。胡佛将企业集群看作具有"集聚体"规模效益的企业群体。根据新制度经济学家威廉姆森"中间性组织"的观点，从企业组织与交易成本角度入手，企业集群可以看作是基于专业化分工和协作的众多企业集合起来的介于纯市场组织和科层组织之间的比市场稳定、比层级组织灵活的中间性组织。迈克尔·波特给企业集群下的定义是：一组在地理上靠近的相互联系的公司和关联的机构，它们同处或相关于一个特定的产业领域，由于具有共性和互补性而联系在一起。[①] Uzor 认为企业集群是在同一地方经营的小企业集合体，它们提供相近产品或服务，相互之间既合作也竞争，并且相互学习，而且还制定共同的战略应付外界挑战，通过发展网络拓展市场。[②] 凡赛和伯格曼从产业链出发对企业集群进行定义。他们认为，一群相关厂商所形成的产业集群应包含一个或数个下列关系：正式的输入或输出或是买方与供应商的联结、地理上的共同位置、与商业相关的地方机构的共享、非正式合作与竞争现象。[③] 综上所述，国外学者对企业集群的定义主要是从专业化分工、地理位置相

---

① 转引自陈德智、王浣尘《企业之间合作创新模式》，《科技管理研究》2003 年第 3 期。
② Uzor, Small and Medium Scale Enterprises Cluster Development in South-Eastern Region of Nigernia, Osmund Osinaehi, IWIM, 2004.
③ 转引自陈维滨《我国产业集群升级策略选择研究》，《现代商贸业》2002 年第 7 期。

邻以及企业间相互关联与合作等方面进行界定的。

国内学者从20世纪80年代开始对企业集群进行研究；20世纪90年代以后，对此研究更加深入和系统化。仇保兴认为中小企业集群就是一群既自主独立又相互关联的中小企业，依据专业化分工和协作建立起来的组织，这种组织的结构介于纯市场和层级两种组织之间，它比市场稳定，比层级组织灵活。[1] 他认为中小企业集群的定义包括：①中小企业集群是由一群彼此独立自主但相互之间又有着特定关系的中小企业所组成。②在这一特定关系中隐含着专业分工和协作的现象，其协作即为集群中企业间的互动行为，从而获得马歇尔所说的外部经济。③这类互动行为包括中小企业间的交换与适应。④交换行为的功能是为了有效地获取外部资源、销售产品和劳务、促进知识与技术的快速积累；而适应则是为了谋求企业间的关系能长期维持而及时解决成员间的不一致性和环境的不确定性。同时，适应也意味着集群组织结构具有一定的可塑性，即有动态化的特点。⑤集群中存在着企业间的互补与竞争关系。⑥中小企业间所形成的长期关系及其运行是以"信任和承诺"等人文因素来维持，并使其在面对外来竞争者时，拥有独特的竞争优势。值得注意的是，仇保兴在定义中并没有提及集群企业的地理集中。王缉慈认为："企业集群是在地理上靠近的相互联系的公司和机构，它们同处于一个特定的产业领域，由于具有共性和互补性而联系在一起。"[2] 魏江通过研究浙江的"块状经济"现象，认为企业集群是产业发展深化过程中的一种地缘现象，是从事某一特定的产业及相关领域中的数十、数百，乃至上千家企业以及服务的相关企业和机构，在同一地区集中投资所形成的集群，是提升区域经济特别是中小企业市场竞争力的一种重要产业组织形式。[3]

---

[1] 仇保兴：《中小企业集群研究》，复旦大学出版社第1999年版，第10页。
[2] 王缉慈：《关于中国产业集群研究的若干概念辨析》，《地理学报》2004年第10期。
[3] 魏江：《小企业集群创新网络的知识溢出效应分析》，《科学管理》2003年第24期。

综合国内外企业集群的定义，可以从广义和狭义两个方面来总结。广义的企业集群概念认为：只要是企业集聚在一起的现象就是企业集群；狭义的概念认为：只有在企业之间建立起网络化合作才是企业集群。但不论是广义的还是狭义的企业集群概念都包括三个指向：第一，空间指向。企业集群是大量企业集中在某一个较小的地理空间上。第二，关系指向。企业集群内不同企业存在一定技术经济联系，它们生产的产品在行业上具有同一性或关联性。第三，利益指向。集群内企业能够获得单个企业在孤立发展下难以获得的利益。

本书认为企业集群是指在某一地域范围内基于专业化分工和协作的相互间联系的企业聚集，同时，集群内企业间积极地进行交流与学习，共享资源网络、服务组织和劳动力市场。

四　规模经济

规模经济（Economies of sale）是指在产品组合不变的情况下，生产的平均成本随着产出增加而下降，即企业的长期平均成本随企业规模的扩大，生产能力的提高而下降的现象。[1] 规模经济的权威性解释是新帕尔格雷夫《经济学大词典》中概括的：在给定技术的条件下（指没有技术变化），对于某一产品，无论是单一产品还是复合产品，如果在某些产量范围内平均成本是下降（或上升）的话，我们就认为存在着规模经济（或规模不经济）。规模经济产生的原因在于生产活动的"不可任意分割"和"附加利益效应"，也就是说一个企业生产过程中的生产要素要在合理匹配的情况下才会产生协同效应。[2] 规模经济的特征有两方面：一是企业重复生产同种产品的数量；二是企业内部包含的生产环节的数量，即内部一体化程度的高低。[3] 这两种规

---

[1]《经济学人》常用词汇总结。
[2] 转引自李明《我国商业银行规模经济分析》，《上海金融》1999年第12期。
[3] ［法］泰勒尔：《产业组织理论》，中国人民大学出版社1999年版，第23页。

模属性分别代表企业规模的横向和纵向特征，规模经济主要来自横向规模的扩大。①

从经济学说史的角度看，关于规模经济问题的研究可以追溯到古典学派的亚当·斯密和大卫·李嘉图，他们分别从绝对优势和比较优势角度对分工和专业化带来的好处进行论述。但是由于古典经济理论学派的学者所处时代的局限性，所以并没有提出"规模经济"一词。"规模经济"真正成为经济学研究的对象，是在机器大工业出现以后约翰·穆勒提出的。穆勒是第一人直接从节约生产成本的角度论述大规模生产的好处，他认为："在很多情况下大规模生产可以大大提高生产效率。"穆勒的分析与斯密不同，他是从节约生产成本的角度对大规模生产的好处进行分析，并用邮政局的业务说明大生产体制代替小生产体制能够减少资本家的管理劳动。

新古典学派的马歇尔是最早使用"规模经济"一词的经济学家，马歇尔在《经济学原理》一书中提出：大规模生产的利益在工业上表现得最为清楚……大工厂的利益在于专门机构的使用与改革、采购与销售、专门技术和经营管理工作的进一步划分。②并且，马歇尔还指出形成规模经济的两种途径，一是"内部规模经济"，由个别企业对资源充分有效的利用以及组织和经营效率的提高而形成的；二是"外部规模经济"，是由于多个企业之间的合理分工、联合、地区布局等所形成的。同时，马歇尔还指出了报酬递增的原因，他认为是由于企业"扩大其不动产而获得了种种新大规模生产经济，从而在相对低廉的成本上增加了产量"③。马歇尔还提出了著名的"马歇尔冲突"理论，认为：企业规模不能无节制地扩大，否则所形成的垄断组织将会

---

① 杨国亮：《论范围经济、集聚经济与规模经济的相容性》，《当代财经》2005年第11期。
② 马歇尔：《经济学原理：上卷》，朱志泰译，商务印书馆1965年版，第291页。
③ 杨国亮：《论范围经济、集聚经济与规模经济的相容性》，《当代财经》2005年第11期。

使市场失去"完全竞争"的活力。①

进入现代经济理论以后，美国第一个诺贝尔经济学奖得主保罗·萨缪尔森在《经济学》一书中指出：生产在企业里进行的原因在于效率，通常要求大规模的生产、筹集巨额资金以及对正在进行的活动实行细致的管理与监督。认为：导致在企业里组织生产的最强有力的因素来自于大规模生产的经济性。②

美国哈佛大学教授哈维·莱本斯坦对规模经济进行了深入探讨，并提出了 x 效率理论。哈维在《效率配置和 x 效率》一文中指出：大企业特别是垄断性大企业，面临外部市场竞争压力小、内部组织层次多、机构庞大、关系复杂、企业制度安排往往出现内在的弊端，使企业费用最小化和利润最大化的经营目标难以实现，从而导致企业内部资源配置效率降低，这就是"x 非效率"，也就是通常所说的"大企业病"，而"x 非效率"所带来的"大企业病"，正是企业发展规模经济的内在制约因素。③

新制度经济学派对规模经济的研究代表人物是科斯和威廉姆森等。科斯认为，企业和市场是两种不同的资源配置方式，前者需要支付一定的组织管理费用，后者需要支付一定的"交易费用"。科斯还认为：企业的产生是为了通过外部交易的"内部化"节约交易费用，随着企业规模的扩大，内部管理费用逐渐上升，当节约的市场交易费用刚好被内部管理费用所抵消，企业规模就达到一个均衡点，这一点决定了企业的边界。最后科斯认为，规模经济的产生是由于企业规模扩大而节约的交易费用大于增加的组织管理费用。④ 威廉姆森则从资产专用的角度论述企业规模经济的问题，资产专用程度、交易频率和

---

① [英] 马歇尔：《经济学原理：上卷》，陈良璧译，商务印书馆 1964 年版，第 155 页。
② [美] 萨缪尔森、诺德豪斯：《经济学》，萧深译，华夏出版社 1999 年版，第 87 页。
③ 转引自李志能、杜锦根、温容祯《企业的 X 效率问题与制度分析》，《上海经济研究》1996 年第 12 期。
④ [英] 科斯：《企业的性质》，王宁译，上海财经大学出版社 2000 年版，第 34—35 页。

不确定性决定了企业规模，资产专用程度越高，交易越频繁，不确定性越大，企业越趋向于扩大规模。①迈克尔·迪屈奇认为制度学派的交易成本学说不能成为纵向结合的理论基础，企业规模经济和组织边界是由交易成本或组织成本以及企业内部配置资源或市场配置资源综合比较确定的。②斯蒂格利茨认为规模经济是"产量增加的比例大于投入品增加的比例"。③曼昆则把规模经济定义为"长期平均总成本随产量增加而减少的特征"。④

国内学者对规模经济也进行了研究，如陈小洪和金忠义认为，"所谓规模经济（Scale Economies）是指规模的经济性规律。规模是个多义词。规模经济中的规模概念，主要是指工艺装备、工艺过程组织（劳动力、工具、设备按一定规程、标准的组合，以实现一定的工艺目的）和企业在一定条件下的最大生产能力。规模经济性或规模经济性规律，就是产品的单位成本随着规模即生产能力的提高而逐渐降低的规律。在经济学中，这种现象被称作规模收益递增"。⑤

本书认为，规模经济就是由企业大规模生产及各资源配置合理化带来的产品成本上的节约。

五 范围经济

范围经济是建立在多元化经营基础之上的、与多元化经营相联系的概念。钱德勒把范围经济定义为："联合生产和经销经济"，是指利

---

① Oliver Williamson, *The Economic Institutions of Capitalism*, New York, Free Press, 1985.

② 转引自［美］迈克尔·迪屈奇《交易成本经济学》，王铁生、葛立成译，经济科学出版社 1999 年版，第 27 页。

③ ［美］斯蒂格利茨：《经济学（第二版）上册》，梁小民、黄险峰译，中国人民大学出版社 2000 年版，第 21 页。

④ 转引自［美］斯蒂格利茨《经济学（第二版）上册》，梁小民、黄险峰译，中国人民大学出版社 2000 年版，第 21 页。

⑤ 陈小洪、金忠义：《企业市场关系分析——产业组织理论及其应用》，科学技术出版社出版 1990 年版，第 19 页。

用单一经营单位内的生产或销售过程来生产或销售多于一种产品而产生的经济。① Teece、Panzar 和 Willing 指出：由两个或多个产品生产线联合在一个企业中生产比把它们独立分散在只生产一种产品的不同企业更节约时，就存在范围经济。② Baumol 认为，当生产的产品投入是共享的或联合利用的，就会产生生产中的范围经济。③ 平狄克和鲁宾费尔德认为范围经济的产生源自共享管理资源及依赖于相似的机器和熟练劳动力。④

美国经济学家约翰·潘泽（John Panzar）和罗伯特·维立格（Robert Willing）认为是指利用经营单一产品内原有的生产或销售过程来生产或销售多于一种产品而产生的经济效益。或者说，范围经济指由于经济组织的生产或经营范围的收缩或扩张而导致的平均成本升降的状况。凡是由于生产或经营范围的扩大而导致平均成本降低的，就称为存在范围经济（Economy of Scope）；凡是在经营范围扩大后，出现了平均成本的上升，则说明存在范围不经济（Diseconomy of Scope）。范围经济通常是根据一个企业生产多种产品和多个企业分别生产一种或少数几种产品的相对总成本来定义的。

对于成本函数而言，由一个企业来生产两个产品的成本比由两个企业来分别生产所花费的成本低。用数学表示："用 TC（Q_x, Q_y）代表甲厂家同时生产 Q_x 个单位的产品 X 和 Q_y 个单位的产品 Y 时的总成本；TC（Q_x, 0）代表乙厂家生产 Q_x 个单位的产品 X，不生产产品 Y 时的总成本；TC（0, Q_y）代表丙厂家只生产 Q_y 个单位的产品 Y，不生产 X 产品时的总成本。即：S = TC（Q_x, Q_y）− TC（Q_x, 0）+ TC（0, Q_y），如

---

① 转引自王恕立、刘斌、胡宗彪《企业范围经济研究综述》，《当代经济》2010 年第 1 期。
② 转引自田凌《金融业混业经营与范围经济》，《华商》2008 年第 4 期。
③ 转引自田凌《金融业混业经营与范围经济》，《华商》2008 年第 4 期。
④ ［美］平狄克、鲁宾费尔德：《微观经济学》，经济科学译丛，中国人民大学出版社 1997 年版，第 20 页。

果 S<0，即 TC（Q_x, Q_y）<TC（Q_x, 0）+TC（0, Q_y），我们就说这个生产过程存在范围经济。公式表明，在范围经济的情况下，联合成本低于各自的单独成本之和，这时甲厂家同时生产 X 和 Y 两个产品比由乙、丙两个厂家来分别生产 X 和 Y 的成本要低。S 越小于零，范围经济的程度就越高；当出现范围不经济时，S 大于零。"[1]

通过以上分析，本书将范围经济定义为：企业由经营单一产品的生产和销售向生产和销售多种产品过渡，企业由于生产和销售范围的扩大而导致产品成本的下降。

第二节　中小企业集群化成长理论述评

一　劳动分工与协作理论

（一）亚当·斯密的劳动分工企业理论

亚当·斯密在 1776 年的《国富论》中提出了劳动分工（Division of Labor）理论。可以说在经济学说史上，他是最早对分工提高生产率和促进增长问题进行阐述的，斯密也因此而闻名于世。可见在当时的英国，以家庭作坊和手工业工场为基本单位的中小企业集群已初露端倪。斯密对此作过细致地描述："日工所穿的粗劣呢绒上衣，就是许多劳动者联合劳动的产出。为完成这种朴素的产物，必须有牧羊者、拣羊毛者、梳羊毛者、染工、粗梳工、纺工、织工、漂白工、裁缝工，以及其他许多人，联合起来……复杂的机械……姑且不论，单就简单器械如牧羊者剪羊毛时所用的剪刀来说，其制造就须经过许多种类的劳动。为了生产这极简单的剪刀，矿工、熔铁炉建造者、木材采伐者、熔铁厂烧炭工人、制砖者、泥水匠……铁匠等，必须把他们各种各样的技艺联结起来。"可见，斯密当时目睹了工业化初期的生产分工。斯密还分析道："劳动生产率上最大的增进，以及运用劳动

---

[1]　转引自王大树《关于范围经济的几个问题》，《管理世界》2004 年第 3 期。

时所表现的更多的熟练性、技巧和判断力,似乎都是分工的结果。"
"凡能采用分工制的工艺,一经采用分工制,便相应地增进劳动的生产力。各种行业之所以各个分立,似乎也是由于分工有这种好处。"①
斯密强调,不仅在个人不同的生活活动或部门中存在分工,而且在同一个部门中也存在分工。劳动分工能够使劳动者完成比以前多很多的工作量,提高生产效率。从上面这些论述可以总结出:分工是提高劳动生产力,促进经济增长的源泉②。

亚当·斯密还指出劳动分工能增进劳动生产力的原因有三:第一,劳动者的技巧因业专而日进;第二,由一种工作转到另一种工作,通常须损失不少时间,有了分工,就可以免除这种损失;第三,许多简化劳动和缩减劳动的机械发明,使一个人能够做许多人的工作。他以扣针制造业来说明一切,具体论述如下:"扣针制造业是极微小的了,但它的分工往往唤起人们的注意。所以,我把它引来作为例子。一个劳动者,如果对于这职业(分工的结果,使扣针的制造成为一种专门职业)没有受过相当训练,又不知怎样使用这种职业上的机械(使这种机械有发明的可能的,恐怕也是劳动分工的结果),那么纵使竭力工作,也许一天也制造不出一枚扣针,要做二十枚,当然是绝不可能了。但按照现在经营的方法,不但这种作业全部已经成为专门职业,而且这种职业分成若干部门,其中有大多数也同样成为专门职业。一个人抽铁线,一个人拉直,一个人切截,一个人削尖线的一端,一个人磨另一端,以便装上圆头。要做圆头,就需要有两三种不同的操作。装圆头,涂白色,乃至包装,都是专门的职业。这样,扣针的制造分为十八种操作。有些工厂,这十八种操作,分由十八个专门工人担任。固然,有时一人也兼任两三门。我见过一个这种小工

---

① [英]亚当·斯密:《国民财富的性质和原因的研究》(上卷),郭大力、王亚南译,商务印书馆1997年版,第5—7页。
② 刘巨钦:《企业集群的内生性成长研究》,上海三联书店2008年版,第32页。

厂，只雇用十个工人，因此在这一个工厂中，有几个工人担任两三种操作。像这样一个小工厂的工人，他们生产所需的机械设备很简陋，但如果他们勤勉努力，一日也能成针十二磅。每磅中有（按）四千枚针计，这十个工人每日就可成针四万八千枚，即一人一日可成针四千八百枚。如果他们各自独立工作，不专习一种特殊业务，那么，他们不论是谁，绝对不能一日制造出二十枚针，说不定一天连一枚针也制造不出来。他们不但不能制出今日由适当分工合作而制成的数量的二百四十分之一，就连这数量的四千八百分之一，恐怕也制造不出来。再就其他各种工艺及制造业来说，虽有许多不能作这样细密的分工，共操作也不能变得这样简单，但分工的效果却是一样的。凡能采用分工制造的工艺，一经采用分工制，便相应地增进劳动生产力。各种行业之所以各个分立，似乎也是由于分工有这种好处。一个国家的产业与劳动生产力的增进程度如果是极高的，则其各种行业的分工一般也都能达到极高的程度。未开化社会中一人独任的工作，在进步的社会中，一般都成为几个人分任的工作。"[①] 从以上分析中可以看出，专业化分工能够提高劳动生产者的工作效率，从而提高工资报酬。

同时亚当·斯密也认为，分工与交易是相互促进及制约的。他说："劳动分工以较大的市场为前提，因为分工是在劳动人数密集的条件下出现的，如此多的人共同劳动，将会提供相当大的产量，只有较大的需求才能使分工效率得到实现。"[②] 换言之，分工要受到市场大小的限制。这被后人称为"斯密教条"。由于斯密分工理论的历史局限性，他在研究分工时抛开了分工的历史性和社会性，单纯根据分工所产生的一般效果来考察分工。因此，就必然把资本主义社会所特有的工场手工业的分工当作社会的一般分工。所以尽管斯密正确地看到

[①] 转引自叶碧英《论亚当·斯密对劳动者生活状况的关注》，《社会科学论坛》2005年第9期。

[②] 转引自叶碧英《论亚当·斯密对劳动者生活状况的关注》，《社会科学论坛》2005年第9期。

分工的发展受商品交换的范围所限制，但是由于他不理解分工和交换的社会性质，也就无法说明分工突破市场规模限制的历史过程，无法说明生产资料所有制的变化对分工突破市场规模的限制，进而增进其发展水平所起的推动作用。①

以上是亚当·斯密提出的劳动分工理论，虽然核心思想并不十分完美，但他在不同程度上促进了经济的增长，还是有助于后人研究的。

（二）马克思关于分工与协作理论

马克思分工理论的直接理论来源是亚当·斯密的分工理论。在此基础上，马克思对社会分工进行深入地考察，并始终坚持用辩证的方法对专业化分工与协作进行研究，提出自己的理论。

马克思认为生产组织方式的选择必须满足降低个别价值的目的，否则，资本增值的目标将难以实现。② 所以，当实践证明分工与协作可以有效提高生产率时，资本家就普遍采用这一模式。

马克思在《资本论》中提出分工带来效率提高的同时，也提出了协作是带来规模经济效益的诱因。他认为："由协作和分工产生的生产力，不费资本分文。"③ 马克思还提出："这里的问题不仅是通过协作提高了个人生产力，而且创造了一种生产力，这种生产力本身必然是集体力。"④ 换言之，劳动协作不仅提高了个人生产率，而且也创造了一种集体生产力。由于劳动者的集聚、不同劳动程序之间的靠拢和生产资料的集中，使生产费用有所节约。

纵观以上内容发现马克思提出的劳动分工与协作理论使劳动组织既获得了分工的效率优势，又避免了因分工而造成的交易成本上升，关键是区域内各企业因分工与协作而产生的集体力，一直是企业对高

---

① 王拓：《分工经济思想的发展——从亚当·斯密到新兴古典经济学》，《当代财经》2003年第11期。

② 赵强、孟越、王春晖：《产业集群竞争力的理论与评价方法研究》，经济管理出版社2009年版，第37页。

③ 《资本论》第1卷，人民出版社2004年版，第443页。

④ 《资本论》第1卷，人民出版社2004年版，第378页。

效率和低成本的追求，而且这也成为产业集群形成的内在动因。① 马克思关于对分工和协作利益的论述，可看作是中小企业集群形成动因的理论依据。② 随着分工而来的就是企业内协作和企业间协作。两种协作在空间上表现为企业内聚集与企业间的聚集。③

二　产业集群理论

（一）区位理论

19世纪中期以后，随着钢铁、机械、纺织等一系列新兴制造业迅速地崛起，交通运输领域也发生了很大的变化，这使企业竞争进入空前激烈的状态，迫使很多生产厂家为降低成本而改换生产地点。在这种背景下，工业分布问题成为学者们研究的重点。1909年，德国经济学家阿尔弗雷德·韦伯（Alfred Webber）在著作《工业区位论》中创立了完整而系统的现代区位理论，并首次将集聚规模经济分析纳入区位选择理论当中。韦伯认为，企业生产应尽可能地使生产成本最小化，而能使生产成本最低的地点，就是企业生产区位的最佳选择地点。同时，他认为实际对区位起作用的区位因子主要是运输成本（运费）、劳动成本（工资）因子及集聚因子、分散因子。首先，韦伯认为工业区位应考虑选择在总运费（包括原材料及产品运费）最低的地点，他还提出了原料指数概念，定义为需要运输的、只存在于局部地区的原料重量与成品重量之比。如果某种工业原料指数大于1，说明工业企业布局在原料地的总运输成本（仅仅只是产品运输成本）小于布局在市场地的运输成本（仅仅只是原料运输成本），因此，企业应布局在原料所在地；反之，如果某种工业原料指数小于1，则企业应布局在市场所在地。同时，韦伯认为工业的性质也是工业区位选择时要考虑的因素。如果某种

---

① 陈柳钦：《专业化分工下的产业集群演进》，《长安大学学报》（社会科学版）2007年第3期。
② 林岗、张宁：《马克思主义与制度分析》，经济科学出版社2001年版，第59页。
③ 刘巨钦：《企业集群内生性成长研究》，上海三联书店2008年版，第25页。

工业在生产中所需运输的原料和成品的总重量越大，则工厂越不容易被工资低廉地区所吸引；反之，则越容易被工资低廉地区所吸引。其次，是考虑工资成本的影响，由于运费最低地点不一定是工资成本最低地点，因此，如果场址从运费最低地点转移到工资成本最低地点时运费的增加量小于工资成本的节省量，则工业区位应放弃运费最低点而选在工资成本最低点。最后，考虑集群的作用，如果产业集群的效应十分明显，集群作用十分强大，那么它可以使工业区位放弃由运费及工资定向的地点而转移到集群经济效应最明显的地点。[①]

从以上分析可以看出，韦伯的区位论在西方经济学、经济地理学理论发展过程中作出了巨大的贡献。他从微观角度阐明企业之间是否集聚同一地区，取决于生产成本的高低。同时，韦伯还认为集聚的产生是自下而上形成的，是企业为追求利益而自发形成的。但是韦伯的工业区位理论仅说明了企业空间选择和集聚的基本动因，没有系统阐述其中的过程和机制，同时，他也没有考虑垄断价格给企业能够带来的超额利润以及政府的作用和当地社会文化对区域的影响，这些都是他理论的缺陷。所以说，韦伯的集聚只是一种理论上的集聚。

胡佛（Hoover）在1948年出版的《经济活动的区位中心》中，区别了区位化经济与城市经济，他认为与群体规模有关的外部性经济不仅与购买即需求方面的因素有关，而且也包括成本与供应问题，这牵扯到群体经济内专业化经济的外部性，以及群体内每一产品平均成本的下降。所以他认为，规模经济有三个不同的层次：单个区位单位（工厂、商店等）的规模决定的经济，单个公司（即企业联合体）的规模决定的经济，该产业某个区位的集聚体的规模决定的经济。[②]

巴顿（Barton）认为，企业集群的发展有利于熟练劳动力、经理、

---

① 转引自吴国林《广东专业镇：中小企业集群的技术创新与生态化》，人民出版社2009年版，第17页。

② 转引自佘明龙《产业集群理论综述》，《兰州商学院学报》2005年第6期。

企业家的成长。他这样说道:"这不仅包括与工业直接相关的人员,还包括那些聘任人员,如会计、工效研究专家等。如同熟练劳动力的汇集一样,有才能的经营家与企业家的汇集也发展起来。"① 这里可以看出巴顿是首次将企业集群与创新联系在一起的人。

(二) 地域生产综合体理论

地域生产综合体(Territorial Production Complex)的概念最早是苏联经济学家科洛索夫斯基提出的。"在一个工业点或一个完整的地区内,根据地区的自然条件、运输和经济地理位置,恰当地(有计划地)安置各企业,从而获得特定的经济效果,这样的一种各企业间的经济结合就称为生产综合体。"②

经过几十年的实践,地域生产综合体理论也有了很大的发展。纳米克提出了更复杂单位的概念,即"地域社会经济综合体"。在这个概念里既包括生产及其内部和外部的联系,而且也包括非生产领域(科学、教育、文化等)在内。涅克拉索夫提出国民经济综合体的概念:"区域国民经济综合体是苏联统一的国民经济综合体的一部分……地域生产综合体可成为隶属于我国经济区的或正在组建的国民经济综合体的一种多部门或专业化的综合体。"③

此外,西方一些学者进行了综合体研究,代表是1960年W. 艾萨德和斯哥勒在《区域分析方法》一书首次提出用投入产出法和扩展成本法确定工业综合体的结构和区位,并提出了工业综合体的含义及其研究,从而又进一步完善和扩充了地域生产综合体的理论。④

---

① [英]巴顿:《城市经济理论与政策》,上海社会科学院部门经济研究所城市经济研究室译,商务印书馆1984年版,第21—23页。
② 转引自王缉慈等《创新的空间:企业集群与区域发展》,北京大学出版社2001年版,第24页。
③ [苏] H. H. 涅克拉索夫:《区域经济学——理论、问题、方法》,东方出版社1987年版,第22页。
④ 转引自费洪平《地域生产综合体理论研究综述》,《地理学与国土研究》1992年第2期。

从以上分析可以看出，地域生产综合体的组成结构是以专业化企业为核心的企业聚集，强调企业之间稳固的和正式的投入产出联系，自上而下形成集聚的特征更为明显。研究中强调外部经济给企业集中带来的益处，多注重区内企业的物质联系，忽视了企业间的非物质联系。从这方面来说这种理论只能说是产业集中，还不能说是产业上的集群。所以，严格意义上讲它还不属于现代产业集群理论范畴。

（三）增长极理论

最早在20世纪50年代法国经济学家帕鲁（Francois Perrour）提出了"增长极"概念。帕鲁认为主导部门和有创新能力的企业，在某些地区或大城市聚集发展而形成生产、贸易、金融、科技、人才、信息、交通运输、服务、决策等经济活动中心恰似一个"磁极"一样，能够产生较强的吸纳辐射作用。[1] 它不仅促进自身发展，产生"城市化趋向"，并且以其推进效应即吸引和扩散作用进一步推动其他地区的发展，从而形成经济区域和经济网络。其原因是：某些具有极强创新能力的企业在一些地区或城市的集聚和优先发展，从而形成恰似"磁场极"的多功能的经济活动中心，即增长极。[2]

以保德威尔（Boudeville）为代表的一派区位理论将增长极概念用于解释相关产业的空间集聚后形成的。认为增长极理论是一种合成理论，是所有通过解释地区的发展过程来说明中心地区带动周围地区经济增长的各种假说的集合，包括缪尔达尔的循环积累因果原理等。[3]

从上面的分析可以看出，依靠资源提供增长动力的国家最终是难以维持发展的，只有在思想上不断创新，不断挖掘增长极，才能寻找到新的增长点。制度或者体制在政治经济学里属于生产关系，由于生

---

[1] 刘巨钦：《企业集群成长机理与竞争优势培育》，中国经济出版社2007年版，第14页。
[2] 吴国林：《广东专业镇：中小企业集群的技术创新与生态化》，人民出版社2009年版，第23页。
[3] 转引自甄艳、李春艳、郑妍妍《产业集群形成机制理论综述》，《东北师大学报》（哲学社会科学版）2006年第2期。

产关系的不断调整，促进了新制度或新体制的产生，使传统的生产要素焕发出新的生机，进而成为新的增长极。而生产关系的改变，实际上就是要求人们不断地改革不合理的政策，不断与时俱进。所以说，无论是地域生产综合体理论还是增长极理论都在强调政府的作用，认为通过政府干预形成产业集聚有益于地区经济发展。实际上政府干预确实对经济集聚有所帮助，但是政府的能力是有限的，经济发展不能完全依赖政府的帮助。

（四）新经济地理理论

美国经济学家保罗·克鲁格曼（Paul Krugman）是新经济地理理论的代表人物。1977年，克鲁格曼在麻省理工学院获得博士学位，先后在耶鲁大学、麻省理工学院、斯坦福大学、普林斯顿大学任教。1982—1983年，曾任美国白宫经济顾问。1991年，荣获克拉克奖。保罗·克鲁格曼是第一位把国际贸易和地理经济学联系在一起研究的知名经济学家，他还形成了一套自由贸易全球化以及推动世界范围内城市化进程动因方面的理论。

克鲁格曼的新经济地理理论是在借鉴迪可西特—斯蒂格利茨垄断竞争模型的基础上，以规模报酬递增、不完全竞争为前提，提出了"报酬递增规律"，并指出"报酬递增规律"会导致产业在空间上分布不均匀。克鲁格曼认为现实经济生活中"报酬递增"规律现象广泛存在。他以一家工厂为例进行说明，认为"如果把一家工厂孤立地建在大荒原上，无论工厂如何做大做强，最终也逃脱不了'规模报酬递减'的命运。但是，如果把工厂设立在大城市里，情况就大不相同。因为城市的规模越大，一般来说工业基础就会越健全，无论工厂在原料供给上有什么新要求，在生产工艺上有什么新标准，都可以在城市这个空间范围内得到满足。伴随着城市的发展和工厂的扩张，劳动生产率会越来越高，收益也随之提高，这样就实现了'报酬递增'"。[1]

---

[1] 转引自熊远光、张莉莉《新经济地理理论下的工业发展路径分析——以广西北部湾经济区为例》，《生产力研究》2009年第14期。

克鲁格曼认为传统经济地理理论只在理想的完全竞争市场结构下建立的，没有明确地说明市场结构的现实性。他把新贸易理论和新增长理论中关于不完全竞争和报酬递增研究的最新成果，引入空间区位理论，并建立了分析模型，考察产业集聚、城市体系以及国际贸易的形成机理。[①] 总结起来概括为：一条主线、四个命题、四种工具、三个模型（见图2.1）。

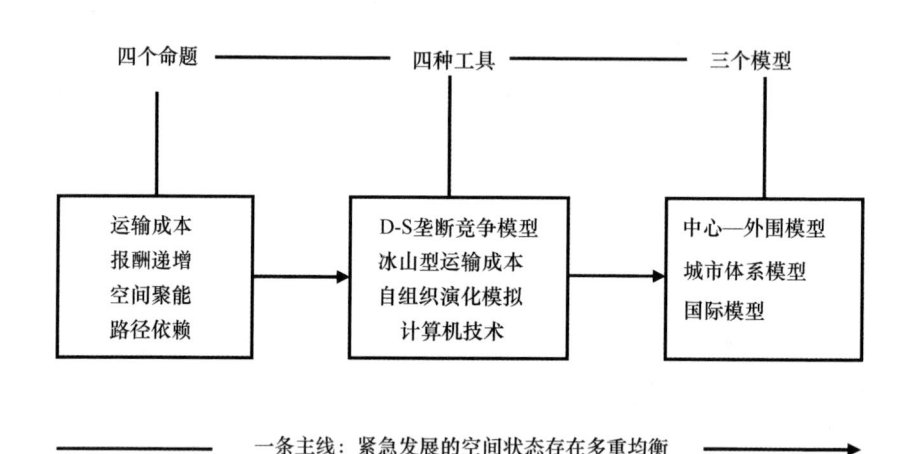

```
四个命题 ——————— 四种工具 ——————— 三个模型

┌─────────┐      ┌─────────────┐      ┌─────────┐
│ 运输成本 │      │ D-S垄断竞争模型 │      │ 中心—外围模型 │
│ 报酬递增 │ ───→ │ 冰山型运输成本 │ ───→ │ 城市体系模型 │
│ 空间聚能 │      │ 自组织演化模拟 │      │ 国际模型 │
│ 路径依赖 │      │ 计算机技术   │      │         │
└─────────┘      └─────────────┘      └─────────┘

——————— 一条主线：紧急发展的空间状态存在多重均衡 ———————→
```

图 2.1　克鲁格曼新经济地理学理论研究框架

资料来源：段学军、虞孝感、陆大道：《克鲁格曼的新经济地理研究及其意义》，《地理学报》2010年第2期。

克鲁格曼的新经济地理学贯穿一条主线，即经济发展的空间状态存在多重均衡。克鲁格曼在经济区位研究中引入多重均衡思想，认为在报酬递增的前提下，即使要素禀赋以及技术、偏好等因素相同，现实经济的空间分布状态也会体现出不可预测性、多态均衡性。[②]

---

① 转引自段学军、虞孝感、陆大道《克鲁格曼的新经济地理研究及其意义》，《地理学报》2010年第2期。
② 段学军、虞孝感、陆大道：《克鲁格曼的新经济地理研究及其意义》，《地理学报》2010年第2期。

在此基础上，克鲁格曼还建立了"中心—外围"模型、城市体系模型和国际模型三个空间区位模型。这些模型是用来模拟产业集聚、城市体系形成以及经济全球化与区域化等过程。"中心—外围"模型回答了一个关键问题，在两个不同的地区，它们拥有相同的外部条件（即报酬递增、人口流动和运输成本交互作用相同的情况下），制造业为何会在发达地区集中。该模型通过将报酬递增条件下的制造业份额与工人的流动份额加以内生化，得出地区生产结构随运输成本的变化而呈现出非线性关系的结论。克鲁格曼指出，一个国家或地区的地理区位可能有某种优势，它对另一地区的特定厂商具有一定的吸引力，并导致这些厂商生产区位的改变。一旦某个区位形成行业的地理集中，则该地区的聚集经济就会迅速发展，并获得地区垄断竞争优势。[①]

此外，克鲁格曼还强调制度因素对企业集群发展的重要性，认为技术创新和制度创新是影响地方环境和产业特征之间进行互动关系的关键，企业技术创新能够改变产业的特征，提高该产业的适应能力，而制度创新则减少约束，解决企业遇到的瓶颈问题。从这个角度来看，克鲁格曼提出了自上而下的产业扶持政策，因为产业扶持政策有可能成为地方企业聚集的诞生和不断自我强化的促成因素之一，但是克鲁格曼也指出产业政策、贸易保护措施也只不过是影响企业聚集形成演变的一小部分原因，并不必然导致制定者的理想状态，企业聚集中所依赖的不确定性因素很多，因此他并没有提出对某一特定选择性产业加以重点扶持的观点。

综合以上分析，可以得出克鲁格曼的新经济地理理论从逻辑上看无疑比传统区位论和区域经济学更加严谨，弥补了马歇尔和韦伯观点的不足，但同样现实经济问题也向新经济地理理论提出考验。比如，克鲁格曼的集聚理论不过是产业政策影响产业集聚形成和发展的原因

[①] 转引自熊远光、张莉莉《新经济地理理论下的工业发展路径分析——以广西北部湾经济区为例》，《生产力研究》2009年第14期。

之一，并不一定实现政策制定者的预期愿望。而且，克鲁格曼比较强调大企业的内部增长和组织间能够量化的市场联系，从而忽视了企业活动所产生的难以量化的非物质联系，如信息、技术联系，以及非正式联系，如人际关系间基于信任的联系。

三　产业区经济理论

（一）马歇尔的产业区理论

"产业区"这一概念，最早是由英国经济学家阿弗理德·马歇尔（A. Marshall）于1920年提出的。19世纪末，马歇尔在对舍非尔德和兰开夏郡的研究中，发现这里小公司集聚，它们之间密切联系，并且区内企业具有明显的专业化分工特征。在他看来，产业区是一个中小企业集聚的，创新气氛十分浓郁，新工艺、新思想都能很快被传播、接受，各中小企业之间是既有竞争又有合作交流的网络。马歇尔认为产业区具有极大地优势：首先，地理接近的优势，降低运输和交易的成本。其次，企业间的劳动分工使企业专业化于某一产品或某一特定的任务与工序，可以降低生产成本。同时有助于其他企业专业化的深化生产。再次，同一产业的区域专业化，能够将众多企业融入相互依赖的地区性生产系统，并提供必要的市场机会。以上原因促使中小企业为追求规模经济而形成企业集群。

马歇尔除了强调所产生的外部经济的好处之外，还强调了产业和地方社会的不可分割性，认为地方社会形成的规范和价值对创新和经济协调起着关键的作用。一方面，地方社会的经济相互依赖、社会的熟悉性和面对面的交流，有助于降低地方生产系统的交易成本，方便信息与知识的流动。另一方面，地方社会对公共项目的广泛参与，能够形成地方产业氛围。这种氛围包括创新精神、地方归属感、道德伦理等。可见，马歇尔所定义的产业区和集群经济，一开始就具有社会与地域有机整合的特征，空间接近和文化的同质性构成了产业区形成的两个重要条件。①

以上是马歇尔关于企业集群理论的解释,很具有说服力和实用性。但是,马歇尔理论中还有很多不足,如过分强调地方垄断优于竞争,没有充分考虑企业自身成长、企业迁入和迁出等动态的区域发展因子的变化;忽略了区位和运输成本因素,没有注意到不同的产业和区位,产业集聚的程度和持续性是不同的;也忽视了区域内产业组织的外部联系与创新。另外,马歇尔时期的产业区往往出现在较大城市或城镇中,而随着交通通信技术的发展,现在一些新产业集群已经开始在小城镇或者城市远郊区中出现,所以他的理论并不完美。②

(二)新产业区理论

新产业区这个概念源于马歇尔关于产业(Industrial District)的提法。20世纪70年代末80年代初,世界经济再次进入萧条阶段,一些经济原本发达的地区出现了衰退的迹象。在这一时期,意大利东北部以及中部一带的地区经济获得了较快增长。基于此,意大利的社会学家巴卡蒂尼(Becattini)称该地区为"第三意大利",认为这些地区与当年马歇尔时代所描述的产业区有很多相似之处,因此称之为"新产业区"(New Industrial District)。

新产业区理论的主要特点为:(1)柔性专业化生产。由于生产方式从福特制转变到后福特制,即多品种、少批量、弹性的柔性生产方式逐渐取代品种少、大批量、刚性的生产方式。企业与上、下游企业通过转包、服务合同、战略联盟、销售合同等联系在一起,获取外部范围经济,造成大量专业化的中小企业在一定地域范围内集聚,形成产业区。③由于产业集聚,节约了企业运输费用,减少了交易成本,满足了

---

① 转引自吴国林《广东专业镇:中小企业集群的技术创新与生态化》,人民出版社2009年版,第24页。
② 盖文启、朱华晟、张辉:《国外产业集群理论探析》,《经济理论》2006年第7期。
③ 安虎森、朱妍:《产业集群理论及其进展》,《南开经济研究》2003年第3期。

消费者个性化需要，应付不断变化的市场需求。（2）网络化。又称为本地结网，这是新产业区的核心内容。集群内行为主体（包括企业、大学、科研机构、政府机构等）应该保持着稳定密切的广泛合作关系。合作形式可以多样化，可以有正式的战略联盟、投入产出联系、经济合同，非正式的成员间交流和沟通；合作的范围可以扩大，可以是企业与客户、企业与研究机构、大学、产业联合会、政府部门之间的合作。（3）根植性。企业的本地化，也就是企业的植根性。指区域行为主体之间形成的相对稳定的，根植于当地社会文化的非正式关系、信赖关系和协作关系。[①] 这种关系是在地理空间上邻近的基础上所建立起来的信任关系，这是长期合作的结果。这种信任关系的建立减少了不必要的摩擦和阻力，降低集群内交易成本。这种基于信任的行为大致有三个关键特征[②]：首先，集群中的企业愿意合作承担风险，而不害怕机会主义行为；其次，企业愿意重新组织他们的关系，而不必害怕报复；再次，企业愿意采取集体行动，以达到互利的目的。（4）机构稠密性。指区域内企业跨越边界，选择性地与其他企业和机构结成长期的、稳定的、互惠的网络关系。基本表现在三个方面：第一，大量机构，包括企业、金融机构、贸易协会、培训机构、创新中心、发展机构、政府机关等构成，其中企业又可以包括上游专用原料的供应商、专用机器的供应商、专用服务供应商和专用基础设施的供应商；下游的分销商、客户和侧面的生产补充产品的厂家；第二，各机构间建立网络联系；第三，各机构都有强烈的社区意识。

总之，新产业区的标志是区内中小企业密集，企业扎根于本地文化，企业之间形成稳定的合作网络。此外，新产业区理论又将这些因素用于对"弹性专精"概念进行补充和扩展，而新产业空间理论以及

---

① 王缉慈、王可：《区域创新环境和企业植根性——兼论我国高新技术企业开发区的发展》，《地理研究》1999 年第 18 期。

② 向清华：《基于新产业区理论的小商品市场空间集聚特性研究》，《商业研究》2010 年第 4 期。

其他的新制度经济学嫡系则将之服务于集群的交易成本理论,认为社会因素和非正式制度的主要作用在于增强集群内企业经济联系(契约)的稳固性,从而降低交易成本。① 换言之,与地缘、亲缘相联系的人文纽带可以加强供应商——客户间的承诺和信任,从而使中间产品的交易能够非常顺畅地完成,交易的稳定性和非契约性、货款的赊欠甚至互相拆借资金、互相介绍客户等现象在集群中比较普遍。② 可以看出,新产业区理论的诞生有助于企业集群化成长理论的提出,为企业集群理论打下坚实的基础。但是由于企业所处环境本身难以度量,且探讨的视角各异,有关产业区的论述百家争鸣,因此,并没有形成理论上的完整框架。

四 竞争优势理论

美国著名经济学家哈佛商学院教授迈克·E. 波特从1986年起,率领由30多位研究者组成的调查组,历时四年时间对丹麦、德国、意大利、日本、韩国、新加坡、瑞典、瑞士、英国和美国10个重要贸易国进行了调查研究。最终发现,很多国家都能在一个或多个产业中培育许多有国际竞争力的公司。根据对10个国家的分析,波特认为国家竞争优势主要不是体现在比较优势上,而是体现在产业集群上,产业集群是国家竞争优势的主要来源,国与国在经济上的竞争主要表现在产业集群上的竞争。而且产业集群正是企业实现创新的一种有效途径,因为产业集群本身就是一种良好的创新环境。这实际上是从竞争力的角度探讨产业集群概念。对于如何培育一个国家的竞争力,波特提出了著名的企业集群钻石模型。波特将不断创新和竞争力归结为企业在国家结构中两个变数和四个因素的状况,两个变数是机遇和政府;四个因素是:要素条

---

① 朱海燕:《产业集群研究述评:研究脉络、趋势与焦点》,《研究与发展管理》2010年第12期。
② 仇保兴:《小企业集群研究》,复旦大学出版社1999年版,第24页。

件，需求条件，相关与支撑产业，企业战略、结构和竞争。他将这些因素称为"钻石"系统（见图 2.2）。

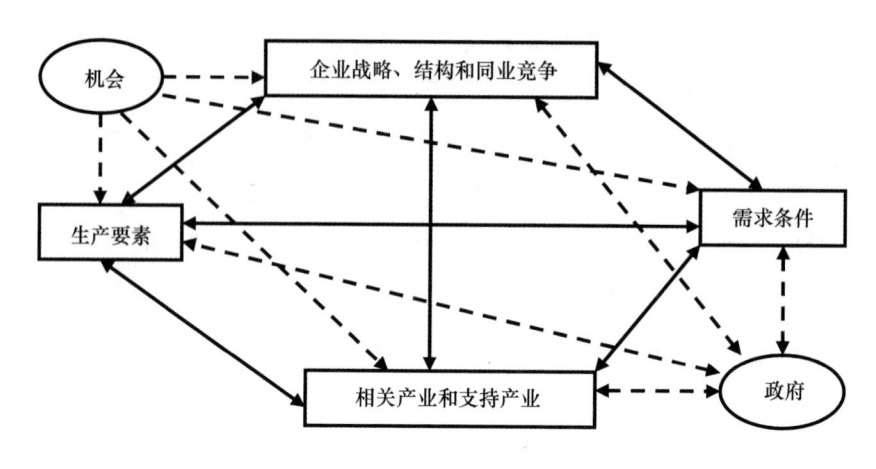

图 2.2　完整的钻石体系

资料来源：王小平：《钻石理论模型述评》，《天津商学院学报》2006 年第 3 期。

波特透过"钻石模型"，解释了一个国家的企业（或行业）如何取得持久的国际竞争能力。按波特的观点，国家在某个特定的产业取得成功，是因为产业内部环境是动态的、充满竞争的，能够刺激企业不断进步和扩大优势。[1] 最重要的是，"钻石"系统的各个因素组成一个相互联系的体系，其中一个因素可能会影响到其他因素的状态。当某产业各个因素都配合好时，该产业中或产业间将有一"簇"成功企业，而不是一个成功企业。因此，要形成一定的效益，地理集中就是必要条件。因为企业在地理上的集中，一方面，可以形成产业集群；另一方面，可以造成竞争压力，提高集群内竞争者的创新能力。

波特认为有三大方面解释企业集群影响竞争优势：首先，企业集群能够提高企业或产业的生产率，使每个企业在不牺牲大规模企业所

---

[1] Porter Michael E., "Location, Competition, and Economic Development: Local Clusters in A Global Economy", *Economic Development Quarterly*, Vol. 14, 2000, pp. 15–35.

缺少的韧性的条件下从集群中获益,集群内企业之间的竞争推动了成本的下降与操作成长的优化;其次,集群企业能够提高创新速率和指明创新方向,逐渐成为创新中心;最后,集群能够降低企业进入的风险,促进新企业的产生和发展。

波特的集群理论具有非常重要的理论及现实意义。波特指出竞争是动态的和不断进化的,同时,竞争还依赖于国内的竞争环境等问题。但是,波特的总结是在美国等一些比较成熟的产业集群基础上进行研究的,对于落后的发展中国家或区域培育的产业集群的形成和成长缺乏研究,缺乏理论应用的一般性;另一方面,波特较多关注了集群的内生力量,而忽视全球经济一体化问题,即不同国家或不同形式的产业集群之间的协作或互动问题。①

五 区域创新理论

美籍奥地利经济学家熊彼特于1912年在《经济发展理论》一书中,最早提出"创新"这个经济学概念。他将"创新"与"发明"和"发现"进行区别,定义为在生产体系中引入一种新的生产要素的组合。后来创新分为两条路线:一是以技术变革和技术推广为研究对象的技术创新论;二是以制度变革和制度推进为研究对象的制度创新论。② 与企业集群相关的区域创新理论属于制度创新范畴,其主要由区域创新环境、区域创新网络、区域创新系统三个理论分支组成。③

区域创新环境理论认为,企业是其环境的产物,创新环境是创新和创新企业产生的温床,获得技术秘诀、可利用本地联系、靠近市场和拥有高素质的劳动力是一地区创新的决定因素。④

---

① 盖文启、朱华晟、张辉:《国外产业集群理论探析》,《经济理论》2006年第7期。
② 转引自尤振来、刘应宗《西方产业集群理论综述》,《西北农林科技大学学报》(社会科学版)2008年第2期。
③ 尤振来、刘应宗:《西方产业集群理论综述》,《西北农林科技大学学报》(社会科学版)2008年第2期。
④ 龚双红:《国外产业集群理论综述》,《哈尔滨市委党校学报》2006年第1期。

区域创新网络的研究开始于 1985 年,在法国成立的欧洲创新研究小组（European Research Group on Innovative Milieu，GREMI）。通过对欧洲 15 个区域和美国硅谷的调研后,得出了区域创新环境概念,认为"区域发展以及大量的企业在地域空间上的集聚,与其所在区域内的社会人文环境密切相关"。① GREMI 的成员 Camagini 指出,在区域集聚发展过程中,企业及其外部的网络连接对于企业发展、创新以及整体区域经济发展起关键作用。② 在他之后,国外许多学者也开始研究区域创新网络的重要性。美国的 Saxenian 指出,美国硅谷地区的发展,归功于由大大小小的企业、大学、研究机构、商业协会等形成的区域创新网络发展,其中社会关系网络和人际关系网络尤为重要。③ Remigio 等认为,区域创新网络在植根于区域内社会文化背景的过程中,随着网络的创新,将会推动区域创新环境的改善,即区域创新网络与区域创新环境之间的关系是有机的互动和互相促进的关系,并且共同推动新产业区的发展。④

因此,区域创新系统是指区域网络各个结点企业、大学、研究机构、政府等,在协同作用中结网而创新,并融入区域的创新环境中而组成的系统,⑤ 是区域创新网络和区域创新环境的有效叠加。区域创新系统理论则更加强调制度、环境的作用,他们认为企业在创新过程中需要大量相关机构及制度的支持,另外,各种习俗惯例、非正式的文化等也都在影响知识的积累和扩散。由于各地的自然、经济和文化基础等都存在差异,因而区域创新系统带有很强的本土化特征,进一步加强了对产业集群本地根植性的要求。⑥

---

① 转引自盖文启《创新网络：区域经济发展新思维》,北京大学出版社 2002 年版,第 65 页。
② 转引自盖文启、朱华晟、张辉《国外产业集群理论探析》,《经济理论》2006 年第 7 期。
③ 转引自盖文启、朱华晟、张辉《国外产业集群理论探析》,《经济理论》2006 年第 7 期。
④ 转引自盖文启、朱华晟、张辉《国外产业集群理论探析》,《经济理论》2006 年第 7 期。
⑤ 魏江：《产业集群——创新系统与技术学习》,科学出版社 2003 年版,第 52 页。
⑥ 甄艳、李春艳、郑妍妍：《产业集群形成机制理论综述》,《东北师大学报》（哲学社会科学版）2006 年第 2 期。

回顾现有的研究文献,我们看出区域创新理论反复强调环境、制度等的重要性,认为企业集群是追求一种区域创新环境以增强企业的创新学习能力。这样的区域创新理论对某些问题无法作出很好的解释,更无法指导实践。例如,目前所研究的区域创新系统主要着重于本地区域范围内的创新环境以及创新网络的建设,存在着一定的封闭倾向。我们应该以开放的视角去研究区域创新,突出在国家层面和全球层面拓展区域创新系统联结的广度和深度,利用全球资源、吸收全球知识发展区域创新系统,解决好经济全球化和区域化发展的矛盾,这也是有待进一步拓展的研究领域;另外,区域经济一体化进程的不断深化拓展导致各区域创新系统之间的相互作用和合作,但不同的区域创新系统的相互作用、相关性和相互作用方式会有所不同,因此,其合作动因、模式以及对区域经济发展的作用机理等问题都有待进一步研究。[1]

六 中小企业集群化成长理论

中小企业集群化成长理论是在企业成长理论和小企业集群网络理论的分析和研究基础上进行的升华。下面逐一介绍各理论内容。

（一）企业成长理论

企业的成长和竞争力的提升是一个国家发展的基础,有助于促进经济增长和增加就业机会。不同理论学派对企业成长的内涵认识不同,使得目前企业成长理论尚未形成一个统一的理论体系。[2] 散见于各种理论分析框架之下包括斯密的分工理论、马歇尔的内部成长观点、SCP 范式、马里斯的企业成长模型、潘罗斯的企业内生成长论、波特的五力模型等。[3] 通过对相关理论进行大略的回顾与分析,归纳

---

[1] 陈丹宇:《区域创新系统研究的回顾与评述》,《科技进步与对策》2007 年第 8 期。
[2] 转引自邬爱其、贾生华《企业成长机制理论研究综述》,《科研管理》2007 年第 3 期。
[3] 邬爱其、贾生华:《企业成长机制理论研究综述》,《科研管理》2007 年第 3 期。

总结出企业成长理论的主要内容为内生成长理论、外生成长理论以及网络化成长理论。

1. 内生成长理论

内生成长理论是从企业内部入手探讨企业成长的决定因素，把企业内的资源和能力看作是促进企业成长的决定性因素。[①] 对于企业成长的规范研究可追溯到新古典学派的马歇尔。马歇尔在他的《经济学原理》中把企业成长的因素归结为外部经济和内部经济。外部经济可理解为企业拥有足以支持成长的市场空间；内部经济则指的是超出行业水平的生产效益。斯蒂格勒（Stigler）以企业的功能划分为基础，根据产业寿命周期分析了企业成长的一般规律，重新解释了基于规模经济利益的企业成长与稳定的竞争均衡条件相容的原因。[②]

潘罗斯（Edith T. Penrose）研究了新古典经济学框架下的企业黑箱，进一步深化了马歇尔的观点，提出了资源基础理论。潘罗斯在《企业成长理论》一书中从单个企业入手，建立了一个"企业资源—企业能力—企业成长"的分析框架。她认为企业的本质是资源的集合；企业的成长取决于企业对内部资源所提供服务的利用；企业不是缺少资源，而是缺少利用资源的能力。潘罗斯还主张视企业成长为一个不断地挖掘未利用资源的无限动态变化的经营管理过程，认为管理资源是企业成长的源泉，突破管理服务供给的限制、释放管理能力对企业成长有着显著的意义。[③]

钱德勒（Chandler）认为，技术的发展和市场的扩大是企业成长的根本，他们引起企业生产和分配领域的根本性变化，而"现有的需求和技术将创造出管理协调的需要和机会"[④]，由于借助管理协调的现代工

---

① 张之梅：《中外企业成长理论研究述评》，《山东经济》2010年，第1、60页。
② 转引自陈琦、曹兴《企业成长理论述评》，《湘潭大学学报》2008年第3期。
③ 转引自程丽霞、孟繁颖《企业成长理论的渊源与发展》，《汉江论坛》2006年第2期。
④ [美] 小艾尔弗雷德·钱德勒：《看得见的手——美国企业的管理革命》，重武译，商务印书馆1997年版，第59页。

商企业提供了比借助市场协调的古典企业更高的效率,因而导致出一系列经济组织形式上的反应,即现代企业对古典企业的取代和家族式公司向经理式公司的转变。[①] 以温特(Nelson)、纳尔逊(Winter)等人为代表的现代演进经济学理论,提出了核心概念"惯例",认为资源、能力、知识在组织的分工协作中表现为具体的惯例,是构成了企业组织成员决策活动的前提,是推动企业成长演化的关键因素。[②]

伯格·沃纳菲尔特(Wernerfelt)指出,"企业是由一系列资源束组成的集合,企业的竞争优势源自于企业所拥有的资源,尤其是一些异质性资源。企业成长是一个动态过程,是通过创新、变革和强化管理等手段积蓄、整合并促进资源增值进而追求企业持续成长的过程"[③]。德姆塞茨(Demsetz)认为,企业是一个知识的集合体,企业的知识存量决定了企业配置资源等创新活动的能力,从而最终在产出及市场中体现出竞争优势;同时,知识具有难以模仿性,它通过具有路径依赖性的积累过程才能获得并发挥作用,使得企业的竞争优势得以持续下去;而由知识决定的认知学习能力是企业开发新的竞争优势的不竭源泉。[④]

国内学者对企业成长也有一些独到的见解。徐艳梅认为,影响企业成长的两项要素分别是时间及成长率,而企业成长的制约主要来自于技术的制约。[⑤] 邬文兵和詹荷生从中国企业缺乏国际竞争力的原因入手进行分析,并提出了提升其竞争能力的最佳方法,认为:对于中国企业而言,先通过实现管理跨越,特别是通过流通管理创新成为"明星企业",然后,待企业资金雄厚、发展壮大之后,再进行科技创新,开发新产品,成为独树一帜的"名牌企业",是一条现实可行的

---

① 转引自张之梅《中外企业成长理论研究述评》,《山东经济》2010年第1期。
② 转引自张之梅《中外企业成长理论研究述评》,《山东经济》2010年第1期。
③ Wernerfelt B., "A Resource-based View of the Firm", *Strategic Management Journal*, No. 5, 1984, pp. 171–180.
④ 转引自陈琦、曹兴《企业成长理论述评》,《湘潭大学学报》2008年第3期。
⑤ 徐艳梅:《企业成长研究》,《北京工业大学学报》1999年第12期。

发展道路；企业管理跨越的关键，是流通管理的创新，这需要采用新的流通管理方法，使用新的流通管理技术，树立新的流通管理理念。①刘东认为，"企业核心竞争力是企业生存和发展的力量源泉，企业只有把核心竞争力与经营战略的选择联系起来，企业才能获得长久的竞争优势"。②

2. 外生成长理论

外生成长理论主要是将企业看成一个"黑箱"，认为企业成长的关键因素主要来源于企业外部，从企业的外部因素出发来研究企业成长的原因和机理。说明企业除了通过自身内部积累和创造资源实现成长外，企业还可以通过其他方式实现成长。

贝恩及其跟随者构建了经典的 SCP（Structure-Conduct-Performance）范式，认为外部的市场结构决定企业行为，进而决定市场绩效。从企业成长的角度来看，企业成长取决于外部市场势力的增强。从战略管理的角度，波特延续了贝恩的 SCP 范式传统，提出了经典的"五力模型"，波特③认为，企业成长取决于两个因素：企业参与竞争的产业的吸引力和企业在该产业中的相对位势。产业的吸引力即产业效应的大小主要取决于产业的竞争状况和竞争结构。波特用"五力模型"来描述产业内部的竞争结构，即进入威胁、替代威胁、现有竞争对手之间的竞争威胁、买方砍价能力和供方砍价能力。这五种竞争力量的共同作用决定了竞争的强度和最终利润潜能，也就是决定了产业的吸引力的强度。而产业结构和企业行为是一种互动的关系，在产业结构既定的情况下，企业的成长就取决于该企业在产业中的相对位势。④

斯蒂格勒（Stigler）根据产业寿命周期问题分析了企业成长的一

---

① 邬文兵、詹荷生：《企业成长二次跨越模式探讨》，《科学学与科学技术管理》2000年第4期。
② 刘东：《核心竞争力——企业成长的超久能源》，《企业改革与管理》2000年第5期。
③ Porter M. E., *Competitive Strategy*, New York: Free Press, 1980, p.63.
④ 张之梅：《中外企业成长理论研究述评》，《山东经济》2010年第1期。

般规律,并重新对规模经济利益的企业成长与稳定的竞争均衡条件相容的原因进行解释。① 施蒂格勒认为,在产业的形成之初,一般市场规模较小,这个阶段企业的成长主要是通过企业内部的分工来实现,此时的企业大多是"全能"的企业;随着产业和市场规模的不断扩大,原有企业通过专业化程度的提高来实现自身规模的扩大,另一方面,产业的社会分工扩大也会导致企业数量的增加。②

科斯教授(Coase)是最早提出交易费用概念的人,他认为,交易费用就是"利用价格机制的成本",而企业就是价格机制的替代物,其利润来源于替代市场价格制度而节约的交易费用。科斯在《企业的性质》(1937)一文中,将企业的规模看成是交易成本与组织成本共同运动的结果。他认为,市场通过契约完成交易,企业则依赖权威来组织交易,如果以为数不多的企业内长期合同替代市场中为数众多的短期合同可以节约成本的话,那么作为价格机制替代物的企业便会自然出现,并且只要成本上的节约仍然存在,企业的规模和边界就会继续扩张直至企业内部组织一笔额外交易的成本等同于通过在公开市场上完成同一笔交易的成本或在另一个企业组织同样交易的成本为止。③

威廉姆森教授建立了企业固定成长比率模型,并考察了定价行为。他认为,"成长的最大化者和利润的最大化者,事实上都会按照利润最大化原则来确定价格,因为高利润是高成长必不可少的条件;而其区分之处仅仅在于:它们对于投资和利润保持力的策略;从理论上看,成长最大化者则比股东更倾向于投资和保留更多盈余"。④

国内学者范明和汤学俊从企业可持续成长问题入手进行研究,他们认为,"产业力纬度、技术力纬度、制度力纬度以及市场权力纬度

---

① Stigler G. J., "The Division of Labor is Limited by the Extent of the Market", *Journal of Political Economy*, No. 59, 1951, pp. 87 – 94.
② 转引自陈琦、曹兴《企业成长理论述评》,《湘潭大学学报》2008 年第 3 期。
③ 转引自程丽霞、孟繁颖《企业成长理论的渊源与发展》,《汉江论坛》2006 年第 2 期。
④ 转引自杨立峰、李政《企业成长理论与成长动力研究评述》,《价值工程》2006 年第 12 期。

构成企业可持续成长的四力纬度结构","中国企业必须重视产业、技术、制度和市场权力的培育及其相互作用以实现企业的可持续成长"。① 金碚提出,"企业成长是循环累积的过程,是财富、技术、惯例与声誉累积的过程。中国企业需要关注声誉,声誉获得与企业成长还有很长的路要走"。② 郭蕊从社会环境、产业、技术、制度和财务五个维度分析了影响企业可持续成长的主要变量,并强调五个维度的系统整合决定企业可持续成长能力。③ 张明和许小明提出了转轨经济中制约企业成长的四维变量:企业内部的资源整合与运营效益;产业组织的竞争与合作;市场需求及市场容量;政府规制及产业政策,并围绕这四个变量结合中国国情进行了探讨。④

3. 网络化成长理论

20世纪80年代,随着各种网络化组织的涌现,企业网络开始成为促进企业成长的重要动力,学者们开始对网络进行深入分析,网络化成长随之成为企业成长理论的重要分支。

威廉姆森(O. E. Williamson)是最早提出较为接近企业网络化成长概念的中间组织经济学家,他用交易所涉及的资产专用性、不确定性和交易频率来解释经济活动的规制结构。⑤ Dennis Maillat, Oliver Creviosier 以及 Bruno Lecog 等从经济、历史、认知、规范等多角度讨论了企业网络的定义,他们认为企业网络是一种超越了传统市场和企业两分法的复杂的社会经济组织形态,而且这一复杂的组织形态是一

---

① 范明、汤学俊:《企业可持续成长研究——一个一般框架及其对中国企业可持续成长的应用分析》,《管理世界》2004年第10期。

② 经济与管理研究编辑部:《中国企业成长的规律性研究——首届中国企业成长研讨会综述》,《经济与管理研究》2004年第6期。

③ 郭蕊:《企业可持续成长能力的关键纬度及分析模型》,《科学学与科学技术管理》2005年第11期。

④ 张明、许晓明:《转轨经济中制约企业成长的四维模型初探》,《上海管理科学》2005年第4期。

⑤ 转引自欧志明、张建华《企业网络组织及其理论基础》,《华中科技大学学报》2001年第8期。

个动态的、按照一定路径依赖不断演进的历史过程。① Johanson 认为网络化是"企业之间关系的复杂组合,企业通过与其他企业之间的相互作用而建立网络"。② Butera 认为,企业网络是一个可识别的多重联系和多重结构的系统,在组织内部"节点"和具有高度自组织能力(或者说是有机组织)的组织网络中,在"共享"和"协调"目标以及松散、灵活的组织文化理念的支持下共同处理组织事务,以维持组织的运转,实现组织的合作(为了处理各种类型的有效交易)。③ Gulati 指出,在当前这个时代,技术的迅速更替和新市场的不断开拓构成了产业的主要竞争图景,企业的竞争优势在于商业网络,商业网络为单一企业提供了参与市场竞争所必须的灵活性,提升了企业的市场反应能力。④ Foss 认为,"网络资源与企业内部资源不同,一方面,网络资源是人与人之间、企业与企业之间互动的结果,其形成和发展与企业特定的历史背景、特别是先前的网络关系情况直接相关;另一方面,网络资源更像一种有价值的信息和知识,是一种用来感知和实施企业战略的特殊类型的企业资源,决定了企业成长能力的高低"。⑤ Rob 提出,不同的企业应该选择不同的网络结构来发展各自的公司。⑥

国内学者李新春认为,企业有三种基本成长战略:一般性成长战略(依靠内部资源)、购并成长战略和跨组织成长战略,这三种战略选择分别与"科层制""市场"和"混合"组织模式相对应。跨组织成长(也被称之为"网络化成长")即通过与其他企业和组织结成网

---

① 转引自王晓娟、韩勇《对企业网络化成长的研究》,《价值工程》2008 年第 11 期。
② Johanson B., "Business Formation A Network Approach", *Scandinavian Journal of Management*, No. 4, 1988, pp. 83–99.
③ Butera F., "Adapting the Pattern of University Organization to the Needs of the Knowledge Economy", *European Journal of Education*, Vol. 35, No. 4, 2000, pp. 403–419.
④ 转引自王晓娟、韩勇《对企业网络化成长的研究》,《价值工程》2008 年第 11 期。
⑤ Foss N., "Networks, Capabilities and Competitive Advantage", *Journal Management*, No. 15, 1999, pp. 1–15.
⑥ Cross Rob, "A Practical Guide to Social Networks", *Harvard Business Review*, Vol. 83, Issue 3, 2005, pp. 124–132.

络关系而推动企业成长，这种成长方式强调企业通过在组织之间建立正式与非正式的联盟网络关系以寻求成长。① 黄泰岩认为，企业网络的定义可归纳为广义和狭义两种：广义是指"那些与企业活动相关的一切相互关系以及由所有信息单元所组成的 N 维向量空间，它构成了企业赖以生存和发展的基础"；狭义是指"企业与市场相互作用与相互替代而形成的企业契约关系或制度安排"。②

以上通过对企业成长理论的综述，可以发现企业成长是十分复杂的问题，而且内容庞大，迄今为止仍没有形成一个独立、完整、规范的理论体系。虽然学者们对企业网络的定义不同，可将其作为与市场和企业相并列的资源配置方式的看法却是相同的。③ 目前，我们所研究和学习的企业成长理论虽然有其合理性的一面，但由于他们研究角度的不同，以及受到时代背景和其他条件的制约，致使企业成长理论仍存在一定的片面性和局限性。例如，内生因素企业成长理论从企业角度入手，认为企业拥有的资源、能力和知识等才是企业成长的根本原因，企业成长的主要手段和内在动力是从企业内部构建企业独特的知识和能力；外生企业成长理论强调影响企业成长的外部环境因素，如产业、交易市场、经济体制，国外经济发展动态以及其他不确定性等因素对企业成长的影响；网络化成长理论则认为网络是知识经济环境下基于信息技术与企业自身发展的需要而形成的产物。网络化发展的企业成员之间是既竞争又合作的关系，它们的联盟宗旨是以实现集群内企业网络组织成员目标最大化以及企业自身竞争优势为前提。特别是随着经济全球化的到来，各国企业生存的环境发生了很大的变化，理论也随之需要更新，并要呈现出从内部分析向外部分析、从静态分析向动态分析的演变特征。而且要显示出鲜明的时代性，研究领

---

① 李新春：《企业集群化成长的资源能力获取与创造》，《学术研究》2002 年第 7 期。
② 转引自梁浩《企业网络理论的现状及国内研究中的困境》，《江淮论坛》2006 年第 3 期。
③ 王晓娟、韩勇：《对企业网络化成长的研究》，《价值工程》2008 年第 11 期。

域应涉及产业演化、技术和知识、转轨经济、融资和法律制度安排、信息披露、资本结构和环境不确定性等方面与企业成长关系的研究。[1] 因此，我国今后对企业成长理论的研究应基于全球化视角进行分析，把资源、能力以及知识列为主要研究对象。

（二）中小企业集群网络理论

中小企业集群与网络二者的关系是密不可分的。从网络的视角来看，如果企业之间只是形式上的集聚，地理上的集中，而产业关联上处于分散状态，那么就说明还没有形成真正意义的企业集群。只有集聚在一地的企业成员之间实现了产业链的紧密合作，通过积极的合作互动实现资源的共享及优势互补，中小企业集群竞争力得以实现，才是形成真正意义的企业集群。网络是各种行为主体之间在交换、传递资源活动过程中发生联系时建立的各种关系的总和，网络由行为主体、资源以及活动三部分组成。[2] 所有的企业集群都可以看作网络，其差别在于不同的企业集群网络的规模、结构、密度等特征不同而已。企业集群网络中的行为主体可包括企业、政府、大学、科研院所和其他机构；集群中的资源包括金融资产、硬件基础设施、人力资源等等。集群成员具有独立性，但彼此之间又紧密联系。

在竞争日益激烈的全球经济环境下，由于中小企业集群能将网络优势发挥到极致的特性，决定了其集群经济仍保持着旺盛的生命力。在中小企业集群网络中，企业是最重要的经济单元，它是创造价值和实现价值的行为主体。为充分实现企业集群成长，集群网络内部行为主体之间要合理互动，推动集群企业发展。在对中小企业集群网络进行研究的过程中，池仁勇[3]于2003年提出网络的概念，将网络引入了

---

[1] 张之梅：《中外企业成长理论研究述评》，《山东经济》2010年第1期。
[2] 李金华：《基于复杂网络理论视角的产业集群网络特征浅析》，《江苏商论》2007年第1期。
[3] 池仁勇：《区域中小企业创新网络形成、结构属性与功能提升：浙江实证考察》，《管理世界》2005年第10期。

中小企业集群，他认为集群网络不等于中小企业在地域上的简单扎堆，网络的基本要素是结点和联系，只有结点（企业和机构），没有联系就不成网络。从技术创新的角度理解，区域中小企业集群网络是中小企业创新活动过程中与外部机构、企业、组织（如供应商、客户、其他相关企业、大学、科研院所、政府、金融机构以及中介机构等）形成的以价值创造为导向的横向展开正式与非正式联络的开放的稳定结网关系。结网关系的形成是基于企业创新活动中的技术合作、合作开发项目、供销关系、信息交流等关系的联结，这些关系联结能够促进企业产品开发、生产工艺提升、市场拓展能力提高，成为中小企业技术创新的重要平台。①

魏守华和赵雅沁认为，生产成本优势是价格竞争的前提，是传统国际贸易中绝对优势和比较优势理论的基石随着技术和需求的变化，柔性生产和及时生产的倡导，具有品牌效应的区域营销优势成为构成集群竞争力优势的一部分；对于像中国这样市场潜力巨大的发展中国家的国内竞争市场中，产品的行业特性、企业的市场竞争地位以及市场结构类型也对竞争至关重要；另外，随着经济全球化的发展，产品不仅在国内市场上竞争，还要参与国际竞争，国外市场对于集群的发展就起到了决定性的作用。②

蓝庆新和王述英认为，集群是在企业地理集中的基础上发展起来的一种具有更高竞争力的区域内经济组织模式，集群主要是通过促进企业的衍生和最大限度地将区域内资源要素组织起来获取正面市场竞争力。同时，集群又通过简化市场交易对象的办法，即由原本千差万别的众多中小企业参与市场活动转化为在集群内部按网络关系（非市场机制）来完成各种交易和交流，而在外部则由单纯的一个产业集群

---

① 朱婷：《中小企业集群网络竞争力评价分析——基于浙江省纺织、服装行业实证研究》，《经济问题研究》2007年第11期。

② 魏守华、赵雅沁：《企业集群的竞争优势探究》，《财经问题研究》2002年第5期。

来直接面对市场，杜绝了市场失灵或市场低效率，由此从反面获取了市场竞争力。①

国外学者对集群网络也有一定的研究，虽然没有给出系统的定义，但也指出了网络资源是企业集群化成长的关键所在。Rolelnadt 和 PindenHertog 认为企业集群是一种网络；② Johannisson 认为集群作为一种特殊的网络系统，本身就是一种真实的资源；③ Butler 和 Hansen、Boari 对意大利和美国等地企业集群的演化（集群网络结构的复杂化）进行了回顾，认为核心企业主导着集群的演化方向和进程，集群结构的复杂化往往是与集群内企业的成长密切相关的，广大中小企业会随着核心企业的成长而成长起来，直到集群的组织化程度很高为止；④ Rbaellotti 认为企业集群网络是一种合理的产业组织形式，企业间的竞合关系，一种战略行为。⑤ 他把企业集群网络的特征概括为：企业在空间和产业（部门）上的集中；社会文化是本地经济代理人之间的联系纽带，彼此间建立了共同的行为方式；以商品、劳务、信息和人员的市场或非市场交换为基础的强烈的垂直或水平联系；支持本地企业的公共或私人机构形成的网络。

为了探究集群网络对企业成长的影响关系，Premaratne 引入了社会网络、支持性网络和企业间网络三种网络形式，构建了一个"网络—资源—绩效（成长）"的关系模型⑥（见图2.3）。Premaratne 通

---

① 蓝庆新、王述英：《产业集群的内在竞争力效应分析》，《山西财经大学学报》2004年第4期。

② 转引自宁钟《企业集群理论的演进及评述》，《武汉人学学报》（社会科学版）2002年第6期。

③ 转引自吴冰、王重鸣、唐宁玉《高科技产业创业网络、绩效与环境研究：国家级软件园的分析》，《南开管理评论》2009年第6期。

④ 转引自王文君《中小企业集群网络化成长影响因素研究》，硕士学位论文，大连交通大学，2009年。

⑤ 转引自葛传斌《浙江省中小企业集群网络关系链研究》，硕士学位论文，浙江工业大学，2004年。

⑥ 转引自魏剑峰《企业集群的潜在融资优势及信贷策略研究——以河南省中小企业集群为例》，《郑州大学学报》（哲学社会科学版）2010年第9期。

过对斯里兰卡325家中小企业的调查，得出社会网络提供的多为非物质资源和信息，而支持性网络和企业间网络对于资源传输则十分重要，它们提供的主要是资金支持，通过外部网络获取更多资源与企业成长具有正向关系。①

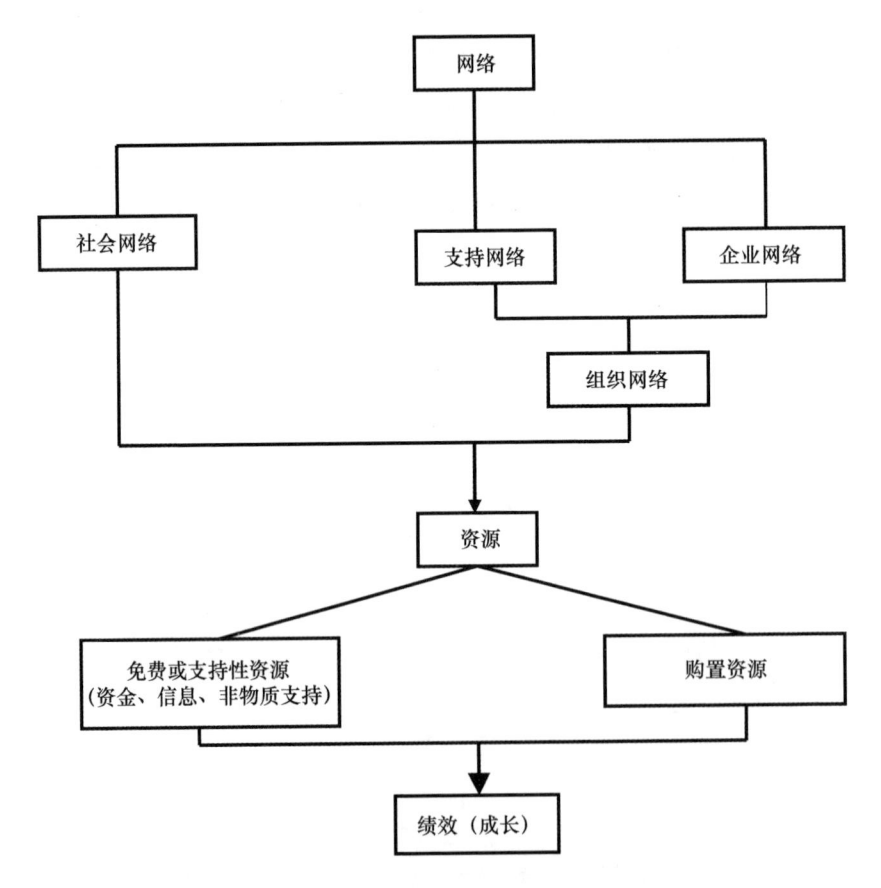

图2.3　企业网络、资源和企业绩效（成长）的关系模型

资料来源：S. P. Premaratne（2001），The Impact of Entrepreneurial External Resource Networks on Small Business Growth, http：//www.usasbe.org/knowledge/proceedings/2001/062.pdf。

---

① 转引自王文君《中小企业集群网络化成长影响因素研究》，硕士学位论文，大连交通大学，2006年。

纵观上述理论，无论是国外的还是国内的中小企业集群网络理论都是从集群内部的各个有效组织入手，他们都提出了集群内良好的网络关系有助于中小企业的成长。而国内中小企业集群网络理论研究侧重于集群内企业间的联系以及生产成本优势、产品开发速度、生产工艺提升、国内与国际之间竞争力等方面的研究。国外中小企业集群网络理论研究侧重于为企业信息、资金和精神支持三类资源的来源，以及地区网络的形成企业开发和获取有效资源提供的机制和工具；另外还发现区域经济的发展主要是通过新企业特别是衍生企业的创造速率来实现的。因为，集群内企业不断分化出新的企业，所以，集群内的小企业组织结构不会被大企业所替代。在梳理了国内外关于中小企业集群网络理论的知识后，在建设和发展中国中小企业集群网络时可以融会贯通，中西合并，将优秀的部分运用到实际工作当中，推进我国中小企业快速发展。

（三）中小企业集群化成长理论

自从潘罗斯的《企业成长理论》、钱德勒的《看得见的手》等经典文献发表以来，企业成长研究得到了重视。由于复杂多变的外部环境对企业成长方式产生一定的影响，企业成长不再简单地依赖于内部资源和并购成长，而是依赖于跨组织成长，也被称为网络化成长。网络化存在的核心在于合作，通过合作来取得双赢共生的局面。这种合作即可以是本地化的，也可以是全球化的，随着经济全球化的发展和分工的不断深化，大型企业依赖于全球网络实现网络化成长，但在儒教传统的国家里，网络化成长作为一种制度因素给出了一种区别于西方企业的成长特征。[①] 对许多集群内的中小企业来说，中小企业之间不是紧密的战略网络关系，而是贴近竞争者的"竞合关系"，似乎网络化成长概念不能给予准确的描述。所以，我国学者李新春就用"集

---

① 转引自李新春《企业集群化成长的资源能力获取与创造》，《学术研究》2002年第7期。

群化成长"的概念来描述集群中中小企业的网络化成长,他给企业集群化成长下的定义是:集群中的企业成长不仅依赖于同一区域和产业的同类企业以及相关企业的发展和合作,而且也依赖于地方政府以及其他中介组织的支持、组织和合作。集群企业通过根植于本地文化的网络形成区域规模经济和范围经济,产生独特的集群文化,具备一定的竞争优势。所以,集群化成长机制与网络化成长机制是有所区别的,它是网络化成长的进一步细分。

随着中国企业集群的蓬勃发展,越来越多的学者开始关注中小企业集群化成长问题。李新春认为企业集群是不同于战略网络的一种企业组织协调方式,其关系治理主要是通过企业家来实现的。他通过对珠江三角洲专业镇企业集群的企业家进行调查和分析,进而揭示了"企业家协调"的本质,并指出"企业集群化的核心在于其独特的企业家机制而不是管理协调"。李新春在《企业集群化成长的资源能力获取与创造》一文中对资源能力获取和创造方面进行了研究。他认为,企业集群化成长过程中的资源能力获取是通过外部途径实现的,而且集群发展阶段不同,其获取的方式也不同。在集群发展初期,大多数企业通过模仿和学习获取资源能力,随着市场的发展,集体行动、政府和中介组织成为获取资源能力的重要方式。[①] 并且李新春还指出了中小企业集群化成长的基本特征是:一个企业的成长同时依赖于在同一区域、同一产业的其他企业以及配套企业的资源能力;同时,政府的支持和组织,如筹建销售专业市场和展览会等、合作制度的营销、供应、融资以及设计中心等中介组织的建设也是企业成长的重要条件。

贾生华等从政府层面、企业层面、产业层面进行调查,认为:"很多集群企业外部营销效应不强,内部协作不够紧密,甚至对集群的优势没有充分的认识,也不能加以充分利用。"[②] 张炳申和马建会研究了珠三角中小企业集群化成长存在的问题,认为集群化成长技术创

---

① 李新春:《企业集群化成长的资源能力获取与创造》,《学术研究》2002年第7期。
② 贾生华、邬爱其、张学华:《企业集群化成长障碍调查——以浙江省为例》,《经济理论与经济管理》2003年第7期。

第二章 中小企业集群化成长理论综述

新动能不足；中小企业集群化成长的根植性弱；集群化成长的产业协作和关联度低下；集群化成长的企业多以专业化市场为纽带，集群内的分工难以向纵深发展；生产技术与生产组织简单，劳动密集型产业比重大。同时也提出了相应的解决对策。[①] 吴强军通过对浙江嵊州领带产业集群、永康小五金产业集群和海宁皮革产业集群的实证分析，研究了中小企业集群化成长的影响因素，并提出相应的对策措施。他认为，"企业集群化成长实质上是一种特定地域网络内组织间相互依赖、相互促进的企业成长模式"。[②] 吴德进从集群化发展对福建的益处出发，并从中找出不足和缺点，最后提出合理化建议来提倡集群化发展对中小企业的作用。[③]

吴翔阳提出了企业集群化成长的二维"葡萄串"模型，他从"径"和"粒"二维结构把集群的横向扩张与集群的纵向演进进行交织并作了相应的研究，用社会网络理论解释了集群横向成长的机理，强调了群体网络资本在集群化成长中的作用。[④] 杨淑娥等研究了高科技企业集群化成长过程中资源的获取机制和资源缺失问题，并提出促进资源供给能力建设的政策建议。[⑤] 汪建江对中小企业的集群化发展进行定义：指相同、相近和相关产业的中小企业、机构和团体，在某一区域聚集成长，形成一个专业化分工、产业或产品配套、信息和知识频繁流动、共享基础设施和营销网络的企业协作竞争系统。[⑥] 王海

[①] 张炳申、马建会：《珠三角中小企业集群化成长的问题及对策》，《南方经济》2003年第10期。

[②] 吴强军：《中小企业集群成长的影响因素及其实证研究——以永康小五金产业为例》，《浙江社会科学》2004年第3期。

[③] 吴德进：《论福建中小企业集群化发展选择》，《福建论坛》（人文社会科学版）2004年第3期。

[④] 吴翔阳：《宁波劳动密集型企业集群成长方式的转变》，《中共宁波市党校学报》2006年第2期。

[⑤] 杨淑娥、袁春生、丁善明：《高科技企业集群化成长的资源获取与资源供给缺失》，《科技管理研究》2006年第8期。

[⑥] 汪建江：《集群化发展：中小企业的理性选择——对绍兴市中小企业集群化发展的调研》，《浙江经济》2006年第20期。

光和白羽研究了产业集聚下科技型中小企业的成长问题。他们结合集群理论和企业成长理论，从微观角度分析产业集群对集群内科技型中小企业成长的有效促进作用，认为集群企业主要是通过获取集群资源和整合资源实现成长。[①]

通过以上研究表明，地理位置与集聚因素是中小企业集群化成长的基本条件，同时，企业自身以及产业（行业）等多方面因素的影响以及企业（特别是龙头企业）与集群内、外部互动关系的动态演进是企业集群化成长的关键。这就进一步说明，发展集群不能只从整体层面上来研究集群或者集群中的企业，而要转换不同的研究视角，重新审视政府、集群、企业、产业等多方面复杂的互动作用，从而发现许多既有的集群理论分析套路所无法得出的结果。就此本书重新对中小企业集群化成长理论进行界定，认为中小企业集群化成长就是各行为主体间（政府、企业、个人、中介组织、教育和培训组织等）在地域上集聚，并在整体活动过程中企业通过各种资源间的流动逐渐建立起一种维护、开发和利用网络资源的企业成长方式，形成一种正式或非正式的特殊网络关系，并且，企业集群化成长有利于企业自身潜力的开发，形成产品创新能力以及集群内企业文化的建设。

综合以上分析，发现目前在对中小企业集群化成长方面的论述主要集中在集群内企业间的网络连接和创新能力方面，还没有人深入分析集聚区建设对中小企业集群化成长的影响及帮助。所以本书有必要结合现有的理论和目前比较成功的集聚区实例，从微观的角度深入分析集聚区建设对中小企业集群化成长的帮助，以及中小企业集群化发展对企业成长的影响，从而丰富中小企业集群化成长理论。

---

① 王海光、白羽：《产业集聚下科技型中小企业成长研究》，《渤海大学学报》（哲学社会科学版）2008年第2期。

第三节　中国中小企业集群类型划分

一　按组织形式划分

从组织形式上对中小企业集群进行划分，可划分为水平一体化型企业集群、垂直分离型企业集群和垂直分离与水平一体化共存型企业集群。

（一）水平一体化型企业集群

水平一体化型企业集群也被称为阿米巴式集群。在这种组织形式的集群中，企业规模都相对比较小，企业之间的合作和交易的关系是水平一体化的。[1] 这种水平一体化型中小企业集群在珠江三角洲一带普遍存在，特点是区域内产业单一，企业间专业化协作水平高，并形成合作网络。这种阿米巴式结构又可分为三大类：一是同类中小企业的集群，指相同产品或行业的集群，各种形式的工业园区、科技园区体现得较为明显；二是关联集群，指不同产品或行业因相互关联而形成的企业集群；三是混合集群，指集群中既有同类集群，又有关联集群，甚至还包括非关联集群，形式比较混杂。[2]

（二）垂直分离型企业集群

垂直分离型企业集群是指在这种企业集群中拥有大量的小企业，围绕着一个或数个大中型企业的生产、销售等环节所形成的以分包合作为基础的企业集群，即出现了"中心卫星式"组织形式。这类集群由于龙头企业通过与园区内供应商之间建立长期稳定的合作关系，并且共同组织研究和开发，能够对市场环境的变化迅速作出反应，提高产品质量，获得市场竞争力。同时，中小企业供应商在为龙头企业提供零部件与分包生产的过程中，也受大企业知识外溢的影响，不断提

---

[1]　王磊：《论我国企业集群类型的划分》，《科技进步与对策》2004年第6期。
[2]　王磊：《论我国企业集群类型的划分》，《科技进步与对策》2004年第6期。

高自身的创新能力。这种"垂直分离型的企业集群"按照形成方式可分为两种类型：分拆垂直分离型，即由特大型企业分拆形成，即将一个特大型企业分拆成若干个中小型企业；自然垂直分离型，这种指众多中小企业以大型企业为依托，集聚在其周围，并与之配套或关联，从而形成中小企业集群。① 汽车集群就是以这种方式存在的企业集群。

（三）垂直分离与水平一体化共存型企业集群

垂直分离与水平一体化共存型企业集群的特点是区域内几家或十几家大中型企业之间是垂直一体化的关系，并与其分包商（小企业）进行合作生产经营，而不作为大企业分包商的其他一些中小企业之间也存在横向的相互合作。在中国这一类型的企业集群有北京中关村和武汉东湖高新技术开发区。

二 按与市场的关系划分

从企业集群与市场的关系角度，可以将其划分为生产者驱动型的产业集群和消费者驱动型的产业集群两类。

（一）生产者驱动型的产业集群

生产者驱动型的产业集群主要是指资本技术密集型的产业，大企业是产业的核心企业，担负着协调生产中的前后向联系，组织供应链和界定最终产品等任务。

（二）消费者驱动型的产业集群

消费者驱动型的产业集群，大多是以消费品产业为特征，在这类集群中，大零售商、销售商和贸易公司三者建立起生产网络，以促进集群的健康发展。

三 按形成机制划分

从企业集群的形成机制划分，可分为政府主导型企业集群、自发

---

① 王磊：《论我国企业集群类型的划分》，《科技进步与对策》2004年第6期。

集聚型企业集群和折中型企业集群。

(一) 政府主导型企业集群

政府主导型企业集群是指依靠政府的政策和规划而建设成的集群。这类企业集群一般在政策上享受优惠，政府对该集群的主要任务是激发该集群的自主性和创造性。

(二) 自发集聚型企业集群

自发集聚型企业集群主要是依靠当地的某些商业精英发动起来的，他们通过对市场敏锐的眼光和创新精神自发组织起来，当企业集聚发展到一定程度时，当地政府出台适当的优惠政策，吸引一些相互有关联的中小企业进入该区域，使其不断壮大。在自发集聚型企业集群内，政府的工作重点就是放在提供优惠的政策支持，促进企业集群的健康、长远发展。而且集群内各企业也充分利用本地的竞争优势发展特色产业，依赖企业家的市场洞察力，企业技术创新能力、务实的地方政府以及廉价的劳动力等与国内外各地区进行竞争，这类型企业集群比较有名的是浙江桥头镇的纽扣企业集群。

(三) 折中型企业集群

折中型企业集群中，政府充分发挥引导作用，企业应充分发挥主体作用。

四　按现代化程度划分

集群企业发展按现代化程度划分，可分为传统企业集群和现代企业集群。

(一) 传统企业集群

传统企业集群一般是指在当地特色手工业的基础上发展起来的劳动密集型企业集群，企业规模偏小，企业之间进行密切协作，整体上可获得规模经济。其典型代表是温州的鞋类企业集群。在这种集群内，劳动力的分工比较细，专业化程度比较高，企业规模一般不大，但是几乎所有的中小企业都集中在一项产品或者产品的某一部分。同时，集群内企业间的信任度较高，很多时候二者之间的合作是以非契约关系进行的。在这种企业间的密切协作下，区域内产业实现规模效应。

（二）现代企业集群

现代企业集群是指生产高科技产品的集群，集群的发展主要依赖于知识、技术、专利成果等，企业的生产和经营是在市场竞争中不断进行着创新与发展，在整个过程中技术扩散效应和知识溢出效应在集群的发展中起着重要作用。在中国典型的现代企业集群代表是中关村企业集群。

表2.3　　企业集群的类型、特征及其政策取向简述

划分标准	企业集群类型	基本特征	基本政策取向
集群现代化程度	传统企业集群	劳动密集型	加强分工协作、提高劳动效率
	现代企业集群	资本、技术密集型	重视创新和资本运营
集群形成机制	政府主导型	以政府为主组建	激发该集群的自主性和创造性
	自发集聚型	企业自发集聚	提供优惠政策，合理引导其发展
	折中型集群	两者的结合	政府引导，企业主导
集群与市场关系	生产者驱动型	生产性企业为核心	鼓励生产
	消费者驱动型	流通性企业为核心	扩大消费
集群企业组织形式	阿米巴式集群	小企业集聚	加强协作、创新
	卫星辐射式集群	以大企业为核心	大企业的示范作用

资料来源：陈和平：《我国企业集群化成长及其预警研究》，硕士学位论文，中国海洋大学，2006年。

第四节　中小企业集群化成长优势分析

一　提高企业竞争力

中小企业集群化成长有利于中小企业提高竞争力，主要表现在以

下方面：第一，由于所处地理位置接近，集群内企业之间通过合作或建立联盟等方式进行生产、销售等活动，使每个企业的订单都能较为方便地在企业集群内找到合适的厂家，这样可以降低集群内企业采购、运输和库存等成本，使产品生产价格明显降低，利于企业间的竞争。

第二，集群内产业聚集，中小企业数目众多，把各种各样的专业人才吸引到同一地方，易形成供给充足的劳动力市场，使厂商更容易招聘到所需要的有专业技能和工作经验的员工，降低企业搜寻人才的成本。而各种人才也更倾向于去企业聚集区域谋求发展，以期获得更多的挑选机会和找到更具挑战性的工作。由于集群内企业间的密切联系，为企业间人才的交流提供可能，企业之间可以通过项目合作的方式参与到其他企业的技术创新中，有利于企业获得新知识。同时，集群内人才的流动性很大，这也带动了技术及信息的交流，使得集群内企业间能更便捷地获取新知识，加快技术信息及供求信息的交流，降低企业在交易过程中的信息搜寻成本，使企业更容易获得真正的外部性效应。

第三，当今社会是知识经济时代，企业间的竞争就是品牌间的竞争，中小企业集群更容易形成"区域品牌"效应。当人们在谈论某一著名产品时，总是会想到该产品的产地，如法国的香水、瑞士的钟表等，这些都属于"区域品牌"中的典范。由于"区域品牌"具有广泛性、持续性的品牌效应，蕴涵着集群地理特征和人文历史渊源，是众多企业品牌的精华浓缩及提炼。所以，企业集聚使中小企业可以集中力量进行广告宣传，利用群体效应，形成"区域品牌"，使每个企业都受益，消除经济外部性，改变单个企业广告费用过大而不愿积极参与和投入的状况。[①]

第四，在经济全球化的形势下，中小企业集群化成长有利于推动

---

① 傅京燕、郑杰：《中小企业集群与竞争优势》，《财贸研究》2003年第2期。

中小企业国际化进程。目前，世界跨国公司大规模地在华进行直接投资，特别是以抢占中国市场为目的的直接投资。这些对我国企业，特别是对中小企业形成了巨大的冲击和挑战。面临这样一个严峻的经营环境，中国中小企业只有通过集群化的方式发展，形成一定的规模优势，使企业在竞争中获得生机。中小企业集群化可以形成特有的区位优势，吸引跨国公司直接投资，使集群内大量外资涌入，形成以跨国公司为核心的主导产业和上、中、下游结构特征相互配合的产业链条。中小企业可以依靠进口产品、技术、管理经验等来提升整个企业集群的整体技术水平和竞争能力，有利于中小企业推动企业国际化进程。

第五，由于中小企业存在先天的不足，如人才严重缺乏、获取国际市场信息困难等，单个中小企业很难获得国际经营的内部化优势，因而出口困难。集群化成长能够提高集群内中小企业作为整体的内部化优势，促进企业产品出口。

中小企业集群化成长使中小企业形成相互竞争协作的柔性结构网络体系，集群内的非正式交流也促进了知识的软流动，中介服务机构提供便捷的国际市场信息和专业化的信息服务，企业间的纵向联系促进分工协作，横向联系引发合理竞争，整个系统处于良性的动态循环中，使中小企业实现初级外向型国际化。[①] 同时，各集群内聚集了全球的品牌中心、研发中心、孵化中心、营销中心、人才中心、金融资本中心等，具备了企业向更高层次发展的各种"要素"，集群可以为企业实现综合型国际化发展模式奠定基础。再加上，集群内政府积极鼓励中小企业实施"走出去"战略，并加强对重点产业的出口商品进行质量体系认证、环境体系认证和产品质量安全环保体系认证等，构建具有质量效益导向的外贸促进和调控体系，这也有利于中小企业竞争力提升。

---

① 王蓉梅：《我国中小企业集群国际化及其策略研究》，《江苏商论》2007年第5期。

第二章　中小企业集群化成长理论综述

二　获得规模经济效应

处于分散状态下的单个中小企业规模较小,难以实现大规模、大批量生产的企业规模经济构想,但通过中小企业集群化,大量专业化企业集聚在一地,集群内企业间通过协作,大幅度降低了生产成本,形成了企业集群内部的规模经济;地域的接近,使企业的交易成本下降,形成了集群的外部规模经济;集群内企业之间因共同使用集群公共设施,以及节省物质传输和信息传输的运输费用使企业的生产成本降低,也是集群企业取得规模经济的主要原因之一。[1] 规模经济的形成提升了中小企业集群的核心竞争力,获得只有大企业才拥有的生产规模,弥补了单个企业规模偏小的不足。此外,随着经济全球化进程的加快,市场竞争已由过去单个企业之间的竞争,升级为供应链之间的竞争。中小企业可以通过集群化成长,使上、中、下游企业之间密切配合,借助整个产业价值链的协调整合,加快集群内企业技术的进步,促使企业对产品和服务分工更细、专业化更强。这种企业专业分工与协作体系的日趋完善,既为企业降低了中间转移成本,又为专业化生产商提供了很大的生存机会,从而形成内部规模经济或外部规模经济。为保持整个产业链的发展前景,集群要求每一产品的所有生产环节都要达到相应的较高的质量标准,为了达到这个标准,相关联的企业需要通过统一改进工艺技术,加大研发力量的培育及对市场的开拓,将企业所有的人才、资金汇集起来,形成企业群整体发展的合力。[2] 同时,集群内企业之间由于距离近,产生的竞争压力促使各个企业不断进行自主创新,研究新产品、开发新技术,填补市场空白,为企业获得更大的利润空间。而且,各中小企业还保持了自身的灵活

---

[1]　王荣:《浙江中小企业集群发展的竞争力分析》,《商场现代化》2007年第3期(下旬刊)。

[2]　王兴娟、张占洋:《论中小企业集群的竞争优势》,《山东工商学院学报》2004年第12期。

性，提高了企业的生产效率和市场应变能力，这种规模经济所迸发出的"小狗经济"的竞争能力毫不逊色于"航空母舰"的作用，明显产生"1+1>2"的放大效应。

三 营造良好集聚环境

首先，集群企业长期集聚在某地，易于产生很大的市场影响力，并且在发展过程中通过不断地完善相应的配套设施，吸引更多的相关产业的投资者以及提供专业化服务的供应商愿意进入该地区。使在集群内投资的中小企业，能够充分利用企业集群提供的市场以及专业服务克服创业初期的种种困难，提高了投资成功的可能性。集群内部的良好环境，积极推动中小企业产业结构优化，促进产业转型升级，使集群内企业具有可持续发展的国际竞争力。其次，集群地区的地方政府也为企业成长创造了良好的外部条件。如地方政府优化区域环境建设，完善公共基础设施；对于企业用地、用水、用电给予优先；为企业提供土地和税收优惠以及规范市场秩序；对技改项目给予贴息贷款；推动中介组织的建设和发展、出面协调厂商之间的共同行动、引资引进相关配套产业以及引导专业市场建设；定期组织企业技术和管理培训等服务。[①] 最后，集群式的发展可以提升企业信息反馈质量效率。一般中小企业的连接方式为单线的连接方式，如企业1—企业2—企业3—企业4。这种连接方式在信息传输过程中容易发生信息损失，导致企业信息反馈效率降低。而中小企业集群内企业之间由于存在着特殊的网络关系，连接方式也与集群外企业有所不同，即使集群内企业之间存在着激烈的竞争，但这种竞争对于每一个企业来说，仅是提供了一个外部激励机制，鼓励企业更有效率的工作。

由图2.4可知，中小企业集群由于集群内的同行竞争，因而每一个专业中能筛选出效率最高的企业输入到下一串联的专业中，这种竞

---

① 薛勇：《中小企业集群的竞争优势分析》，《商场现代化》（下旬刊）2007年第6期。

争的结果使集群内形成较高的信息反馈效率，从而提高集群的运转。①

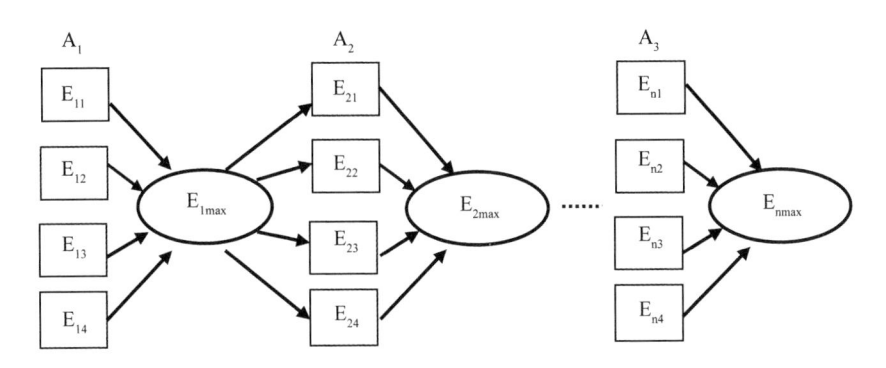

图2.4 中小企业集群内部企业的连接方式

注：A 为专业分工；E 为企业（enterprise）；$E_n$max 表示在 n 个专业里面筛选出的最有效率的输出。

四 增强市场融资能力

长期以来，80％的中小企业存在融资难的问题，由于流动资金得不到满足，企业无法很好地解决流动资金、诸如产业限制、技术壁垒等问题。企业集群的存在有助于中小企业克服交易分散，融资难等问题，是一种优质的组织形式。一是集群本身就为中小企业提供了良好的发展环境与机制。集群更好地把各类企业与教育科研机构、金融机构、行会商会等中介组织及行业信息中心等紧密联系在一起，使金融机构很容易获得真实而完整的企业信息，这在某种程度上缓解了银行对中小企业所掌握的信息不对称，有助于银行向中小企业提供贷款帮助。二是集群内中小企业一般是一批提供生产经营及配套服务的上、中、下游相关企业，这使得企业风险具有一定的可预测性，因而使信贷风险具有可预测性。三是随着集群自身竞争力的整体提升，提高了集群内中小企业的信誉度，增加了融资的成功率。四是企业集群的发

---

① 王兴娟、张占洋：《论中小企业集群的竞争优势》，《山东工商学院学报》2004 年第 12 期。

展为中小企业实行非正规性融资创造了条件。在我国目前的金融环境下，非正规性金融对正规金融起着不可或缺的替代作用。五是银行对集群内企业贷款，可以获得规模经济。由于企业集群地区的经济增长率较高，区内的资本积累更快，通过商业银行货币的乘数进一步放大，本地更多地贷款，投资增加，经济进一步增长，高经济增长→储蓄增加→银行的货币乘数→投资增加→区域经济增长→银行的收益增加。同时，集群内银行的收益较高，可以吸引更多的区外资金，资金的乘数效应进一步放大，更有利于区域银行地快速发展。[①]

[①] 薛勇：《中小企业集群的竞争优势分析》，《商场现代化》2007年第6期（下旬刊）。

第三章 中国东北地区中小企业集群化成长概况与现状评析

第一节 东北地区中小企业集群化成长概况

随着改革开放的不断深入和振兴东北老工业基地战略的实施，中小企业作为地方经济发展的重要支柱，越来越受到国家和地方政府的重视。中国东北地区在全面开展大企业转型升级、资源优化配置过程中，也积极实施国家中小企业成长工程，使东北地区中小企业产业结构得到调整及优化，使东北地区的中小企业实现了较快发展。由于经济质量的不断提高，东北地区正在形成一批以产业聚集区为基础的高质量的中小企业集群。

一 辽宁省中小企业集群

东北地区各省份经济发展以辽宁省为最优，据统计，截至2014年，辽宁省有中小企业集群121个（见表3.1），经济总量占全省民营工业的50%以上，销售收入超百亿元集群达到90个，其中超千亿元的达到6个，[1] 吸纳就业超100万人。地理位置主要分布上，沈阳、大连、鞍山3市，集群经济总量占全部企业集群经济总量的53.1%；

---

[1] 《辽宁省今年超百亿产业集群将达到90个》，http://www.mofcom.gov.cn/article/resume/n/201401/20140100453901.shtml。

中小企业集群化成长与集聚区建设

营口、辽阳、锦州、盘锦、葫芦岛5市占39.9%；其他6市占7%；全省企业集群营业收入正在以年均递增超过50%的速度成长；近两年辽宁省企业集群每年项目投资额超过1000亿元，连续3年投资额实现一年翻一番。① 沈阳市专业园区模式的企业集群发展迅速，沈北新区农产品加工、沈北新区食品、铁西新区汽车零部件和于洪家具四个企业集群年营业收入超过100亿元；大连市龙头企业带动型企业集群较多，如：大连市瓦房店轴承厂带动了瓦房店轴承企业集群，中国大杨集团带动普兰店杨树房服装企业集群，大连华信公司带动大连旅顺软件企业集群。目前辽宁省中小企业集群主要涉及的产业有装备制造业、农产品加工业、冶金产业、石化产业、电子信息产业、建材产业等，具体分布情况如图3.1所示。

表3.1　　　　　　　　　辽宁省中小企业集群统计

城市	沈阳	大连	鞍山	抚顺	锦州	丹东	营口	葫芦岛	铁岭	朝阳	辽阳	本溪	盘锦	阜新
个数	29	21	9	6	8	8	6	3	9	5	4	3	7	3

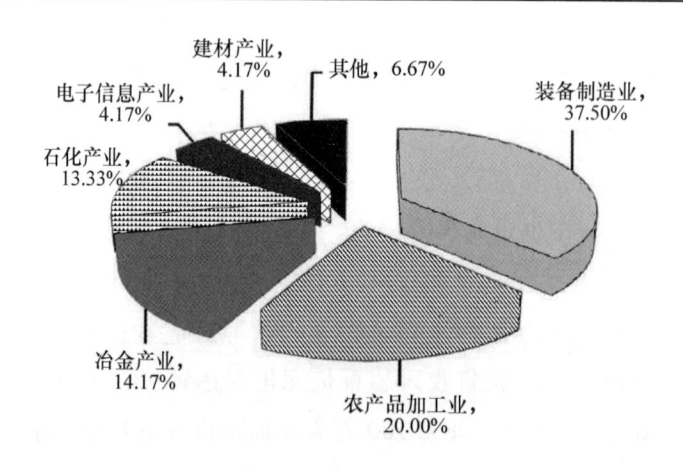

图3.1　辽宁省中小企业集群产业分布情况

资料来源：辽宁省中小企业厅。

① 马云俊：《辽宁省中小企业集群发展研究》，《理论界》2010年第4期。

第三章 中国东北地区中小企业集群化成长概况与现状评析

（一）装备制造业

辽宁省装备制造领域重点行业发展平稳，特别是汽车行业持续处于领跑地位，其快速发展已经对辽宁省装备制造业平稳增长起到了重要支撑作用。同时，船舶行业也表现突出，2016年共完工537.3万载重吨，同比增长15.2%，连续7个月保持正增长[①]。截至2016年年底，辽宁省装备制造业主营业务收入达7457.3亿元。其中，高端装备制造业主营业务收入占比逐步提高，已占全省装备制造业的17.2%，特别是数控机床和工业机器人的产量均有大幅提升。随着辽宁省产业结构的调整。辽宁省推行《中国制造2025辽宁行动纲要》《辽宁省装备制造业重点领域发展指导意见》确定重点发展领域，提出推进发展路线图。2017年辽宁省已经拥有100户智能制造及智能服务试点示范企业，这些企业在智能制造领域发挥了引领作用，提升辽宁省制造业的智能化、网络化、信息化水平。

但随着经济全球化，世界制造业竞争格局发生新变化，作为中国装备制造业大省的辽宁省，装备制造业质量水平还有很大的提升空间。辽宁省一直在装备制造业传统高耗能行业（石油加工、化学原料和化学制品制造业、炼焦及核燃料加工业、非金属矿物制品业、有色金属冶炼和压延加工业、电力热力生产和供应业、黑色金属冶炼和压延加工业等）占比较大，一直有增值的现象。且产品品类结构也不均衡，技术含量高、附加值高的产品上不能满足当前市场需求，低档次产品生产能力过剩。在机械基础件生产环节较为薄弱，重大技术装备成套供应能力较差，缺少竞争力。生产性服务业发展相对滞后，制造业服务化水平低，电子商务、商贸流通、专业市场等发展不足。同时，辽宁省装备制造业综合配套能力有待提升。从本地配套率看，沈鼓仅为5.5%，新松机器人为15%，高档

---

① 《五大举措做优做强先进装备制造业》，http://www.ln.gov.cn/zfxx/jrln/wzxw/201702/t20170215_2788802.html。

数控机床60%以上的功能部件依赖进口。另外，辽宁省创新能力相比东北其他地区相对较好，但仍然处于中国省份排名中下游水平。《2019中国创新城市评价报告》的城市排名中，大连排名第16位，沈阳排名第17位（见图3.2）。

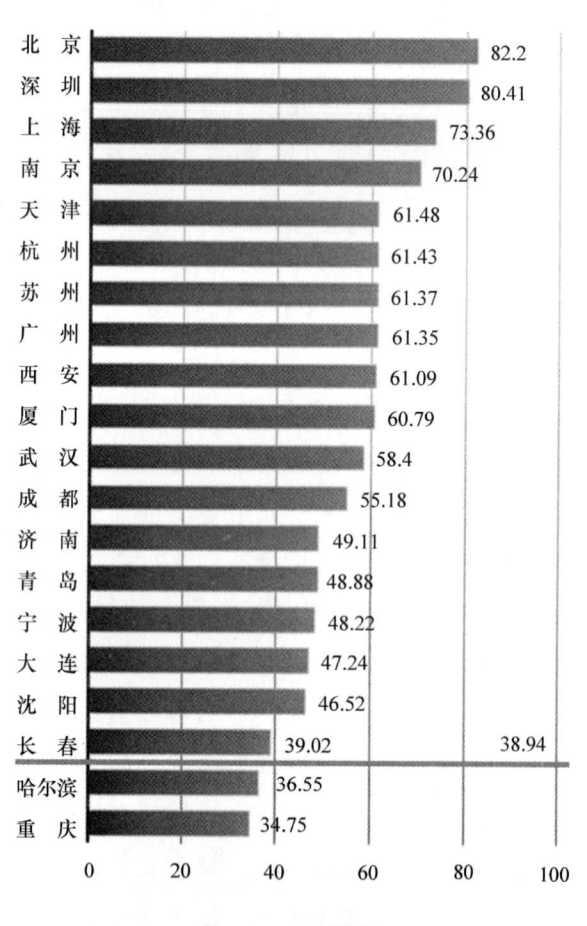

城市	创新指数
北京	82.2
深圳	80.41
上海	73.36
南京	70.24
天津	61.48
杭州	61.43
苏州	61.37
广州	61.35
西安	61.09
厦门	60.79
武汉	58.4
成都	55.18
济南	49.11
青岛	48.88
宁波	48.22
大连	47.24
沈阳	46.52
长春	39.02 38.94
哈尔滨	36.55
重庆	34.75

图3.2 创新指数

（二）石化集群

辽宁省曾经是中国炼油工业的摇篮，辽阳石化则是新中国最早引进成立的"四大化纤基地"之一，锦州石化更是生产出新中国第一滴人造石油、第一块合成顺丁橡胶。"十二五"时期，辽宁省石化工业稳步增长，规模以上企业工业增加值年均增长6.0%；年均实现主营业务收入8526.7亿元，利税760.1亿元，利润43.0亿元，累计完成固定资产投资5608.5亿元，产生石化千亿产业集群2个（盘锦石化及精细化工集群、大连大孤山化工产业集群）。其中，恒力石化、盘锦北燃、逸盛大化、福佳大化等重点企业均实现较快增长，2018年12月15日，恒力石化2000万吨/年炼化一体化项目正式投料试生产，全省石化行业民营经济发展再上新台阶。2018年，全省民营石化企业累计实现主营业务收入3600亿元，同比增长20.1%，占全省石化行业比重的47.6%；实现利润115亿元，同比增长17.2%；上缴税金60亿元，同比增长12.1%。表3.2是"十二五"时期辽宁省石化行业主要经济指标。

表3.2　　"十二五"时期辽宁省石化行业主要经济指标统计

	2011年	2012年	2013年	2014年	2015年
工业增加值增幅（%）	8.1	7.6	9.3	5.8	-1.5
主营业务收入（亿元）	8275.9	8876.7	9536.9	9042.3	6901.9
利润（亿元）	69.2	28.2	134.5	11.7	-28.6
税金（亿元）	623.8	759.4	689.6	706.8	806.1
固定资产投资（亿元）	865.6	1103.8	1372.9	1313.9	952.3

资料来源：《辽宁省石化工业发展"十三五"规划》，https://wenku.baidu.com/view/9a363e0cb6360b4c2e3f5727a5e9856a56122686.html。

2019年1月，辽宁省出台的《辽宁省建设国家新型原材料基地工程框架实施方案》明确提出，到2020年原材料工业主营业务收入力争达到14000亿元，年均增长8.7%；新材料销售收入占原材料工业主营业务收入比例达到10%；新增省级企业技术中心30个；新增各类省级科技研发平台30个；创建省级绿色工厂20座；石化和钢铁工业先进过程控制投用率达到60%以上。①

辽宁省将推进石化产业转型升级,全面建成大连、盘锦两个世界级石化产业基地,改造升级抚顺、辽阳、沈阳、锦州、营口5个具有产业竞争力的石化产业基地,着力打造阜新、葫芦岛、鞍山三大特色石化产业基地,按照核心企业—产业链—产业集群—产业基地的发展模式,全面提升炼化一体化能力,逐步完善从油气加工、有机化工、高分子聚合物化工、化工新材料到精细化工的全产业链,从而实现辽宁省石化产业的高质量发展。②

(三)冶金集群

辽宁省冶金工业省内共有17个冶金产业的中小企业集群,集群现已形成完整的冶金工业体系,包括矿山、冶炼和加工等。截至2015年年末,全省共有规模以上冶金企业1894户,其中黑色金属采选企业665户,有色金属采选企业179户,黑色金属冶炼及压延加工企业756户,有色金属冶炼及压延加工企业294户。从业人员48.7万人。资产总额8247亿元,负债总额5382亿元,资产负债率65.3%;到2015年末,全省已形成炼铁能力8126万吨,炼钢能力8600万吨,轧钢能力超过1亿吨,2015年,冶金工业的主营业务收入占全省工业的16%,比2010年下降了2.3个百分点;在全省位列装备制造和石化行业之后,居第3位。③

(四)农产品加工集群

辽宁省农产品加工中小企业集群业务主要集中在农副食品、食品和轻工农产品加工。"十二五"时期辽宁省规模以上农产品加工业发展良好(见表3.3)。2016年,辽宁省已建成23个初具规模的农产品

---

① 《辽宁省建设国家新型原材料基地工程框架实施方案》,https://www.sohu.com/a/295864638_237486。
② 《辽宁省建设国家新型原材料基地工程框架实施方案》,https://www.sohu.com/a/295864638_237486。
③ 《辽宁省冶金工业发展"十三五"规划》,https://www.ccpc360.com/bencandy.php?fid=191&id=69329。

加工集聚区，主营业务收入达到845亿元，占辽宁省规模以上农产品加工企业主营业务收入的20%以上[①]。同年9月辽宁省推出的《辽宁省农业产业发展指导意见》指出农产品初加工和深加工是解决人们生活水平的重要工业。2017年7月，辽宁省政府发布《辽宁省农产品加工集聚区发展规划（2017—2020年）》，明确提出建设省级农产品加工示范集聚区，预计到2020年辽宁省集聚区主营业务收入实现1185亿元，年均增长8.8%。

表3.3　2011—2015年辽宁省规模以上农产品加工业发展情况　单位：亿元

年份	企业单位数（个）	资产总计	主营业务收入	主营业务成本	利润总额	利税总额
2011	3925	2826.99	6766.67	5805.00	462.69	636.75
2012	4009	3466.45	8579.31	7288.80	628.73	894.60
2013	3934	3834.33	9333.91	8039.09	648.54	957.13
2014	3571	3820.90	8322.04	7350.84	427.16	678.88
2015	2804	3363.06	5265.01	4596.13	263.01	416.39

资料来源：李盼盼：《新形势下辽宁省农产品加工业发展状况分析》，《农业经济》2017年第7期。

（五）电子信息产业集群

辽宁省的电子信息产业主要聚集在沈阳和大连两个城市，基本占产业的80%以上。辽宁省电子信息产业产值一直处在增值状态，例如2008—2014年产业总值从533.32亿元上升到1010.8亿元。特别是大连信息技术产业集群企业超1000家，入驻世界500强企业90家以上，并凭借优越的地理位置和先进的生产技术，成为全国最大的对日软件外包基地。

[①]　《辽宁省建设五大农产品加工集聚区》，http://www.agri.cn/V20/ZX/nyyw/201707/t20170727_5762721.htm。

从类型上看，辽宁省中小企业集群主要有4种类型。

第一，龙头企业带动型，是指由一个或多个处于核心地位的大企业凭借雄厚的技术支持和强大的品牌优势，带动众多相关配套中小企业形成的产业集群。辽宁省的龙头企业带动型企业集群有装备制造业、冶金业、石化业。装备制造业是辽宁省的传统优势产业，拥有一批全国领先的企业，如沈阳机电装备工业集团、沈阳机床集团、沈飞工业集团等；钢铁产业以鞍山的钢铁产业集群为例，形成了以鞍钢为龙头，民营企业采选矿、轧钢和钢构为两翼，集采矿、烧结、冶炼、轧钢为一体，销售、生产、技术、服务体系健全的钢铁产业集群；石化工业是辽宁省的第一支柱产业，比如石化产业是大连市的传统支柱产业。[1]

第二，产业链核心企业带动型，是指集群内企业大多为中小企业，以产业价值链联系在一起的，且企业间产业价值链分工完善，新企业多基于产业价值链横向衍生出的中小型高技术企业。例如，辽宁省的汽车产业就并非以某一大型企业为核心形成的产业集群，而是围绕一批汽车企业形成了链条式的产业集群。以沈阳市为例，沈阳汽车产业集群共有华晨金杯、华晨宝马、上海通用北盛、金杯车辆、沈飞日野、沈阳中顺、沈阳奥克斯等7家整车生产公司；专用改装车、农用运输车21家；汽车零部件企业95家。[2]

第三，市场主导型，也称为意大利式产业集群，是由大量同一产业的中小企业在一个区域集中，形成一种弹性专业化的网络状的合作系统。[3] 这种集群的主要缺点是集群内部缺乏核心企业和龙头企业，如果集群运转不好很容易造成市场竞争过度和自主创新不足。辽宁的西柳纺织产业集群，鞍山的箱包产业集群，丹东市的纺织产业集群和

---

[1] 赵鑫、王淑梅、纪流河、程铭：《中小企业产业集群发展模式及建议——以辽宁省为例》，《期科技管理研究》2010年第18期。

[2] 唐晓华：《产业集群：辽宁经济增长的路径选择》，经济管理出版社2006年版，第157、251页。

[3] 赵鑫、王淑梅、纪流河、程铭：《中小企业产业集群发展模式及建议——以辽宁省为例》，《科技管理研究》2010年第18期。

果蔬产业集群,现已初步形成了市场主导型企业集群,但各集群的发展仍处于初级阶段,仅仅完成了产业的初步集中,产业集群规模偏小,还没有向更深层次的产业聚集发展。

第四,资源依托型,是指依据区位特定优势,产业关联、文化传统以及资源配置市场等因素,以园区建设为基础,以政府为主导,引导分散的中小企业逐步向划定的区域集中并形成企业集群。如辽南镁质材料产业集群,以及依托东北大学、大连理工大学、中科院自动化研究所等著名高校、院所形成的沈大数字化医疗设备产业集群和大连电子信息产品制造产业集群。

二 黑龙江省中小企业集群

近些年黑龙江省中小企业集群发展速度明显加快,专业化特色日益突出。据统计,截至2009年年底,黑龙江省共有中小企业集群82个[①]。但从总体上看,黑龙江省中小企业数量少,2018年黑龙江省规模以上工业中小型企业数量分别占全国水平的1%,2014—2018年,黑龙江省规模以上工业企业数量在逐年减少(见表3.3),与2009年占全国水平1.9%相比少了0.9个百分点。低于东北地区的辽宁省和吉林省,更远远低于东部沿海地区等发达省份。

表3.4 2014—2018年黑龙江省规模以上工业企业单位数量 单位:个

	2014年	2015年	2016年	2017年	2018年
大型企业	117	102	87	79	81
中型企业	511	490	465	389	339
小型企业	3330	3204	3050	2601	2194

数据来源:黑龙江统计年鉴。

---

① 陈真、韩奕萍:《黑龙江省加快发展中小企业与增加就业的问题研究》,《商业经济》2010年第11期。

目前，黑龙江省中小企业集群是围绕着地方优势产业展开的。主要有石油和天然气开采业、农副食品加工业、食品制造业、木材加工及木、竹、藤、棕、草制品、饮料制造业、炼焦及核燃料加工业、石油加工、医药制造业、专用设备制造业、通用设备制造业。其中，黑龙江省比较有名的企业集群是以哈药六厂、葵花药业、三精制药为核心的医药产业集群；以完达山、北大荒、九三油脂公司为核心的农业产业集群；以齐齐哈尔一重、哈电站、哈飞集团为核心的装备制造业集群；以黑龙江龙新化工有限公司、大庆石化公司、大龙生态肥有限公司为核心的石化产业集群；以亿阳信通、光宇电池、华冠科技为核心的高新技术产业集群；以黑龙江正大、哈肉联、大庆金锣、正阳河酱油为龙头的食品企业集群。由于黑龙江省缺乏中小企业集群自生发展的特有文化和历史背景，现有中小企业集群大多是在政府主导下产生的。

（一）特色产业集群

指在政府的支持和引导下，依托当地农业、生态资源发展起来的特色产业。2020年4月，全国首批50个优势特色产业集群建设名单公布，东北地区入选7个，分别是内蒙古河套向日葵产业集群、内蒙古草原肉羊产业集群、辽宁小粒花生产业集群、辽宁白羽肉鸡产业集群、吉林长白山人参产业集群、黑龙江食用菌产业集群、黑龙江雪花肉牛产业集群。

目前黑龙江省贯彻落实乡村振兴战略和2020年"中央一号"文件精神，加快深化农业供给侧结构性改革，全面构建具有竞争力的现代农业产业体系。黑龙江省绥化绿色食品加工集群、牡丹江北药开发集群、伊春林产品产业集群等发展较好。另外，黑龙江还崛起三大亚麻产业集群。（1）兰西亚麻产业集群。哈尔滨市兰西县享有"中国亚麻纺编织名城"的美誉，近些年通过整合产业链要素，集约集群配套的亚麻产业项目取得不错的反响。兰西县的产业集群发展也带动了周边县、市级纺织服装产业的进步。绥棱县重点推进涤棉及针织服饰工业，大力推进黑龙江龙海投资 6.5 亿元的年产值 4 万吨涤纶长丝、绥棱兴凯纺纱投资 2 亿元的 4 万锭涤棉、青岛福尔康针织服装投资 6500 万元年产值达 80 万套的针织服装等项目。而海伦市则建立了投资近 5000 万元的大连三特服装有限公司，望奎县、绥化北林区等地则大力推进投资近 2 亿元且棉麻纺产值达 7 万锭的望奎金品格纺织、投资近 1 亿元且年产达 260 万件服饰的辽宁金色起点服饰、投资 1 亿元且年产值达 1500 万平方米的辽阳地毯、投资近 4 亿元建立功能袜项目的绥化华德袜业。兰西县亚麻产业集群现已是黑龙江省纺织行业最大的产业集群。(2) 青冈亚麻产业集群。青冈县位于黑龙江省的西部地区，已建成以北大荒青枫亚麻纺织有限公司为典范的亚麻纺织产业集群，该集群现在已有普洛普亚麻纺织、泊海纺织、志德亚麻纺织、绍兴广发、浙江振亚、深圳泊洋、黑龙江文吉、北京绿海圣源、黑龙江汇鸿等企业。(3) 延寿亚麻产业集群。亚麻产业一直是延寿县的传统优势产业，2012 年，延寿县被中国麻纺行业协会授予"中国亚麻纺织历史名城"这一称号，现集群已形成麻纺、纤纺、棉纺、印染、成衣制品于一体的综合型的完整集群体系。①

黑龙江省林木加工业产业集群发展也较好，现已规划出绥芬河市、东宁县、穆棱市、牡丹江市、海林市等 7 个木业加工园区，在木材加工、实木地板、集成材、家具、纤维板等产品已形成一定规模，原木加工量占进口木材的 55%，成为全国重要的木材集散地。② 另外，黑龙江省森工总局推动木材初加工向精深加工转变，大力发展中高档家具、精细木制品等终端产品，建设产业项目、延长产业链、提高附加值，现阶段已建成了 19 个林业工业园区。③

---

① 《黑马突围：黑龙江崛起三大亚麻产业集群》，http：//m. sjfzxm. com/body/18_ 006/370229。
② 《牡丹江发展木业产业的优势突出》，http：//www. forestry. gov. cn/sub/FstArticle. aspx? id = zxftzb_ zy。
③ 李迪：《黑龙江省林业工业园区发展机理及绩效评价研究》，东北林业大学，2015 年。

2019年黑龙江省出台《黑龙江省农业和农产品精深加工万亿级产业集群建设行动计划》，修订完善"两头两尾""1+18"系列方案。黑龙江省组织各地谋划招商项目193个，支持各地培育立市立县精深加工项目。截至2019年6月末，黑龙江省规模以上农产品加工业同比增长6.5%，全省粮食实际加工量2157万吨，同比增长7.1%，营业收入同比增长11.7%。[①]

（二）工业园集群

主要是由政府主导投资园区基础设施及孵化器建设，围绕核心产业、骨干企业，引导同类和相关联的中小企业进入园区发展。以医药产业为例，医药产业是黑龙江省的六大支柱产业之一，黑龙江省有主要医药产业集群（见表3.4）聚集一批知名企业，如哈药集团、乌苏里江药业、葵花药业等，重点打造了三精葡萄糖酸钙、盖中盖、双黄连注射液、护肝片等中国驰名产品。黑龙江省围绕打造千亿中医药产业目标和中药材产业发展战略，编制了《全省中药材生产"十四五"发展规划》，制定了《2020年黑龙江省中药材产业发展工作要点》，明确了"十六项"重点工作和推进措施。编发《龙江道地药材名录》《中药材种植绿色防控技术要点》和《黑龙江特色农产品（中药材）和能工巧匠目录》，推动黑龙江省中药市场发展。为了拓展市场，黑龙江省坚持对外招商引资与对接龙江制药龙头企业并举，促进各地中药材种植基地、初加工企业与哈药集团、乌苏里江制药、完达山制药、地王医药、葵花药业等龙头企业联姻，加强中药材GAP种植基地建设，建立紧密的利益联结机制，努力破解"小农户难以对接大市场"的难题。协同推进哈尔滨市中药材批发市场建设，完善鸡西和庆安等集散地市场建设，拓展中药材市场营销渠道，不断延伸产业链，提升价值链，创新供应链，提升中药材产业整体水平。大庆市大同乡

---

① 《黑龙江："两头两尾"打造加工业"产业集群"》，http：//finance.sina.com.cn/china/2019-10-06/doc-iicezuev0375102.shtml。

八井子、依安县红星乡分别做好"中国板蓝根之乡""中国关防风之乡"品牌文章，促进了中药材产业的良性发展。

表 3.5　　　　　　　　　　黑龙江省医药园区名称

城　市	医药园区名称
哈尔滨	哈尔滨开发区医药园区
	利民开发区医药园区
	哈尔滨医药工业园
大庆	福瑞邦生物科技产业园
牡丹江	爱民北药科技园区
齐齐哈尔	齐齐哈尔医药物流产业园

（三）专业化协作集群

此类主要是指黑龙江省具有比较优势的装备制造业集群和石化产业集群，集群内聚集众多的中小企业为大企业做配套加工的垂直型产业集群。以装备制造业为例，黑龙江省拥有门类齐全的装备制造业体系，电站成套设备、轨道交通装备、航空航天装备、机器人、石油石化装备、新型农机装备、数控机床等技术、研发、制造优势，还拥有一重集团、哈尔滨电气集团、哈尔滨东安发动机集团、齐齐哈尔第一、第二机床厂等一批装备制造业骨干企业。2017年黑龙江省装备制造业总产值为1569.66亿元，同2010年相比增加了119.54亿元，增长了8.24个百分点，大中型以上装备制造业企业占全省大中型企业总产值的18.22%，主营业务收入为1446.42亿元，同2010年相比增加了58.32亿元，增长了4.21个百分点。[1] 近几年，黑龙江省强化产业聚集，打造世界级产业集群。建设具有国际竞争力的先进装备制造

---

[1] 初天天、柴秋星：《黑龙江省装备制造业全球价值链升级研究——基于"冰上丝绸之路"背景下》，《北方经贸》2019年第7期。

业基地、重大技术装备战略基地以及重要技术创新与研发基地。打造电力装备制造业产业基地、打造哈尔滨燃气轮机装备制造基地、打造国家级重型数控机床产业基地、打造中国北方现代农机装备制造基地、打造哈尔滨机器人产业集群、形成汽车研发制造产业链、构建配套产业协调发展的航空航天产业体系和在舰船动力以及关键配套装备领域加强产业布局。①

就黑龙江省石化产业集群来说，2017年，全省石化工业规上企业360户，工业增加值、产值同比分别增长 -4.0%、12.4%。其中，石油加工、炼焦和核燃料加工业分别为 -0.4%、20.3%；化学原料和化学制品制造业 -7.4%、-4.0%，化学纤维制造业 0.7%、8.4%；橡胶和塑料制品业 -21.1%、8.1%。全省石油工业规上企业1户，工业增加值、产值同比分别增长 -5.9%、24.3%。重点监控的11种产品产量6增5降，全年生产焦炭761.3万吨，初级形态塑料214.9万吨、天然气40.5亿立方米、乙烯115.8万吨、汽油519.2万吨、合成氨49.0万吨，分别增长13.6%、8.8%、6.6%、4.6%、3.5%、1.2%；生产化肥51.8万吨、柴油425.9万吨、原油3400万吨、轮胎外胎506.3万条、原油加工量1622.7万吨，分别下降16.1%、11.7%、7.0%、6.5%、0.5%。2017年固定资产投资有所回升、全行业完成固定资产投资516.6亿元，同比增长15.9%，占黑龙江省投资的13.1%。其中石化工业完成投资284.5亿元，同比增长16.2%，占全省投资的7.2%；石油工业完成投资232.1亿元，同比增长15.5%，占黑龙江省投资的5.9%。②

近几年，大庆石化与黑龙江省委省政府整体联动，统领大庆地企双方从顶层设计入手，共同推进"油头化尾"落实落地。大庆石化顺

---

① 《高质量发展黑龙江省装备制造业》，http://epaper.hljnews.cn/hljrb/20181016/385773.html。
② 《黑龙江省石化行业2017年经济运行分析及2018年展望》，https://www.ixue-shu.com/document/22cde1e97521595b528d8f8d69bd39d8318947a18e7f9386.html。

应黑龙江经济发展需要，做强做大炼化主营业务，积极推进炼油结构调整优化转型升级项目。妥善处置低效无效资产，先后淘汰关停了39套能耗高、污染重、安全环保隐患大的生产装置，规模化、集约化发展水平不断提高。2019年，大庆石化加工原油604万吨，生产合成氨44.8万吨、乙烯128.8万吨，乙烯产量首次实现120万吨达产，大庆石化顶住增收创效的严峻考验，克服生产成本、政策价格、装置结构等方面的不利因素，强管理、补短板、降成本、增效益，全年挖潜增效3.3亿元。[①]

三 吉林省中小企业集群

吉林省中小企业在国民经济中占有重要地位，企业数量占99.5%，经济总量占47%以上，上缴税金占全口径财政收入的比重接近1/3，就业人数占全省职工和城镇个体劳动者总数的70%以上，中小企业是吉林省经济社会发展的重要支撑。近些年吉林省民营经济持续健康发展，2009年，全省民营经济主营业务收入突破1万亿元，上缴税金达到319亿元，从业人员443万人，企业户数达到10万户，个体工商户达到108.7万户；[②] 到2019年，吉林省民营经济预计实现主营业务收入2.68万亿元；私营企业户数39万户，个体工商户182.5万户。[③] 在民营企业基础上，吉林省中小企业集群整体发展较好，集群的发展围绕传统的支柱型产业逐步演化发展起来的，主要有汽车、石油化工、生物医药、农产品加工等。吉林省主要中小企业集群有通化医药、长春汽车零部件、长春君子兰、吉林石化、四平换热器、蛟河石材、辽源袜业、德惠食品

[①]《大庆石化：集聚产业结构调整转型升级》，http://difang.gmw.cn/hlj/2020-01/05/content_33456507.htm。

[②]《吉林省人民政府关于印发吉林省中小企业成长计划的通知》，http://baike.baidu.com/view/3289835.htm。

[③]《吹响改革发展"进军号"——吉林省服务支持民营企业发展纪实》，https://jl.sina.cn/news/yaowen/2020-04-13/detail-iircuyvh7414322.d.html?pos=348&wm=2801_1264。

加工、梅河果仁加工、磐石冶金建材等；一些资源优势型产业如农、林、特产品加工、生物制药等企业集群也已初具雏形。目前，吉林省正在加快培育新兴产业和大力发展电子商务，并将它们作为吉林省经济发展新的增长点。同时，吉林省还依托开发区发展中小企业集群，2018年，国家发展改革委、科技部等部门联合公布了2018年版《中国开发区审核公告目录》（以下简称《目录》）。此次纳入《目录》的开发区需要符合国家产业布局和区域发展战略，以及本地区国民经济和社会发展规划和环境保护规划等。吉林省共有62家开发区纳入本次《目录》，入榜国家级开发区14家，省级开发区48家。以下是2018年版吉林省开发区公告目录（见表3.6）。

表3.6　　　　　　　　2018年版吉林省开发区公告目录

国家级开发区	开发区名称	批准时间	核准面积（公顷）	主导产业
1	长春经济技术开发区	1993.04	1000	汽车、农产品加工
2	长春汽车经济技术开发区	2010.12	599	汽车
3	吉林经济技术开发区	2010.04	2046.6	化工、新材料、医药
4	四平红嘴经济技术开发区	2010.11	486	冶金建材、食品、装备制造
5	松原经济技术开发区	2013.03	846.07	建材、农产品加工、装备制造
6	长春净月高新技术产业开发区	2012.08	2246	高技术、文化
7	长春高新技术产业开发区	1991.03	1911	汽车、装备制造、生物医药
8	吉林高新技术产业开发区	1992.11	436	化工、汽车及零部件、电子
9	通化医药高新技术产业开发区	2013.12	1270.82	医药
10	延吉高新技术产业开发区	2010.11	533	医药、食品
11	长春兴隆综合保税区	2011.12	489	高端制造、物流、保税展示

第三章 中国东北地区中小企业集群化成长概况与现状评析

续表

国家级开发区	开发区名称	批准时间	核准面积（公顷）	主导产业
12	吉林珲春出口加工区	2000.04	244	木制品加工、建材、水产品加工
13	珲春边境经济合作区	1992.03	500	纺织服装、木制品、能源矿产
14	和龙边境经济合作区	2015.03	76	进口资源加工、边境贸易、旅游
省级开发区	开发区名称	批准时间	核准面积（公顷）	主导产业
15	长春宽城经济开发区	2001.09	3536.17	加工汽车、装备制造、农产品
16	长春绿园经济开发区	2003.06	730.93	轨道交通设备
17	长春双阳经济开发区	2003.06	105.81	装备制造、生物医药、新材料
18	长春双阳经济开发区	2003.06	105.81	装备制造、生物医药、新材料
19	长春九台经济开发区	2003.07	501.58	装备制造、生物医药
20	长春榆树经济开发区	2003.07	528.49	农副食品、生物医药、生物化工
21	吉林德惠经济开发区	1992.08	394.22	农副产品加工、食品
22	吉林龙潭经济开发区	1998.12	904.56	化工、汽车及零部件
23	吉林化学工业循环经济示范区	2008.01	3030.48	化工
24	吉林船营经济开发区	2002.11	426.07	装备制造、木器加工、食品
25	吉林丰满经济开发区	2003.06	398.86	专用设备、食品、医药
26	吉林永吉经济开发区	1998.04	239.8	汽车零部件、装备制造、新材料
27	吉林蛟河天岗石材产业园区	2003.06	216.98	石材加工、工艺品
28	吉林桦甸经济开发区	2002.11	309.47	医药、食品、新材料、新能源
29	舒兰经济开发区	2005.09	1620.55	农副食品、专用设备、非金属矿物制品

89

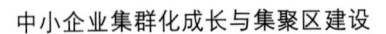

续表

省级开发区	开发区名称	批准时间	核准面积（公顷）	主导产业
30	吉林磐石经济开发区	2002.11	554.07	医药、有色金属加工、机械
31	吉林四平经济开发区	1998.12	174	通用设备、汽车及零部件、医药
32	吉林梨树经济开发区	2012.01	664.19	食品、农畜产品加工、物流
33	伊通满族自治县经济开发区	2005.09	733.66	石油开采、汽车零部件、建材
34	吉林公主岭经济开发区	2002.11	549.45	汽车零部件、非金属矿制品
35	吉林双辽经济开发区	2005.01	893.6	玻璃建材、能源
36	吉林辽源经济开发区	2001.12	534.59	装备制造、医药、纺织
37	辽源清洁能源产业开发区	2005.11	304.81	新能源、汽车零部件、装备制造
38	东丰经济开发区	2011.01	477.61	黑色金属冶炼压延、食品、纺织
39	东辽经济开发区	2005.11	529.32	通用设备、专用设备、农副食品
40	吉林二道江经济开发区	2012.06	456.48	黑色金属冶炼压延加工、医药、金属制品
41	通化聚鑫经济开发区	2005.11	303.41	医药、有色金属矿采选、食品
42	吉林辉南经济开发区	2012.01	520.2	医药、黑色金属冶炼压延加工、食品
43	柳河工业集中区	2005.07	640.71	医药、食品
44	吉林梅河口经济开发区	2002.02	247.16	医药、食品、金属制品
45	吉林集安经济开发区	1993.11	214.09	医药、采矿、食品
46	吉林白山经济开发区	2002.11	608.05	医药、矿产品开发、能源
47	江源工业经济开发区	2005.09	245.58	矿产品开发、建材、电力

续表

省级开发区	开发区名称	批准时间	核准面积（公顷）	主导产业
48	吉林抚松工业园区	2012.01	1077.61	木制品加工、医药
49	吉林靖宇经济开发区	2002.05	54.63	食品、医药
50	吉林长白经济开发区	1992.01	127.14	硅藻土、食品、医药
51	吉林临江经济开发区	1992.11	47.59	林产品加工、医药、新材料
52	扶余工业集中区	2005.11	800	建材、农畜产品加工
53	吉林白城经济开发区	1998.02	399.17	汽车零部件、医药、电力
54	吉林镇赉经济开发区	2012.06	1311.66	农副产品加工、能源、医药
55	吉林通榆经济开发区	2012.01	1169.04	装备制造、农畜产品加工、食品
56	洮南经济开发区	2005.12	619.68	农副产品加工、医药化工、机械
57	吉林大安经济开发区	1993.11	329.5	农副产品加工、专业设备
58	吉林图们经济开发区	1995.01	110	电子、非金属矿物制品、医药
59	吉林敦化经济开发区	1994.06	311.2	木制品加工、食品、医药
60	龙井工业集中区	2005.12	478.49	医药、农副产品加工
61	汪清工业集中区	2005.11	308.75	食品、木竹加工、非金属矿物制品
62	吉林安图经济开发区	2012.01	200.68	食品、矿产品加工、木制品加工

（一）汽车及零配件企业集群

吉林省是汽车制造的摇篮，汽车及零部件中小企业集群主要以长春市为主，吉林市为辅，并辐射到其他地区，形成生产不同方向的5个产业集群（见表3.6），整体态势发展良好。长春市以一汽为依托，现已形成以生产高中档轿车、改装车及零部件为重点，集研发、生产、物流、销售为一体的关联度高的汽车产业集群格局。2019年仅一汽集团一家企业整车销量为346.4万辆，同比增长1.3%，高出整个行业10个百分点；实现营业收入6200亿元，同比增长4.4%，实现利润440.5亿元，同比增长2.2%。在这份成绩单中，中国民族汽车品牌"红旗"表现抢眼，实现汽车产量10.4万辆、销量10.02万辆，分别是上年的3.1倍、3倍。

表3.7　　　　　　吉林省汽车产业集群和主要生产方向

产业集群	主要生产方向
吉林市汽车产业集群	负责整车生产
长春旭阳内饰件产业集群	儿童安全座椅和橡胶制品
四平专用车及配套产业集群	负责整车生产
四平伊通汽车零部件产业集群	重点生产汽车模具，精密铸造件以及对汽车专用设备的适用性改造
白山临江冶金铸造及零部件产业集群	重点配套研发和生产汽车刹车系统铸件

长春市是世界闻名的"国际汽车城"，是中国汽车工业的摇篮。以长春高新技术产业开发区为例，长春高新区是1991年经国务院批准建立的首批国家级高新区之一，历经近30年创新发展，已形成良好的产业基础、较强的创新能力、优良的生态宜居环境和突出的品牌优势。

以高新区汽车零部件产业为例，高新区依托一汽和一汽大众，重点发展中高档轿车、改装车及零部件产业，区内汽车及零部件企业2009年已发展到160余户，其中，规模以上汽车及零部件企业55户，占全市同类企业的24.9%，成为长春市汽车关键零部件和外商投资企业的密集区。高新区内主要生产汽车底盘、副车架、消声器、电控单元、转向器、离合器、制动器、减震器、变速箱等关键零部件。客户群不仅为一汽轿车、一汽大众及一汽集团的各种车型配套，而且还为

第三章 中国东北地区中小企业集群化成长概况与现状评析

国内外 80 多个主机厂的中、重、轻、轿、客、微等各种车型配套，部分产品如：汽车电线束、冲压件、减震器、汽车油封等高新技术产品出口到了美国、德国、日本等 20 多个国家和地区，基本形成产业集群优势突出、区域经济支撑带动力强、在省内已成为举足轻重的支柱产业。并且长春汽车零部件企业通过与美、日、德等国家合资合作成立了长春西门子有限公司、一汽光洋、长春海拉车灯、一汽东机工、长春奥奇塑料涂装、长春莱特消声器等企业，这些国际合资合作项目的顺利开展，提升了长春市汽车产业的整体水平。2016 年 2 月 3 日，长春新区正式获批全国第 17 个国家级新区，肩负着全方位扩大对外开放及融入全球产业体系的重大使命。当前，长春高新区深入对接"中国制造2025"，重点发展汽车及零部件、高端装备、智能制造等先进制造产业。汽车及零部件产业作为长春高新区特色最突出、优势最明显的支柱产业，聚集了一汽大众、一汽轿车等龙头车企，以及李尔、天合、天纳克、法雷奥、梅克朗等全球知名汽车零部件供应商，形成了完善的汽车产业链条，成为国内重要的汽车及零部件研发制造基地。随着罗伯特博世电机年产 300 万套起发电机项目正式奠基开工，将有力推动高新区汽车及零部件产业的优化升级，推动长春汽车产业发展壮大。

在国家的号召下，吉林省新能源汽车产业发展状况良好，但与传统车型相比，仍有很大差距。吉林省现有新能源整车、关键部件生产企业，以及相关科研单位共 21 家。其中，新能源整车企业 6 家，关键部件企业 8 家，从事新能源汽车相关领域研发单位 7 家。目前，生产新能源汽车的能力达到年产 3 万辆。

1. 自主品牌新能源汽车开发取得进展

吉林省内自主品牌新能源汽车生产企业主要有一汽新能源、一汽红旗、一汽吉林、一汽客车、长春新能源公司等 5 家企业，累计有 78 款新能源新产品进入国家公告目录，其中客车 44 款，乘用车和专用车各 17 款。2017 年，吉林省累计有 16 款新能源新产品进入国家公告目录，21款车型进入新能源汽车推广应用推荐车型目录。

2. 一汽集团新能源汽车发展战略正在强化

一汽集团通过深化改革将新能源汽车确定为集团发展战略重点，重新组建设立了一汽新能源开发院，着力加快新能源汽车研发和产业化。一汽集团已有奔腾B30、骏派A70等两款续驶里程为205千米的纯电动A级轿车已实现量产，并投放市场。8.6米、9.3米、10.5米、12米纯电动和插电式混合动力客车产品已经批量投入运行。2017年投放给吉林市进行社会主义新农村建设及灾区建设的20辆解放牌T80电动环卫车也已交付使用。红旗H7插电式混合动力轿车、森雅R7纯电动SUV及V80纯电动物流车陆续投放市场。

3. 新能源整车引进项目加快建设

2016年引进CATL落户长春新区的长春新能源汽车产业园一期项目已开工建设，四大工艺厂房钢结构框架已搭建完成，2018年年底竣工投产，可形成1万辆新能源客车生产能力。中能东道新能源汽车产业园一期规划年产15万辆新能源整车项目，已完成冲压和焊装车间基础施工。中能东道与奇瑞汽车洽谈合作，充分利用项目建设期，在长德新区租借厂房建设临时组装线，生产奇瑞艾瑞泽等纯电动汽车。

4. 合资品牌新能源汽车规划积极展开

根据一汽与德国奥迪签署的十年商业计划，一汽大众加快引入奥迪品牌新能源汽车，插电式混合动力奥迪A6L轿车已经取得国家产品公告。从2018年开始，一汽大众陆续投放插电式混合动力奥迪A6L、纯电动全新奥迪SUV、纯电动奥迪Q2等5款以上新能源产品，并规划新建15万辆奥迪新能源汽车生产基地。同时，插电式混合动力迈腾、纯电动宝来和高尔夫等多款大众品牌新能源汽车项目也已开始实施，将从2018年陆续投放市场。

5. 核心部件研发和配套能力不断提升

动力电池产业链初步形成。吉林中聚公司具备4亿瓦时磷酸亚铁锂动力电池生产能力，已装配一汽客车纯电动客车并获得国家新能源汽车产品公告。中盈志合科技公司研发的适合北方严寒地区使用的宽温镍氢动力电池已具备0.5亿瓦时生产能力。辽源鸿图锂电隔膜公司研制的锂离子电池陶瓷隔膜产品技术指标达到国内领先水平，已向天津力神电池公司批量配套，并通过了日本住友化学、三星SDI、比克等国内外高端电池生产商的认证，现已具备11000万平方米高性能锂电隔膜生产能力。

6. 研发试验检测能力不断加强

吉林大学汽车学院形成了新能源整车系统匹配与集成、整车性能验证与标定等综合开发能力，具备了涵盖电池、电机、电控以及充电机和制动能量回收系统等关键总成部件的综合测试与试验评价能力。一汽启明公司具备了较为完备的新能源电池、电机、各项电子电器检测能力，在电池安全领域具备了国家标准、德国标准等检测能力。

（二）石油化工企业集群

吉林市是中国较早的化工原料生产基地，也是中国最大的化工原料生产基地，为发展精细化工奠定了良好的基础。近些年来，以吉林油田和吉化为龙头，发展精细化工，高性能合成材料和特种材料，提高了加工制成品的比重，逐步改变长期以来形成的以基本化工原料为基地的产品结构，形成以合成橡胶、合成树脂、合成纤维等合成材料为主体的精细化工和新材料产业集群；此外，石油化工还零星的分布于松原和四平等地的开发区中，较为分散，集聚度比较低，集群现象不明显。[①] 吉林省目前共生产石化产品120多种，有原油、天然气、汽柴油、合成氨、丙烯腈、聚乙烯等，具有国际先进水平的生产装置有20多套。十多种主要石化产品质量稳定提高，有391个QC小组获得省部级奖励，30多户企业获得ISO 9000

---

① 康耀辉、黄婉珺：《吉林省资源型城市培育产业集群的障碍及对策》，《通化师范学院学报》2010年第5期。

认证，高质量产品数量不断增加，有180多种产品采用国际标准组织生产，产品产销率保持在98%以上，重点项目建设加快，改变了以煤化工为主的历史。① 2014年，吉林化工产业产值占全市规模以上工业总产值的28%，全市原油一次加工能力达到1000万吨，各类化工产品超千种，拥有化工工业级规模以上装置976套，化工园区实现产值718.6亿元等。②

（三）农产品加工企业集群

吉林省是全国重要的商品粮基地，玉米、大豆、水稻还有各种小杂粮品种多、产量大，资源极其丰富。吉林省近年来以工业化思维谋划农业，以农产品加工业为突破口，农业经济效益大幅度跃升，吉林省农产品加工业现已成为仅次于汽车行业的第二大支柱产业。目前吉林省大约有20个产业集群将农产品加工当作主导产业发展，有34个省级以上农产品加工示范基地。具体空间分布情况如图3.3所示。

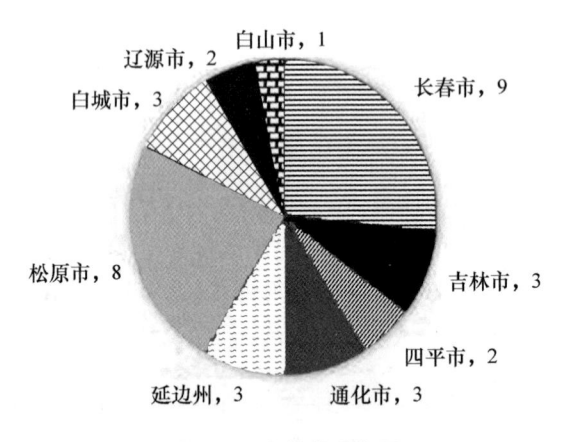

图3.3　吉林省示范区

---

① 艾忠：《吉林省石化产业循环经济发展研究》，硕士学位论文，长春理工大学，2009年。

② 《聚焦吉林省产业集群发展——吉林省化工循环产业》，http://www.huaxia.com/jltwlx/yw/jlyw/2015/10/4600103.html。

目前吉林省积极构建四大特色区域：着力构建以粮食、畜禽生产加工为重点的中部主导产业区；以参茸、菌蛙药生产加工为重点的东部特色产业区；以杂粮杂豆、乳品、油料、辣椒、水产品等生产加工为重点的西部优势产业区；以及以瓜菜、花卉、休闲农业为重点的城市郊区生态产业区。同时，抓好以玉米、水稻、杂粮杂豆、生猪、肉牛、禽蛋、乳品、参茸（中药材）、果蔬、林特十大产业为重点的产加销、贸工农联结紧密、成配套的产业体系建设。此外，吉林省还将围绕优势产业和特色资源，打造一批企业集群，实现产业链延伸、价值链提升、供应链重组，进而促进全省农产品加工业总量规模、经营水平和带动功能的提高。

2015年年底，吉林省仅省级龙头企业销售收入就达2585亿元，户均4.96亿元；利润118亿元，户均2264万元；上缴税金42亿元，户均806万元。2016年年底，全省农产品加工企业发展到6500多个，其中国家级龙头企业47户，省级龙头企业521户，销售收入亿元以上的企业达到229户，10亿元以上的18户，100亿元以上的4户。2016年吉林省农产品加工业销售收入实现5200亿元，增长7.5%，跨上第五个千亿台阶。吉林省省级龙头企业从事玉米、水稻、杂粮杂豆等粮食生产加工的有258户，2016年，年销售收入1452亿元；从事肉、蛋、奶等畜禽类生产加工的103户，年销售收入608亿元；从事人参、中药材、食用菌、果菜等特产品生产加工的153户，年销售收入783亿元；从事农产品贸易等7户，年销售收入13亿元。据统计，全省近50%的玉米、80%的水稻、70%的畜禽产品通过加工转化销往全国乃至世界，真正实现农产品多环节增值增效。

（四）生物制药产业集群

吉林省的医药企业大都集中在长春、通化和敦化市三地。省内依托长白山北药资源和生物技术的优势，大力发展现代中药和生物制药产业。例如：长春市高新区生物医药产业以生物制药和现代中药为主体，致力于发展生物疫苗、基因工程药物、现代中药，形成集研发、孵化、生产、物流为一体的完整产业链，并具有较强创新和辐射能力的生物医药产业格局；吉林市也组成了以中国生物集团公司、东北虎药业、科伦药业等为主体的生物医药中小企业集群。近年来，通化市医药产业发展迅猛，作为吉林省重点培育的"北药基地"先后成为国家级现代中药基地、生物医药产业基地、医药出口基地。目前，吉林省生物工程制药已经成为吉林省医药产业新的经济增长点。为了促进生物医药产业的发展，近年来吉林省不断强化产业顶层设计，出台了一系列政策文件（见表3.8）。

表3.8　近年来吉林省促进生物医药产业发展的相关政策

年份	文件名称	主要内容
2015	《关于加快推进医药健康支柱产业的实施意见》	1. 做强现代中药产业 2. 做优生物制药产业 3. 做大化学药产业 4. 发展壮大生物健康材料、保健食品与用品产业 5. 加快发展医疗器械产业 6. 加快发展制药检测仪器与设备产业 7. 加快推进医药商业与流通业 8. 完善医疗与健康服务体系
2016	《吉林省人民政府关于推进医药健康产业发展的实施意见》	1. 加大财政支持力度，创新财政支持方式 2. 放宽市场准入，加大市场开拓力度 3. 加快科技创新，强化科技支撑 4. 加强大企业、大项目、大品种和大集聚区的培育，快速壮大产业规模 5. 强化人才培养与对外合作，为产业发展提供保障
2017	《关于印发鼓励创新促进医疗器械产业发展的若干规定（试行）》	1. 开设审评审批绿色通道 2. 优化审评审批流程 3. 缩短行政审批时限 4. 鼓励第三类医疗器械注册申报 5. 加强技术咨询服务 6. 拓宽注册检验渠道
2017	《吉林省医药产业转型升级实施方案》	建设开放型对口合作机制，加强与天津、浙江和澳门等地的合作；加快大企业培育等

续表

年份	文件名称	主要内容
2017	《吉林省医药健康产业"十三五"发展规划》	1. 强化科技支撑和引领 2. 加强骨干企业培育和重大产业化项目实施 3. 加快推进产业集聚 4. 不断加大市场开拓力度 5. 强化人才培养与引进 6. 加强招商引资与对外交流 7. 不断加强投融资体系建设 8. 不断创新现代医药健康商业模式 9. 进一步提升公共服务能力和水平
2018	《长辽梅通白敦医药健康产业走廊发展规划（2018—2025年）》	1. 强化企业创新地位，提升区域创新能力 2. 加强创新平台建设，助力产业转型升级 3. 发挥人才引领作用，增强产业创新动力 4. 加大金融支持力度，精准对接产业需求 5. 优化区域资源配置，打造特色产业集群 6. 创新营商政策环境，增强产业市场活力

目前，吉林省医药行业主要包括现代中药、化学药、生物药"三大主导板块"，生物健康材料与保健食品、医疗器械、制药检测仪器与设备、医药商业与流通、医疗健康与服务"五大潜力板块"，医药健康产业成为新的支柱产业。2018年，吉林省规模以上医药工业增加值增速为13.2%，增速仅次于汽车制造业，在八大重点产业中增速排在第二。2014—2018年吉林省医药制造业规上工业总产值保持10%以上的增速，2018年超2500亿元。[①] 截至2018年年底，吉林省共有医健企业41347家，上市公司24家，其中A股上市8家、新三板14家、港股上市2家。在2018年吉林省上市公司市值排行榜中，长春高新、通化东宝、吉林敖东分别以297.2亿元、282.72亿元、167.79亿元位于前3位。2018年度中国医药工业百强榜，东北地区10家企业入选，分别为1家化药原料药制造企业、4家化药制剂制造企业、3家中成药制造企业以及2家生物制品制造企业。其中吉林省修正药业

---

① 《吉林省生物医药产业发展状况分析》，https：//www.cn-healthcare.com/articlewm/20190626/content-1064670.html。

集团股份有限公司排名第 4 位；长春高新技术产业（集团）股份有限公司排名第 56 位；吉林敖东药业排名 87 位。长白山制药、施慧达制药等 8 家医药企业入选吉林百强企业，其中四环制药排名第 21 位。

（五）高新技术企业集群

吉林省高新技术企业集群在全国火炬计划和高新技术产业百亿工程实施的带动下，短时间内得到蓬勃的发展。1991 年经国务院批准，首批建立了国家级长春高新技术产业开发区以来，吉林省相继建立了国家级吉林高新技术产业开发区和延吉高新技术产业开发区以及四平红嘴、松原农业等省级高新技术产业开发区。目前，吉林省的高新区内已构筑了"一区多园"的发展格局，例如长春高新区内有国家实施知识产权示范园区、吉林大学科技园等十几个国家级园区和基地；吉林高新区内有国家吉林软件园、留学生创业园、民营科技园等。园区内已形成了以信息技术、生物技术、先进的制造技术、现代农业与环保、新材料及资源综合利用六个领域的高新技术产业群。并且在新兴产业的领域已经取得一些成果，例如，在新材料领域，已有一批科技成果成功转化，聚醚醚酮、碳纤维、聚乳酸、纳米水性漆、硅藻土助滤剂等一批具有自主知识产权的成果开始产业化；在生物技术领域，长春、通化是国家级生物医药产业基地，拥有一批生物技术实验室、中试基地和工程中心，基因工程药和生物疫苗及诊断试剂方面在全国处于领先地位；在电子信息领域，汽车电子、光电子、传感网、电子材料等产业具有一定优势，大功率晶体管、LED 显示技术、车载电子信息系统、无线传感器应用研究等方面发展潜力巨大；在新能源领域，吉林省是国家七大千万千瓦风电产业基地之一，风电装机现已达到 400 万千瓦；在高端制造业领域，拥有全国最大的高速轨道交通设备制造基地。

吉林省高新技术产业开发区通过实行体制创新和适当的优惠政策，使各产业总体态势发展良好。2018 年，高新区税务局共有年纳税额 500 万元以上的重点税源企业 230 户，其中纳税额百亿元以上企业

第三章 中国东北地区中小企业集群化成长概况与现状评析

1户，10亿元以上至百亿元的企业1户，亿元以上至10亿元的企业14户，千万元以上至亿元企业124户，500万元以上至千万元企业90户。这些重点税源企业2018年共入库税收3119165万元，占高新区税务局税收收入比重的96%。在复杂的经济形势下，这些重点税源企业具有很强的抗风险和抗冲击能力，在组织收入中的骨干作用越来越明显，有力地带动了高新区税收收入大幅增长。

四 内蒙古东部中小企业集群

内蒙古东部包括呼伦贝尔市、通辽市、赤峰市、兴安盟、锡林郭勒盟和满洲里市、二连浩特市两个计划单列市，北与俄罗斯和蒙古国毗邻，东南与东北三省和河北省接壤。总面积66.5万平方公里，占全区的56.2%；总人口1279.6万人，占全区的53.6%；其中少数民族人口427.9万人，占全区的83%，2019年内蒙古东部地区生产总值实现5702.27亿元，是中国东北地区的重要组成部分。

2004年，内蒙古启动东部盟市振兴战略，把缩小东西部地区发展差距的问题提上日程。2007年，内蒙古东部地区正式被纳入国家振兴东北地区等老工业基地战略实施范围。大力发展以煤炭为基础的能源、化工产业，以及承接外地产业转移，发展装备制造、机械加工、生物医药、纺织服装、物流等非资源型产业；凭借毗邻蒙古国与俄罗斯的优势，大力发展口岸经济；同时，将在赤峰市和通辽市打造2个百万人口城市。尤其在2007年提出实施"一个产业带动百户中小企业工程"和"一个园区带动百户中小企业工程"的"双百工程"以来，以集群方式推动中小企业发展已经成为内蒙古中小企业发展的基本思想。截至2008年年底，内蒙古已经有36个初具规模的中小企业集群，实现工业总产值3381亿元，带动中小企业3357户。内蒙古东部各盟市将充分利用地域优势，积极融入东北三省经济区，目前，内蒙古东部的中小企业集群经过多年努力，依托于工业开发区及重点开发区，正形成一批如煤炭产业、电力产业等八大产业集群带动区域经济发展的格局。

第一，煤炭产业集群，内蒙古东部煤炭产业集群主要分布在锡林郭勒、赤峰、通辽、呼伦贝尔等盟市。主要以发挥资源优势，实现大规模、高效率开发，建成中国主要煤炭生产和输出基地。第二，电力产业集群，主要集中在呼伦贝尔、锡林郭勒盟市和赤峰，按照煤电一体化的发展思路加强电源点建设，积极发展大型坑口和路口电厂；并充分发挥风能和水能的优势，大力发展可再生能源，建设二连浩特、锡林郭勒、灰腾锡勒等百万千瓦级风电基地，力争成为我国重要的电力生产和输出基地。第三，化工产业集群，主要集中在锡林郭勒、呼伦贝尔。在这两个资源富集区，启动建设大型重化工基地：锡林郭勒能源煤化工基地和呼伦贝尔能源重化工基地。第四，冶金产业集群，以矿产资源为依托，呼伦贝尔市形成了冶金产业集群。呼伦贝尔市拥"一盆两带"的地理优势，即海拉尔盆地、得尔布干成矿带和大兴安岭成矿带，可以构成东北地区一个重要的有色（贵）金属资源接替基地。第五，机械装备产业集群，主要集中在包头、呼伦贝尔两市，以发展系列化和规模化的工程机械、重型汽车、铁路车辆等机械产品为主。呼伦贝尔市是工程机械、农林牧业机械等制造基地。[①] 第六，农畜产品加工产业集群，主要集中在赤峰、通辽市。肉羊区域在锡林郭勒盟等七盟市，肉牛区域在科尔沁草原和锡林郭勒草原，细毛羊区域在赤峰市等盟市，主要以打造草原绿色品牌，建成我国绿色乳品、肉类及羊绒加工基地为目标。第七，建材及新型材料产业集群，主要是在包头、通辽、赤峰等市建设，龙头企业有赤峰远航。发展方向以提升产业档次，发挥资源优势，实现进口原材料的就地转化，打造建材及新型材料生产和输出基地等。第八，生物制药产业集群，以通辽、赤峰红山高新技术开发区为主。通辽市是主要的蒙药生产基地，特别是通辽制药公司是国家麻黄素定点生产加工基地；赤峰地区主要是优

---

① 张庆辉：《内蒙古产业集群发展特征研究》，《阴山学刊》2007年第3期。

势原料药及其制剂生产基地。内蒙古东部地区中小企业集群现状如表3.9所示。

表3.9　　　　　　　内蒙古东部地区中小企业集群现状

初具框架	初具规模	已有基本框架	具有一定发展趋势
满洲里、二连浩特市进口木材加工产业	赤峰市的有色金属加工产业、木材加工产业	通辽市的铝延伸加工产业	锡林郭勒盟有色金属加工产业
呼伦贝尔市的大豆深加工产业	呼伦贝尔市马铃薯加工产业	赤峰市的机械配套加工产业	呼伦贝尔市有色金属加工产业
通辽市的玉米加工产业、木材加工产业	通辽市甘旗卡镇的中小企业鞋业产业	赤峰市生物制药产业	锡林郭勒盟地的水泥建材配套延伸加工业

以赤峰市产业集群为例。赤峰地处东北与华北经济区的结合部，是环渤海经济圈的重要组成部分，地理位置独特，交通便利，很容易受到北京、天津、沈阳、大连等几个中心城市的辐射。赤峰市地域十分辽阔，赤峰市资源较为丰富，贵重金属、有色金属储量均居内蒙古自治区前列。草原、沙漠、冰臼、石林、温泉等自然资源和红山文化、草原青铜文化、契丹、辽文化、蒙元文化等人文资源富集，具有发展旅游业得天独厚的条件。全市有草原9000万亩，林地3000万亩，森林覆盖率23%。境内有老哈河、西拉沐沦河、乌尔吉沐沦河、叫来河和贡格尔河五大水系，常年蓄水的天然湖泊70余处，其中克旗达里湖面积为35.7万亩，是内蒙古第三大湖泊。农业是赤峰市的基础产业，全市耕地面积1760万亩，种植品种除小麦、谷子、玉米等粮食作物外，还有甜菜、油葵、烤烟、药材等经济作物。牧业生产方面，肉牛、细毛羊、肉羊、白绒山羊、瘦肉型猪、肉鸡、蛋鸡等畜禽饲养在自治区举足轻重，羊毛、羊绒生产在全国占有重要地位。矿产资源也比较丰富，目前已发现各类矿产70余种，矿点千余处，主

要有煤、石油、金、银、铜、铅、锌、钨、铁、莹石、大理石等，并且巴林奇石作为艺术瑰宝蜚声海内外。同时，赤峰市也是国家重点黄金产地，位居全国前三位。此外，赤峰市动植物资源种类多、品种全。全市野生植物共有1863种、545属，其中蕨菜、白蘑、金针为"赤峰三宝"。

赤峰市在享受西部大开发优惠政策的同时，又借助振兴东北老工业基地的战略，在"十一五"规划纲要中明确提出"到2010年把赤峰打造成蒙东地区百万人口的中心城市"。并且提出以生态立市、旅游兴市、工业强市的三大发展战略。目前，赤峰地区利用自身优势，现已形成食品、制药、冶金、能源4个优势产业。2019年赤峰市地区生产总值1708.4亿元，比上年增长5.1%。全年全部工业增加值比上年增长5.6%。其中，规模以上工业增加值增长5.9%。冶金、能源、食品、医药制造、建材、纺织、化工和机械制造8个重点行业增加值增长6.1%，对规模以上工业的贡献率99.5%，拉动规模以上工业增长5.9个百分点（见表3.10）。①

表3.10　2019年赤峰市重点行业工业增加值增长速度及其比重　　单位:%

指标	比上年增长	比重
全市合计	5.9	100
重点行业合计	6.1	96.1
能源工业	-0.1	39.7
冶金工业	13.2	35.3
食品工业	-1.5	9.8
医药制造业	-3.9	1.6
建材行业	2.4	3.3

① 《赤峰市2019年国民经济和社会发展统计公报》，http://tjj.chifeng.gov.cn/tjgb/2020-03-18-13591.html。

续表

指标	比上年增长	比重
纺织业	-13.8	0.8
化工行业	-1.0	3.3
机械制造业	16.8	2.3

资料来源：《赤峰市 2019 年国民经济和社会发展统计公报》，http://tjj.chifeng.gov.cn/tjgb/2020-03-18-13591.html。

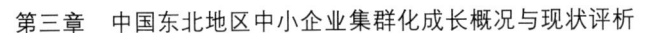

（一）有色金属中小企业集群

赤峰地跨大兴安岭和华北地台北缘两大金属成矿带，是国内重要的贵金属和有色金属基地之一。赤峰市丰富的有色金属资源为其发展有色金属企业集群提供了得天独厚的物质条件。金、银、铜、锌、铅等几十种有色金属累计储量 424 万吨，其中铅 99.54 万吨，锌 303.24 万吨，铜 14.88 万吨，锡 73.54 万吨，金 22.7 吨，银 5838 吨，铁矿石 1.91 亿吨。[1] 依托这些资源优势，成立了赤峰贺麟铜业有限公司、金陶股份有限公司、库博红炼锌业有限公司、白音诺尔铅锌矿等企业。作为全国唯一获得"中国有色金属之乡"殊荣的地级城市，矿业经济一直独占鳌头。近几年林西县打造有色采选冶炼产业集群，投资 3.8 亿元的富强有色及稀贵金属综合回收利用、恒富 5 万吨锌冶炼综合回收项目建成运营；投资 2 亿元的森润再生金属回收利用项目设备已安装完毕。

（二）生物制药中小企业群

赤峰地区拥有丰富的药材资源，其中麻黄、黄芩、黄芪、甘草是四大野生药材，其他如桔梗、天麻、党参等几十种药材均有种植或分布，种类达 400 种。其中麻黄素的年产量已达 1 万吨，喀喇沁牛营子全国性中药材市场年交易量达 1 万吨。丰富的药材资源，为赤峰医药产业发展提供了支持，也为赤峰成为特色药、中成药的生产基地奠定基础。

---

[1] 张海山：《培育特色产业群——推进赤峰经济发展》，《赤峰学院学报》（文哲学社会科学版）2007 年第 5 期。

赤峰红山区的医药产业已从过去小规模、单一式发展蜕变为集群式、科技型发展，实现了由弱到强的转变。在红山高新技术产业开发区，生物医药孵化器公共实验平台已初步建设完成，具有药物检测实验、生化免疫实验和分子生物实验三大功能，为大健康全产业链提供服务支撑。目前，已有"互联网＋智慧医疗项目——全诊通""珍稀名贵中药材功效因子产品开发"等8个项目入驻平台。在内蒙古泰领海创生物科技园内，蝶螈科技、金准基因、因诺生物、泰领盛耀等8个科技成果转化项目已开始建设，全部达产后可实现年产值5亿元左右。赤峰制药股份有限公司是红山区老牌制药企业，自启动退城入园工程以来，企业不断调整产品结构、建设自主品牌，取得了长足发展。在推进传统医药产业转型升级的同时，红山区还大力发展生物医药产业。目前在红山高新技术产业开发区内，已建成2.6平方公里的医药产业园，医药企业增加至25家，工业产值达17亿元，为生物医药产业发展提供了专业承载空间和强大人才科技支撑力。①

（三）能源工业中小企业集群

随着中国经济持续高速发展及能源结构和需求的变化，煤化工产业作为能源化工一体化中的新兴产业，在能源、化工领域已逐渐占据重要地位，拥有广阔的发展前景。赤峰市煤、水资源丰富，交通区位优势明显，具备发展能源工业得天独厚的优势。赤峰市以电力产业和煤炭产业为主，经过多年的发展，能源工业以元宝山电厂、平煤集团为龙头，以水电、风电、企业能源工业限额以上企业为基础。全市原煤产量1725.9万吨，比2018年增长1.6%；发电量345.9亿千瓦小时，增长7%；铁矿石成品矿282.6万吨，增长1.8%；十种有色金属72.1万吨，增长29.1%；钢材346.3万吨，增长27.8%；水泥428.6万吨，增长4.7%（见表3.11）。

---

① 《全力打造医药产业新高地》，http://www.maxlaw.cn/chifeng/news/954344410800.shtml。

第三章 中国东北地区中小企业集群化成长概况与现状评析

表3.11　　　　　2019年主要工业产品产量及其增长速度

产品名称	单位	绝对数	比上年增长（%）
原煤	万吨	1725.9	1.6
发电量	亿千瓦小时	345.9	7.0
其中：风电	亿千瓦小时	110.8	7.3
十种有色金属	万吨	72.1	29.1
其中：铜	万吨	33.6	45.9
铅	万吨	24.5	29.6
锌	万吨	13.7	1.2
水泥	万吨	428.6	4.7
钢材	万吨	346.3	27.8
铁矿石成品矿	万吨	282.6	1.8
鲜、冷藏肉	万吨	9.3	8.1
成品糖	万吨	11.2	-3.6
乳制品	万吨	13.1	30.3
饮料酒	万升	22050.3	-1.4
其中：白酒	万升	255.6	-18.8
啤酒	万升	21794.7	-1.2
饲料	万吨	9.6	-3.5
化学药品原药	万吨	0.5	5.6
中成药	万吨	0.3	-75.0

资料来源：赤峰市2019年国民经济和社会发展统计公报。

中国经济正处于新旧动能转换的关键进程中，赤峰工业在增量的同时更需提质。近年来，赤峰打出包括改造传统产业、发展新兴产业、推进产业聚集、促进产业合作等在内的一整套转型升级"组合拳"。打开赤峰工业布局图，由赤峰高新技术产业开发区、红山工业园、元宝山工业园、松山工业园、东山工业园"一区四园"架构而成的东部工业走廊。在原有工业规模的基础上，阿鲁科尔沁旗招商的玻璃纤维项目、宁城县招商的年产100万吨锰硅合金项目、喀喇沁旗招商的东岳氟化氢项目、巴林左旗招商的潮白环保科技项目纷纷"飞"入工业走廊。与此同时，在转型升级的大环境下，以众益糖业为代表的食品产业、东荣羊绒为代表的羊绒产业、赤峰制药为代表的医药产业、金剑铜业为代表的铜产业、华源毛业为代表的纺织业相继"退城入园"，在空间腾换中完成华丽转身。如今，东部工业走廊已入驻企业238家，预计到2025年，这里工业总产值将超过2000亿元。大地云天投资40亿元的120万吨缓控释肥项目，瑞阳化工投资25亿元的季戊四醇项目，普因医药投资20亿元的抗肿瘤、抗感染等重大疾病创新药物产业化项目，伊品生物投资100亿元的50万吨系列氨基酸项目，中国北方最大的智能移动终端产业集群、全产业链智能移动终端生产基地项目，268个科技创新平台、14家众创空间、25个孵化基地、4300余名创新创业人才等。[1]

（四）食品工业集群

在食品工业方面，赤峰地区充分发挥了赤峰农牧业产业的优势，全市围绕建设绿色、有机食品生产加工基地，引进和培育了一批以绿色、有机食品开发为重点的食品加工企业，已形成屠宰及肉类加工、粮油加工、制糖、蔬菜（含山野菜、菌类食品）加工、发酵制品、保健食品、食品添加剂、酿酒等15个产品大类，拥有草原兴发、塞飞亚、燕京啤酒等一批国家、自治区食品行业知名企业和名牌产品。目前赤峰市红山绿色食品产业园围绕园区发展目标，积极推进规划设计、基础配套、招商引资、项目建设等重点工作，着力打造绿色农畜产品和健康食品生产输出基地。红山区食品集中加工园项目总投资2.1亿元，占地188亩，分两期建设，一期建设小微企业厂区32个，产品展示街两条，2018年启动二期建设，建设8

---

[1] 《赤峰工业，挺起大市"脊梁"》，http://inews.nmgnews.com.cn/system/2019/05/23/012713414.shtml。

栋标准化厂房，小微企业厂区31个。项目建成后，可容纳食品生产企业150多家，提供就业岗位1000多个，使市区内的一些食品生产企业实现退城入园的同时，完成现代化、规模化的转型。此外，在红山绿色食品产业园，牧野尚品、冠臣O2O生产线等16个加工类产业项目建设也在同步展开。同时，不断加大基础设施和标准厂房建设力度，与中燃集团签约实施燃气输配工程，为入驻企业提供更好的发展平台。红山绿色食品产业园目前入驻企业60家，建成投产企业36家，其中规模以上企业3家。2018年，园区实施重点项目23个，计划总投资26亿元，年度计划投资9.56亿元，截至2018年6月末已完成投资1.78亿元。[①]

第二节　东北地区中小企业集群化成长的现存问题

一　企业间专业化分工程度低

（一）国有企业抢占中小企业发展空间

东北地区国有企业专业化分工水平低，挤压了中小企业的发展空间。东北地区在资源依赖型企业发展模式的作用下，资源控制成为国有企业发展的一个基本目标。为了控制这些资源，国有企业将各种业务系数努力地控制在自己手中，本应该给一大批中小企业带来的发展机遇，结果却被一个个大企业所取代，形成了"大而全""小而全"的企业模式，使中小企业失去了"用武之地"，导致企业间专业化水平低，中小企业未能得到很好的发展。

（二）东北地区市场经济发展水平不高

东北地区市场经济发展水平不高，过于简单的市场结构，不利

---

① 《赤峰市红山绿色食品产业园建设情况》，http://www.nmg.gov.cn/art/2019/9/20/art_1948_280817.html。

于企业寻找最适宜自身发展的产业环节，妨碍了企业集群内专业化分工的深化。东北地区中小企业布局虽然相对集中，但也仅是停留在空间层面上的集聚，在相同的条件下，集群内的企业不愿充分利用区域优势，缺乏联合行动的主动性，集群除了能获得一定的集聚效应外，联合效应与制度效应发挥的都比较少，中小企业形成了典型的"集而不聚"现象。同时，集群企业对自身在产业链中所处的环节缺乏准确定位，上、下游产业间的关联度低。东北地区中小企业生产出的"小而专""小而精"的产品少，产品结构相对单一，附加值不高，缺乏上档次的高技术产品，很难与大企业进行协作配套，致使大企业在一些关键性的零部件或相关服务不从区内购买，而从国内、外其他地区进口。因此，集群内的众多中小企业难以形成有效的凝聚力，不利于中小企业集群化成长的形成。以吉林省汽车及零部件产业集群为例，汽车及零部件产业是吉林省内第一大支柱产业，吉林省规模以上工业企业5963个，汽车制造业553个，占总数的10.78%，2017年吉林省全年完成规模以上工业总产值10357.9亿元，比上年增长10.7%，其中汽车制造业完成产值6015.7亿元，增长11.6%，占规模以上工业总产值的58.1%。2018年，长春整车产能逼近300万辆，汽车零部件企业超过1000家，汽车工业总产值超过6500亿元。根据国际规律，汽车对上游产业的带动力一般为1:1，对汽车服务业等下游产业的带动力为1:2。按此计算，汽车产业对其他企业带动力应达到千亿元以上，但吉林省并没有实现这一潜能。① 目前一汽集团在省内的零部件采购比重只占40%左右，这说明汽车产业与其配套企业间缺乏联合行动，且专业化分工协作体系不健全，导致一些关键性的零部件或相关服务不从区内购买，而从国内外其他地区进口。

---

① 侯志茹：《产业价值链视角下的东北地区产业集群发展问题研究》，《经济纵横》2009年第12期。

（三）企业相互协作水平不高

东北地区除少数龙头企业外，多数企业处于"小、散、弱、杂"的状态。上下游企业关联性不强，龙头企业主导作用不明显，未形成集群核心，企业间相互协作关系不多，尚未形成相互支援、相互依存的专业化分工协作的产业网络。同类企业间恶性竞争，以吉林省为例，石化产业、冶金产业与交通运输设备制造业产业关联度较高，又都为吉林省的优势产业，发展应相辅相成。但吉林省的钢铁企业基本不具备提供汽车、轨道客车产业所需的高质量、高技术类钢材的能力，其为汽车、石化、装备产业配套率较低。另外，集群中的很多产业，工艺技术水平落后；大多数中小企业组织结构简单，规模较小，对整个产业发展的战略不够明确或是没有规划；市场需求细分程度不够精致，企业或集群的产品差异化优势不突出，专业化生产带来的效率优势也将部分丧失。同时，在企业生产过程中缺乏正式或非正式的交流与沟通，也未能建立很好的技术营销网络，导致集群内部企业间价格竞争激烈，出现恶性循环，大大地削减了集群效应。

二 企业创新动力不足

（一）东北地区区域综合创新能力居全国中下水平

在知识经济时代，创新越来越成为一个国家或地区综合竞争力的核心，以创新推动经济发展是各地区实现经济发展的重要手段。根据《中国区域创新能力评价报告2019》（以下简称《报告》）数据显示，2019年区域创新能力排名进入前10位的地区是广东、北京、江苏、上海、浙江、山东、重庆、湖北、天津和安徽。而创新能力前三名的广东、北京、江苏在2019年前三季度全国各省GDP排名中分别位列第1、第11位和第2位。可以看出GDP的总量和增速与区域创新能力具有相关性。东北三省在20世纪50年代到90年代初一直发挥着工业龙头作用，但随着中国经济社会发展的不断进步，东北地区的经济总量和GDP增速占全国比重却不断降低。2019年，东北三省前三季度GDP增速整体下滑，均低于全国平均6.3%的水平。辽宁省GDP增速5.7%（排名第12位），黑龙江省GDP增速4.3%（排名第22位），吉林省GDP增速1.8%。同时，东北三省区域创新能力综合效用值整体排名靠后。2019年辽宁省创新能力综合效用值22.73，排名第19位；吉林省创新能力综合效用值18.80，排名第27位；黑龙江省创新能力综合效用值18.53，排名第28位；内蒙古创新能力综合效用值18.14，排名第30位。东北地区辽宁省处于中等水平，吉林省、黑龙江省、内蒙古地区的创新能力均处于全国下游水平。

（二）东北地区专利申请授权量较低

东北地区中小企业集群内缺乏创新动力，不利于增强其竞争优势。企业管理者普遍缺乏全面创新的观念，其经营者普遍忽视创新对企业未来发展的重要性，盲目追求规模扩张，造成了广大中小企业缺乏健康的创新文化，导致企业无法形成培育创新果实的肥沃土壤。特别是近几年东北地区高科技产业投资总额逐年增加，明显高于北京、上海和辽宁省等省份和地区的投资额。但专利申请授权量明显低于其他省份，表3.12是2012—2017年部分城市和省份专利申请授权量。

表3.12　2012—2017年部分城市和省份专利申请授权量　　单位：件

	2012年	2013年	2014年	2015年	2016年	2017年	2018年
吉林省	5930	6219	6696	8878	9995	11090	13885
黑龙江省	11141	11557	13162	13701	15847	17425	19435
辽宁省	21223	21656	19525	25182	25104	26495	7176
北京市	50511	62671	74661	94031	100578	106948	123496
上海市	51508	48680	50488	60623	64230	72806	92460
江苏省	269944	239645	200032	250290	231033	227187	306996
浙江省	188463	202350	188544	234983	221456	213805	284621
甘肃省	3662	4737	5097	6912	7975	9672	13958
四川省	42218	46171	47120	64953	62445	64006	87372
内蒙古	3084	3836	4031	5522	5846	6271	9625

资料来源：历年国家统计年鉴。

（三）东北地区中小企业融资难

东北地区中小企业在经济发展中，最大的限制就是资金匮乏。企业因缺乏必要的投资，没有能力进行技术研发、设备更新，不能通过持续不断的提高产品、服务的质量来满足多样化的需要，同时，也造成了企业捕捉市场信息及市场应变能力的欠缺。由于投资不足，企业对相关产业的需求也相应缩小，对上、下游企业的带动作用减弱，企业间的互动创新机制发育迟缓。特别是东北地区中小企业多为本地区支柱产业提供配套服务，数量众多且竞争过度，利润普遍偏低，基本上依靠价格竞争来取胜，这样会产生两种后果：一是企业偷工减料，产品质量大打折扣；二是企业渐渐无利可图，直至完全无力进行技术创新（在外部制度环境不完善，知识产权和专利制度得不到有效保护的情况下，作为"理性经济人"的企业通常不会选择进行自主创新，而希望成为创新产品的"免费搭车者"[1]）。所以，模仿而非创新成为集群内中小企业的一大特点，部分企业技术实力相对比较弱，缺乏竞争力。以辽宁省中小企业集群为例，辽宁省中小企业集群平均规模只有 30 余亿元，超百亿元的集中区域性产业集群尚不足 10 个，有的刚刚起步的集群规模还不足 1 亿元。虽然集群内中小企业数量众多，但企业规模普遍偏小，"普通型"企业较多，知名企业为数很少，辽宁省民营企业中获中国驰名商标仅占浙江省的约 1/5。由于中小企业受资金限制，整体技术开发能力低，无力进行高附加值产品的研究及开发。例如，玉石及玛瑙中小企业集群准入壁垒低，使企业中的大多数产品技术含量较低，缺乏上档次的产品，这造成过多的低水平竞争，企业之间打价格战，不利于国家宝贵资源的保护及有效使用。

（四）中小企业人才匮乏

东北地区长期以来人才总量不少，但人才流失严重。根据有关部门统计，2019 届毕业生人才吸引指数（人才吸引指数为正数表示该地人

---

[1] 王凯：《企业集群创新能力提升的结构视角分析》，《科技管理研究》2009 年第 11 期。

才净流入,指数为负表示该地人才净流失)省份排名第一的广东人才吸引指数为10.78;上海(8.13)、浙江(7.82)分别位列第二、第三位。而东北三省的人才吸引指数普遍较低,黑龙江人才吸引指数为-6.19、辽宁-4.17、吉林-2.97和内蒙古-1.02,全部表现为人才流失。[①]人才的流失不利于企业发展,更不利于区域发展。在人才的引入方面,中小企业的困难更大。中小企业在生产规模、管理体系、福利待遇等方面都要落后于大企业,这使得部分中小企业难以利用提供较好待遇来吸引人才,使得企业内部缺少研究、开发、设计等人才,导致企业独立研发能力弱,生产产品附加值低,产品在竞争中缺乏优势。

中小企业还缺乏人力资源管理机制。企业没有形成一套符合自身及地区特色的人力资源管理机制,在人力资源管理上流于形式的时候较多,最终造成中小企业严重"贫血",失去了创新的动力源泉。另外,因很多中小企业存活时间有限,所以它们普遍不重视企业文化建设,企业文化的缺失,导致企业员工对企业的认同感和归属感弱,没有形成企业与员工的命运共同体,没有形成共同的愿景与目标,缺乏企业凝聚力和统一的核心价值观,制约企业的发展。

(五)集群内部公共服务平台发展滞后

公共服务平台为集群内中小企业提供最新的信息与资讯,为中小企业提供交流的场所,在公共服务平台的帮助下,企业可获取更加全面的市场交易信息,提升企业交易成功率,降低企业风险。同时,公共服务平台能够有效搭建中小企业与大企业及政府的桥梁,在与大企业建立良好交往与衔接的同时,政府还能充分发挥引导和促进作用。但目前东北地区的中小企业集群内的公共服务平台尚未起到应有的效果,很多集群内的公共服务平台流于形式,未能为中小企业解决实际困难。例如,很多中小企业集群内的企业与大学、

[①]《东北人才流失——大数据揭秘东北"黑土地"为何难留"金种子"?》,https://www.mrcjcn.com/news/zonghe/303149.html。

研究机构联系不够紧密，导致中小企业创新能力不强，高校与科研院所与其产业化之间严重脱节。长期以来，科研项目申请的主力军是高校与研究院所，企业所占份额很少。高校和科研院所考核的标准是发表 SCI、CSSCI 论文及获得各级奖项，至于如何把这些成果产业化，一般就不在考虑范围之内。这些导致了东北地区科技成果产业化转化速度慢，效率低，企业生产的产品缺乏竞争力。致使目前高新技术企业应用的新科技成果仅仅是极少的一部分，科技成果转化为商品并取得规模效益的比例为 10%—15%，远低于发达国家60%—80% 的水平。

三 对外贸易额度偏小

随着近几年的发展，东北地区加快了对外开放的步伐，对外开放新格局已初步形成。例如，中俄两国元首正式批准《中国东北地区与俄罗斯远东及东西伯利亚地区合作规划纲要》，同江铁路大桥等一批重大合作项目取得积极进展，绥芬河综合保税区加快建设，黑瞎子岛保护与开放开发前期工作有序推进；《辽宁沿海经济带发展规划》《中国图们江区域合作开发规划纲要——以长吉图为开发开放先导区》得到国务院批复，大连保税港区功能不断延伸，沈阳、营口保税物流中心封关运作；东北地区对外资的吸引力显著增强，2009 年，辽宁省利用外商直接投资位居全国第三，大连、沈阳分列全国副省级城市利用外资前两位。[1] 但受地理位置、思想观念、政策环境等因素的影响，东北地区整体对外贸易额同东部沿海发达地区和全国平均水平相比，对外经济贸易总量仍然偏小，外贸增长速度相对缓慢，只有辽宁省发展较好，但与东部沿海发达省份相比

---

[1] 《国家发展改革委关于印发 2009 年振兴东北地区等老工业基地工作进展和下一阶段重点工作安排的通知》（发改东北〔2010〕2061 号），http://law.baidu.com/pages/china-lawinfo/13/83/92994c7f15de2f0dde603401ec39bfbe_0.html。

最近几年差距也在逐渐拉大。

（一）出口产品结构不合理，低附加值产品比重过大

东北地区出口产品中资源型、原料型、劳动密集型比重偏大，且初级产品多，产品附加值低。以东北地区对"一带一路"国家出口产品为例：2017年东北地区对"一带一路"国家出口商品主要集中于矿物燃料、矿物油及其蒸馏产品、沥青物质、矿物蜡和钢铁等。矿物燃料、矿物油及其蒸馏产品、沥青物质、矿物蜡和钢铁出口额44.9亿美元，较2016年增长80.2%，占东北地区对"一带一路"国家出口额的18.1%；2017年出口额35.8亿美元，较2016年增长12.3%，占东北地区对"一带一路"国家出口额的14.4%。[①]

（二）加工贸易规模小，没有形成完整的产业链

东北地区总体上在利用外资发展外向型经济方面发展滞后，加工贸易产业链条短。企业处于分散经营、过度竞争状态，企业间未能真正形成相互关联、相互依存的专业化分工协作的产业体系，集群内企业之间业务关联性和技术关联性不大。近几年，东北地区加工贸易年均增速低于全国加工贸易增长速度。例如，目前一般贸易仍占据东北地区对"一带一路"国家出口的主导地位，2017年出口额为155.9亿美元，较2016年增长28.5%，占所有贸易方式出口额的62.9%。进料加工贸易、来料加工装配贸易、其他贸易、边境小额贸易自2013年以来出口额总体呈下降趋势，其中2017年进料加工贸易出口额为39.8亿美元，较2013年下降13.0%；来料加工装配贸易出口额为21.8亿美元，较2013年下降40.4%；其他贸易出口额为20.3亿美元，较2013年下降53.8%；边境小额贸易出口额为10.1亿美元，较2016年略有增长7.7%，较2013年下降78.4%。[②]

---

① 《2018年东北地区与"一带一路"贸易数据分析》，http：//master.10jqka.com.cn/20180518/c604544250.shtml。

② 《2018年东北地区与"一带一路"贸易数据分析》，http：//master.10jqka.com.cn/20180518/c604544250.shtml。

（三）对外贸易市场集中，以个别市场为主

根据中央提出《中共中央国务院关于全面振兴东北地区等老工业基地的若干意见》要求和"一带一路"建设的推动，东北地区要主动融入、积极参与，努力将东北地区打造成为我国向北开放的重要窗口和东北亚地区合作的中心枢纽。目前东北地区与"一带一路"沿线区域（东南亚、中东地区等）的贸易规模有所增长，但以往的老贸易伙伴日本、韩国、俄罗斯、德国、美国等发达国家仍然是东北地区的主要贸易伙伴。辽宁省的主要进出口国家是日本、韩国和俄罗斯；黑龙江与俄罗斯贸易较多，与韩国、日本和蒙古国也建立了良好的经贸合作；吉林省与日本的贸易比例要高于韩国和俄罗斯，韩国和俄罗斯的分量差不多相等。东北地区对日本出口的商品主要是电气机械、钢铁制品、纺织服装和木制品等。向俄罗斯主要出口轻工业制品（纺织鞋服、家具和皮革等）和部分光学设备、电气机械等。此外，美国、韩国、巴基斯坦和东南亚地区，尤其是新加坡、越南和马来西亚等，也是东北三省重要的商品出口目的地。[①] 与此同时，德国是东北最主要的进口国，主要进口交通运输设备、光学设备、电气机械、金属和非金属制品等。俄罗斯是第二大进口国，主要进口矿物及其制品、木材、食物和非金属制品等。现在东北地区与中东地区的国家也联系密切，但主要贸易市场还是俄罗斯、日本、韩国。市场的分布过于集中，对新兴市场的开拓力度不够，贸易链条的相对薄弱，等等，这些都限制了东北地区的外贸水平，不利于东北地区外贸的稳定发展。

（四）利用外资水平有限，经济贸易发展后劲不足

目前东北地区企业僵化难改、产业转型困难、断崖式的经济下跌使东北经济处于全国垫底的状态。扩大开放格局，推进对外贸易，吸引海外投资，引进资金与技术，有利于东北地区体制机制创新、产业

[①] 刘志高、张薇、刘卫东：《中国东北三省对外贸易空间格局研究》，《地理科学》2016年第9期。

结构优化升级、市场化程度提高，解决东北目前面临的经济发展活力不足、所有制结构较为单一、就业压力大等诸多问题。①

东北地区与"亚洲四小龙"的韩国、日本以及资源丰富的俄罗斯、蒙古国等接壤，独特的地缘位置使东北地区有了具有天然的外贸合作的地理优势，地区货物进出口总额逐年增加（见表3.13）。其中辽宁省进出口总额最多；其次是吉林、黑龙江、内蒙古。在外商直接投资方面，2004—2014年东北地区外商直接投资额呈快速上升趋势，2015年开始骤然下跌，主要原因是辽宁省的外商投资额迅速减少。虽然吉林省、黑龙江省外商直接投资总额逐年增加，但吉林和黑龙江的外商直接投资额所占比重小，不能影响总体数据。合理的利用外资能够帮助东北地区更好地进行产业结构调整，同时外资带来的先进技术与管理经验在东北地区产生的外溢效应也能提供给企业学习的机会。但由于东北部分企业本身的认知和学习能力偏低，并不能很快消化吸收这些先进知识，外资对东北企业产生的溢出效应几乎为零，外国投资相当于独立循环，外资利用率很低。②

表3.13　　　　　　全国及部分地区货物进出口总额　　　　单位：亿元

	接收发货人所在地	全国	辽宁省	吉林省	黑龙江省	内蒙古
2016年	进出口	243386.5	5711.9	1217.6	1093.8	768.7
	出口	138419.3	2839.1	277.2	331.9	290.2
	进口	103967.2	2872.7	940.5	761.9	478.5
2017年	进出口	278101.0	6748.9	1255.0	1281.7	940.9
	出口	153311.2	3041.0	299.4	353.0	330.9
	进口	124789.8	3707.9	955.6	928.7	609.9

---

① 国家发展改革委：《努力形成新一轮东北振兴好势头》，《中国经济报》2016年3月22日。

② 张娴、王萃：《谈引资、用资及三大弊端》，《商场现代化》2006年第27期。

第三章 中国东北地区中小企业集群化成长概况与现状评析

续表

	接收发货人所在地	全国	辽宁省	吉林省	黑龙江省	内蒙古
2018年	进出口	305008.1	7557.7	1363.1	1749.5	1034.7
	出口	164127.8	3214.5	325.8	294.0	378.3
	进口	140880.3	4343.2	1037.3	1455.5	656.3

数据来源：历年统计年鉴。

在外贸依存度方面，东北地区的外贸依存度不高，虽然外商投资企业货物进出口总额逐年增长（见表3.12），但并不能改变现状，2018年东北三省加上内蒙古地区的货物进出口总额仅占全国的3.5%，2018年中国外贸依存度约为33.7%（略高于2017年的33.6%，出口依存度约18.1%，进口依存度约为15.6%）。而东北地区辽宁省对外依存度最高达到29.85%，黑龙江省10.69%，吉林省9.04%，内蒙古地区5.98%，它们都远低于国家的平均水平。外贸依存度一定程度上体现了东北地区的外向程度，反映出地区的开放水平与外贸投资力度。东北地区的外贸依存度远低于全国水平，提示东北要继续提高地区的对外开放水平，加强对外贸易力度。

表3.14 　　　　　外商投资企业货物进出口总额　　　　　单位：万元

		辽宁省	吉林省	黑龙江省	内蒙古
2016年	进出口	25574363	6157451	718454	663052
	出口	11821735	884784	350789	322819
	进口	13752628	5272668	367666	340233
2017年	进出口	28779476	6769759	1697760	709314
	出口	12519366	874843	977980	345098
	进口	16260110	5894916	719780	364216
2018年	进出口	32755930	6827457	1335255	727938
	出口	13568441	942146	729076	428199
	进口	19187489	5885311	606179	299739

数据来源：历年统计年鉴。

1. 黑龙江省

2018年,黑龙江省与179个国家(地区)有贸易往来,进出口总值超亿元的国家(地区)有57个,全年进出口总值实现1747.7亿元人民币,比上年增长36.4%,高于同期全国进出口增速26.7个百分点。其中,出口总值294亿元,下降16.7%;进口总值1453.7亿元,增长56.5%。黑龙江省自俄罗斯原油进口量增长成为拉动黑龙江省外贸增长的主要因素。2018年1月1日,中俄原油管道二线正式投入运营。黑龙江省对俄罗斯进出口总值1220.6亿元,占同期全省进出口总值的69.8%,增长64.7%,高于同期全省进出口增速28.3个百分点。其中,对俄出口74.6亿元,下降29.5%;自俄进口1146亿元,增长80.4%。另外,黑龙江省对沙特、新西兰、阿曼、澳大利亚等新兴市场进出口总值均实现成倍增长,对伊拉克、印度、蒙古进出口总值的增幅均在40%以上。① 同时,黑龙江省在外贸出口下行压力较大的情况下,出口商品结构进一步优化,出口农产品60.5亿元,增长3.8%;出口高新技术产品17.9亿元,增长56.3%;出口钢材11亿元,增长1.4倍;出口蓄电池8.3亿元,增长2.2倍;出口汽车零配件4.1亿元,增长3.3%。

2. 辽宁省

2018年辽宁省货物贸易进出口总值达7545.9亿元,占全国进出口总值的2.5%,进出口总值与2017年相比增长11.8%,增速高于全国2.1个百分点。其中,出口贸易总值3214.9亿元,增长5.7%,进口贸易总值4331亿元,增长16.8%。2018年,辽宁省一般贸易方式进出口4317亿元,增长17.3%,占同期辽宁省进出口总值的57.2%。辽宁省与欧盟、美国、东盟等传统贸易伙伴保持良好增速的同时,积极拓展与"一带一路"沿线国家、非洲、拉丁

---

① 《2018年黑龙江省进出口总值实现1747亿》,https://www.sohu.com/a/292792517_99962390。

美洲的经贸往来。2018年,辽宁省对欧盟进出口1343.2亿元,增长23.1%;对日本进出口1077.3亿元,增长9.3%;对美国进出口735.3亿元,增长19.7%。同期,辽宁省对"一带一路"沿线国家的贸易合作潜力持续释放,进出口值达2006.7亿元,增长14.9%,与俄罗斯、沙特、阿曼、新加坡、卡塔尔等国家的贸易规模已超百亿元。2017年辽宁省出口商品结构有所优化,机电产品出口占比逾四成,高新技术产品出口增幅较大。2018年,辽宁省机电产品出口1433.6亿元,增长18.2%,占同期全省出口总值的44.6%;高新技术产品出口476亿元,增长26.7%;钢材出口384.7亿元,增长0.9%;农产品出口339.2亿元,增长2.2%;陶瓷产品出口71亿元,增长40.4%。[①]

3. 吉林省

2018年,吉林省货物贸易进出口总值为1362.8亿元,与2017年同期相比增长8.6%,其中进口1037亿元,出口325.8亿元。2018年吉林省与芬兰、日本等国家和地区开展的重大对外经贸交流活动达20余次。"开放步伐明显加快,开放性经济基础得到垫实。"例如,吉林省跨境电商完成东北地区首单保税备货进口业务,全年出口额增速更是高达30%;吉林省还全面推进口岸通关便利化,国际贸易"单一窗口"平台业务实现全覆盖;珲春铁路口岸进出境货物创历史新高,[②]"长满欧"班列2018年承运量达到9300标箱,货值39亿元人民币;"珲马铁路"增量运行,监管进出口货物299万吨,货值15.9亿元;"珲春—扎鲁比诺—中国南方港口"内贸外运航线获批通航。[③]

[①]《2018年辽宁省进出口规模》,http://cpc.people.com.cn/n1/2019/0122/c415067-30583840.html。

[②]《吉林省2018年对外贸易重回历史高水平》,http://www.chinadevelopment.com.cn/news/zj/2019/01/1447973.shtml。

[③]《2018年吉林省货物贸易进出口总值达1362.8亿元》,http://jl.cri.cn/20190124/65bf8070-d21b-579f-7a23-ec531218f5b7.html。

4. 内蒙古东部地区①

（1）呼伦贝尔市

呼伦贝尔市出口商品品类主要有含氧基氨基化合物、食用果蔬、钢材等，进口仍以资源类商品为主，主要有板材、原木、矿产品、钾肥、纸浆等。2018年，呼伦贝尔市外贸进出口总值完成188.63亿元，同比下降7.5%，其中：进口完成146.96亿元，同比下降5.9%，出口完成41.67亿元，同比下降13.0%。增速低于自治区17.4个百分点。2018年，呼伦贝尔市外贸进出口下降主要原因：一是占同期呼伦贝尔市进口总值52.9%的龙头商品木材进口99.4亿元，同比下降9.1%；二是根据《关于决定废止海关监管方式"旅游购物商品"的公告》（海关总署2017年第34号公告），自2017年8月1日起，取消旅游贸易方式申报的出口，境外旅游者用自带外汇购买的或委托境内企业托运出境5万美元以下的旅游商品或小批量订货不再纳入数据统计，导致统计数据缺失（2017年旅游贸易出口5.78亿元，占同期出口额的19.8%）；三是受中美贸易摩擦影响，2018年对美贸易额完成1.18亿元，同比下降61.8%。2018年，呼伦贝尔市边境小额贸易方式进出口136.31亿元，同比下降11.9%，一般贸易方式进出口45.63亿元，同比增长28.9%；加工贸易2.12亿元，同比下降73.5%。呼伦贝尔市对俄罗斯进出口150.38亿元，同比下降8.9%，占同期呼伦贝尔市进出口总值的79.6%；对蒙古国进出口5.23亿元，同比下降9.5%。②

（2）通辽市

2018年通辽市外贸进出口总额258500万元，同比增长3.6%。其中，出口234700万元，同比增长13.8%；进口23800万元，同比

---

① 由于内蒙古自治区地理位置比较特殊，以下对各城市进行分析。
② 《呼伦贝尔市2018年对外贸易运行分析》，http://www.hlbe.gov.cn/openness/detail/content/5d9ff7a41adb41d821000009.html。

下降44.8%。通辽市2018年全市民营企业累计进出口241664万元，同比增长5.9%，占全市进出口总额的93.5%。其中：出口225111万元，同比增长10.4%；进口16553万元，同比下降31.3%。外商投资企业进出口15401万元，同比下降27.7%，占全市进出口总额的5.9%。其中：出口8180万元，同比增长2.7倍；进口7221万元，同比下降62.0%。国有企业进出口1435万元，占全市进出口总额的0.6%。其中：出口1419万元，进口26万元。从出口市场看，亚洲、欧洲仍是通辽市主要出口市场。2018年通辽市商品出口到六大洲82个国家。其中，亚洲92064万元，占39.4%；欧洲82446万元，占35.1%；南美洲24443万元，占10.4%；北美洲16127万元，占6.8%；非洲14924万元，占6.3%；大洋洲4696万元，占2.0%。[①]

（3）赤峰市

2018年赤峰市全年对外贸易进出口总额59.7亿元，比上年下降3.5%。其中，出口22.5亿元，增长35.8%；进口37.2亿元，下降17.9%。全年实际利用外商投资0.2亿美元，比上年下降87.4%。[②] 俄罗斯、蒙古、美国、印度是赤峰市的主要贸易伙伴。2019年上半年赤峰市企业共与108个国家及地区开展贸易，贸易值过亿元的有7个国家和地区，贸易值合计13.85亿元，占同期赤峰市外贸进出口总值的49.56%。其中，对俄罗斯进出口3.70亿元，下降54.95%，占同期赤峰外贸进出口总值的13.24%；对蒙古国进出口3.02亿元，下降25.58%，占10.81%；对澳大利亚进出口1.74亿元，增长57.38%，占6.23%，主要是远联钢铁铁矿石进口和伊品生物、瑞阳化工化工产品出口增长；对美国进出口1.52亿元，增长16.28%，占5.44%，主要是伊品生物、瑞阳化工化工产品和圣伦绒毛制品对美国出口的增

[①] 《2018年全市外贸进出口情况分析》，http：//swj.tongliao.gov.cn/swj/tjxxQY56/2019-02/14/content_68675f1e90c14233abca4755a44cbefd.shtml。

[②] 《赤峰市2018年国民经济和社会发展统计公报》，http：//www.chifeng.gov.cn/contents/162/147988.html。

长；对印度进出口1.45亿元，下降28.79%，占5.19%。

从商品结构看，冶金原料和化工产品进出口占比较高。进口方面：上半年冶金原料进口额12.25亿元，占同期进口总额的90.08%，主要是进口精铜矿粉、锌矿砂、铅矿砂、铁矿砂等；农畜产品进口9000万元，占同期进口总额的6.62%，主要是丰田种业的种子、澳亚现代牧场的饲料进口等。出口方面：上半年化工产品出口额10.43亿元，占同期出口总额的72.69%，主要是伊品生物赖氨酸和瑞阳化工季戊四醇等化工产品出口；绒毛纺织品出口额1.95亿元，占13.59%，主要是东黎、圣伦、维信等企业的羊绒制品出口；医药产品出口1.30亿元，占9.06%，主要是赤峰制药的医药产品和赤峰华卫的医护手套出口；农畜产品出口4567万元，占3.19%，主要是凯峰商贸的杂粮、塞飞亚的鸭制品等出口。[①]

（4）兴安盟

全年外贸进出口总额1.39亿元，比上年增长129.7%，其中：进口总额0.38亿元，增长169.2%；出口总额1.01亿元，增长117.7%。全年共引进国外资金1537万美元（由盟商务口岸局提供）。[②]

（5）锡林郭勒盟

2018年全年锡林郭勒盟货物进出口总额76.09亿元，比上年下降21.8%。其中，进口总额59.36亿元，下降27.5%；出口总额16.73亿元，增长7.9%。口岸进出口货运量1806.43万吨，比上年增长10.1%。其中，二连口岸1656.13万吨，增长10.2%；珠恩嘎达布其口岸150.3万吨，增长9.3%。出入境人员255.68万人次，比上年增长9.0%。其中，二连口岸244.08万人次，增长9.3%；珠恩嘎达布其口岸11.6万人次，增长4.1%。2018年全盟实施招商引资项目32个，引

---

① 《2019年上半年全市外贸进出口情况分析》，http://swj.chifeng.gov.cn/532/11111737.html。
② 《兴安盟2018年国民经济和社会发展统计公报》，http://www.tjcn.org/tjgb/05nmg/36041_3.html。

进国内（盟外）到位资金 67.4 亿元，按可比口径计算，比上年增长 34.1%。从投资规模看，总投资 5 亿元以上的大项目有 18 项，引进资金到位 60.4 亿元，占总到位资金的 89.7%。从投资领域看，电力、燃气及水的生产和供应业 12 项，到位资金 31.3 亿元，占总到位资金的 46.4%；采矿业 4 项，到位资金 11.1 亿元，占总到位资金的 16.5%；制造业 8 项，到位资金 10.1 亿元，占总到位资金的 15%；其他行业 8 项，到位资金 14.9 亿元，占总到位资金的 22.1%。全年实际利用外资金额 11678 万美元，比上年下降 42.8%。[①]

（6）满洲里

2018 年全年满洲里海关进出口总额为 5979682 万美元，同比增长 8%。图 3.4 是 2014 年至 2019 年 11 月满洲里海关进出口情况。

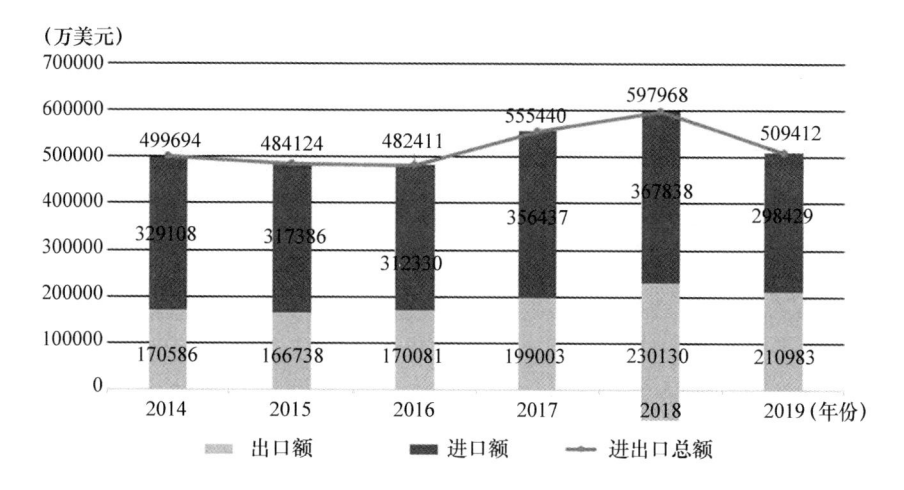

(万美元)

年份	出口额	进口额	进出口总额
2014	170586	329108	499694
2015	166738	317386	484124
2016	170081	312330	482411
2017	199003	356437	555440
2018	230130	367838	597968
2019	210983	298429	509412

图 3.4　2014 年至 2019 年 11 月满洲里海关进出口情况

数据来源：中国海关，华经产业研究院整理。

四　服务贸易发展相对缓慢

服务业是指除第一、第二产业以外的其他行业，亦称第三产业。

---

① 《锡林郭勒盟 2018 年国民经济和社会发展统计公报》，http://tjj.xlgl.gov.cn/ywlm/tjgb/201904/t20190401_2194909.html。

服务业的发展水平是衡量一个国家或地区经济发展水平高低和现代化程度的重要标志，是市场经济的基础产业和经济国际化的先导产业。随着近几年中央政府对东北老工业基地的支持，东北地区服务业总量不断地扩张，服务业对GDP的拉动作用明显增强，对经济增长的贡献加大，2016年，东北三省的国内生产总值15.7万亿元，占全国生产总值的21%，服务进出口额为8019.7亿元，占全国服务进出口总额的3.3%，从而也带动了东北地区经济的发展。[①] 但东北地区服务业的发展与国际国内发达地区相比还存在较大差距。不论是在服务实体的组织形式上，还是服务的范围、质量等方面都不能跟上产业发展的步伐，不能有效实现集群内产业聚集，无法建立起企业集群化形成与发展的强有力的支撑环境，使得区内企业无法获取企业集群的持续竞争优势。表3.15是2016—2018年东北三省第三产业生产总值及贡献率情况。

表3.15 2016—2018年东北三省第三产业生产总值及贡献率情况

	第三产业生产总值（亿元）			第三产业贡献率（%）		
	2016年	2017年	2018年	2016年	2017年	2018年
辽宁省	11448.4	12307.2	13257.0	-54.1	61.9	43.8
黑龙江省	5299.7	5282.3	6152.4	71.3	74.2	73.1
吉林省	6273.33	6850.66	7503.02	49.2	57.9	51.3

数据来源：历年统计年鉴。

（一）传统服务贸易占比较高，高附加值服务贸易发展不足

从服务业内部结构看，东北地区传统服务业所占的比重较高，现代服务业发展程度尚处于起步阶段，资源缺乏整合，龙头企业少，总

[①] 迟明园：《东北地区服务贸易对经济发展的影响研究》，博士学位论文，东北师范大学，2019年。

体技术水平偏低，经营方式比较落后，竞争力弱；教育、科学研究和专业技术服务等行业，受体制及中介组织发育不全等因素影响，显示出较强的消费性服务特征，真正用于生产过程中的技术性服务化程度很低。近年来，传统服务业占比有所下降，但仍占进出口总数的一半以上。虽然高附加值服务进出口比重有所增长，带动东北经济增长，但传统服务贸易占比仍较高，现代服务业水平仍不高。例如，以吉林省为例，旅游、咨询、其他商业服务为吉林省服务贸易进出口主要行业，约占进出口总额的87%，而金融、保险、知识产权等高附加值行业进出口额较低。[①] 2018年吉林省的传统服务贸易领域中交通运输仓储和邮政业占比仍较高631.63亿元、批发零售也1306.53亿元，而金融业仅735.58亿元。高附加值服务贸易发展的不足，不利于东北地区服务贸易的附加值的提高，阻碍企业集群内知识技术密集型企业的发展，影响地区产业结构升级。

（二）服务贸易专业化人才不足

服务贸易是人力资源密集型行业，东北地区近几年服务业就业人数占总就业人数的比重不低，但从业人员素质参差不齐，专业技能和营销管理水平不高，高层次人才的缺乏，制约东北服务贸易整体水平的提升。以高端信息化人才为例，东北地区信息产业尤其缺乏"软件系统分析员"和"高级软件设计师"等专门人才以及技术和管理方面的复合型人才。另外，由于福利待遇、体制机制问题，东北大量人才外流，导致高质量人才匮乏。特别是中高端服务贸易人才的流失和创新性、复合型专业人才的相当短缺，影响服务贸易的做大做强、后劲不足。

（三）服务业市场准入限制严格

东北地区服务业的发展壁垒多，门槛高，垄断经营项目较多，市

[①] 迟明园、金兆怀：《东北地区服务贸易优化升级的对策建议》，《经济纵横》2017年第4期。

场准入限制严格。在服务业的投资上，至今仍以国有企业为主体，私营资本投资主要集中在住宿、餐饮、房地产、娱乐、租赁等行业，其他服务业国有投资多超过半数以上，如现代服务业中的会展业、文化产业就几乎全是国有资本投资；部分服务行业的市场价格体系尚未建立，服务产品的价格大多数仍由政府管理制定。① 东北地区还有一个最关键的制约着服务业发展的因素就是城乡居民收入水平低。2018年东部地区人均可支配收入为36298.2元，东北地区为25543.2元。一切服务消费的需求均取决于消费者的收入水平，如果大部分居民的收入水平偏低必然会影响服务业的消费需求，从而遏制了服务业尤其是现代服务业的快速发展。

五 新兴产业发育程度较低

（一）新兴产业发展现状

2016年国务院颁布的《"十三五"国家战略性新兴产业发展规划》提出现阶段战略性新兴产业"新一代信息技术、高端装备、新能源、节能环保、新能源汽车、新材料、生物产业和数字创意"8个产业，与2010年《国务院关于加快培育和发展战略新兴产业的决定》相比，在行业范围上增加了"数字创意"。② 东北地区目前处于振兴和加速转型时期，战略性新兴产业的发展，有益于东北地区促进产业转型升级、降低环境污染和资源依赖，培育发展新动力。

2011年吉林省开始培育和发展战略性新兴产业，主要包括医药健康、生物制造、生物工业、电子信息、新能源汽车、先进装备制造、新能源、新材料、节能环保。2015年，吉林省战略性新兴产业产值规模达到5190亿元，同比增长了10.5%，在重点领域，医药制造业产值规

---

① 张平：《加快现代服务业发展的路径选择》，《科技信息》2010年第32期。
② 刘荫、曾春水、王军礼、李成林：《经济新常态下东北地区战略性新兴产业发展路径研究》，《科技管理研究》2017年第23期。

第三章　中国东北地区中小企业集群化成长概况与现状评析

模达到1934亿元,以轨道客车为代表的先进装备制造业产值突破580亿,电子信息制造业实现产值534亿元,软件及信息服务业实现营业收入440亿元。① 初步建立起产业链条较为完整的产业集群,生物医药产业、电子信息产业、国家汽车电子产业园、吉林省国家汽车电子高新技术产业化基地、长春光电子产业基地、吉林省光电子产业孵化器。先进装备制造产业,建成了长春轨道交通装备产业园,省内配套产业达1万多个。新材料产业,建设了吉林国家碳纤维高新技术产业化基地,碳纤维、聚纤乙含纤维、玄武岩纤维等多种高性能纤维复合材料互补发展,产业集群逐步显现。长春新能源汽车产业基地初步形成。2018年,吉林省在精准医学、大数据、云计算等前沿基础研究领域,新建省重点实验室9个;在生物医药、装备制造等应用技术研究领域,新建省科技创新中心12个,厅地共建科技创新中心14个;2019年,吉林省在科技发展计划中共支持项目1779个,投入资金7.96亿元。②

辽宁省战略性新兴产业从各产业领域看,高端装备产业,沈阳市集聚438家机械装备制造业规上企业,数控机床产销量和市场占有率居国内首位。电子信息产业,大连高新园区软件和信息技术服务产业集群被确定为国家新型工业化产业示范基地,形成七贤岭产业基地、大连软件园、腾飞软件园、天地软件园、九成智慧产业园等产业发展载体。生物医药产业,以本溪市高新区为核心,以桓仁县和本溪县为两翼,引进了上海医药、上海绿谷、华润三九、天士力等多家国内医药百强、上市公司和日本卫材、韩国大熊制药等国际知名企业。通用航空产业,全省规模以上航空工业企业32家,省航空产业联盟成员单位180家。"三厂三所"和沈阳航空航天大学等单位为通航产业发

---

① 宋刚:《吉林省战略新兴产业发展及政策措施》,http://chanye.focus.cn/news/2016-10-12/11187749.html。
② 《吉林:新兴产业"无中生有" 传统产业"有中生新"》,http://jl.people.com.cn/n2/2019/0902/c349771-33310669.html。

展积累了丰富的产业基础和人才储备。

黑龙江近几年大力建设哈尔滨—大庆生物医药产业集群、哈尔滨云计算产业集群、鸡西—鹤岗石墨新材料产业集群、哈尔滨机器产业集群、哈尔滨—齐齐哈尔清洁能源装备产业集群。发展壮大新兴产业创业投资基金、大力发展创业孵化平台、推动双创示范基地建设、完善和建设创新平台。推进"互联网"试点示范，建设智慧能源网络、建设协同制造示范项目、建设跨境电子商务交易平台、建设精准农业生产基地。实施新兴产业惠民工程，实施信息惠民工程、实施新型健康技术惠民工程、实施生物基材料替代工程、十四卫星应用工程。组织实施落实创新驱动发展战略进一步优化发展环境、建立新兴产业项目储备库制度、建立新兴产业统计监测体系、加强统筹协调转换工作落实。

（二）新兴产业发展不足之处

1. 政府配套政策扶持力度不够

战略性新兴产业的发展，是一项庞大复杂的系统工程，在发展过程中存在诸多的市场失灵领域，如技术研发投入成本高、投资风险大、产品市场推广存在障碍等，这些都成为发展战略性新兴产业的障碍。在这种背景下，政府若出台一些行之有效的扶持政策必将成为发展战略性新兴产业的有力保证。但目前东北地区各级政府出台的配套政策扶持力度还很不足。首先，战略性新兴产业发展所需的财税政策扶持力度不够。在财政方面，资金投入较为分散，无法达到预期的扶持效果，如何让有限的资金发挥最大的效用，是政府首先需要解决的问题。另外，政府的支持方式和政策体系需要改进；税收方面，高新技术企业实际承担的所得税税负较高，不利于鼓励企业通过技术创新来降低原材料和能源消耗，无法达到鼓励中小企业进行自主创新的目的。其次，政府在发展战略性新兴产业上缺乏总体规划。如长春市是国内最大的汽车产业基地之一，拥有深厚的汽车文化底蕴，对发展电动汽车产业感兴趣的企业及研发机构很多，但由于政府缺乏统一规划，致使研发方向分散，有限的资源没有发挥最大的效率；同时因缺少保障电动汽车正常运行的充电站及相应的维修等辅助配套设施,也不利于研发出的新产品投产使用。再次,政府制定适合战略性新兴产业发展的法律法规还不完善,法律保障存在一定不足,尤其是在知识产权保护方面;新兴产业产品市场上还缺乏系统科学的产品技术标准和行业准入标准,难以有效防止低水平的恶性竞争。

2. 关键技术自主创新能力不强

目前中小企业集群内企业关键技术自主创新能力弱,缺少核心技术和自主品牌,很多知识产权不属于中国,更不属于中小企业。技术产业处于国际产业链微笑曲线的中间段,以传统的低劳动力成本优势来参与国际分工。企业内部人才匮乏,加之大部分企业激励政策不完善,导致企业不能有效地吸引并留住高素质的创新和管理人才,无法建立起高效率的创新团队,制约了产品关键技术的自主研发能力,而且也难以引进高新技术项目及实现产业化的发展。例如,在黑龙江省信息技术、节能环保、新能源汽车产业是基础产业,传统产业中石油、煤炭和天然气开采是重点产业,但多年来产业基础处于薄弱状态,技术创新不足、产品缺乏竞争力,限制其发展。现在如何借助战略性新兴产业改造的契机,实现产业技术升级、产品更新,实现企业高质量发展,是企业应该思考的问题。

3. 新兴产品国际市场竞争力弱

东北地区发展战略性新兴产业在整体上发展势头很好,但传统优势产业占比过高,在传统优势产业的"挤压"下,东北地区新兴产业发展缓慢,尤其是高新技术产业占比过低,而且各领域产品也暴露出国际竞争力不强的问题。首先,出口产品质量以中低端为主。以生物医药领域为例,目前长春新区拥有金赛药业、百克药业、迪瑞制药、长生科技、博迅生物、亚泰医药等一批医药行业领军企业,已形成以基因工程、生物疫苗、现代中药、高端医疗器械为重点的医药产业体系,是亚洲最大的疫苗生产基地和全国最大的基因药物生产基地。区域内集聚各类医药企业200多户,实现产值上百亿元，但大型企业很少，不足10家，区内医药企业大多数是中小企业，缺乏规模效益，部分企业产品主要是以仿制药和普药为主，产品质量和附加值水平整体不高。加上生产相同品种的企业数量较多、产业集中度偏低，造成市场无序竞争问题比较突出，使得医药生产企业在生产工艺和设备水平上难以提高，产品长期处于产业链的中低端环节，致使出口产品参与国际竞争的能力较弱。其次，产品缺少自主知识产权。近年来，东北地区中小企业的产品出口中一般贸易方式出口逐年减少，加工贸易方式出口不断增加，高新技术产品出口以加工装配为主要形式，出口产品缺乏自主知识产权。再次，缺少自主品牌。在战略性新兴产业领域，企业规模普遍较小，数量多且分散，行业集中度低，缺乏大企业、大集团，生产的产品以低附加值、低技术含量为主，且大多以贴牌方式为主，缺乏具有国际影响力的自主品牌。

第三节 东北地区中小企业集群化成长的症因分析

一 国有企业比重大

中国东北地区在新中国成立后曾经一度是中国经济最具成长性的地区，在传统制度因素确立的前期带来的经济绩效呈现出边际递增。但随着内外部环境的转变，传统制度因素没有跟上经济发展的需要，不良绩效反映开始在制度绩效中占据主要的地位。这种得到强化的制度因素，在中国经济由传统体制向市场经济体制转变的过程中表现出它的顽固性，由传统制度形成的经济存量、制度存量和文化存量在阻碍着这种适应环境变化的制度变迁。[①] 致

[①] 王子良、金喜在：《东北地区产业集群发展的制度分析》，《东北师大学报》（哲学社会科学版）2008年第4期。

第三章 中国东北地区中小企业集群化成长概况与现状评析

使东北地区的经济结构失调，升级转换乏力。在所有制结构上，东北三省国民经济格局中国有经济比重偏高，根据有关资料显示，2006年，辽宁、吉林和黑龙江三省国有及国有控股工业增加值，分别占全省规模以上工业增加值的比重为53%、63%和86%，高于全国17.3个、27.3个和30.3个百分点。2016年《中共中央、国务院关于全面振兴东北地区等老工业基地的若干意见》中明确提出"进一步推进国资国企改革，作为新一轮振兴东北的战略重点"。时至今日，辽宁、吉林和黑龙江省虽历经多次改革，但国有资产在工业企业中的占比仍然很大，分别达到45.8%、54.1%和64.7%，远高于福建、广东等东南沿海省份，重点装备制造业企业大多是国有绝对控股。[1]

在产业结构上，东北地区形成了明显的重型结构，产业过分集中于上游，结构严重前倾，转换迟缓、简单。东北这种经济结构与经济类型对基层组织的制度创新是极为不利的，原有的大规模工业产业加重了对制度创新的压力，改革的难度和复杂程度是中国珠三角、长三角地区所无法想象的。由于这种传统体制的阻碍影响了市场经济的发展，而不完善的市场经济又影响了东北地区中小企业集群的发展。因为，中小企业集群的发展是建立在市场经济基础上的，重视内部之间以及内部与外部的联系，而这种联系都是以平等、互利、等价为原则进行的。而政府通过行政手段，实施"拉郎配关系"的做法注定是要失败的。为了更好地说明东北地区市场制度的缺陷，本书选用了非国有经济发展水平、对外开放程度和市场化程度三个具有代表性的制度因素与发达省市进行比较分析（见表3.16）。为了分析东北三省近几年发展状况，表3.17将2004年和2016年市场化程度进行比较。

---

[1] 银温泉：《推动东北地区国企改革不妨设立国企改革试验区》，《经济参考报》2019年7月8日第7版。

表3.16　　　　　东北三省与部分省份的制度变迁情况

指标年份 地区指标	2004年非国有经济发展指标		2004年对外开放程度（亿美元）				2002年市场化程度	
	非国有工业占工业总产值比重（%）	非国有经济固定资产投资额（亿元）	进出口总额	实际利用外资	合同外资	外商直接投资	得分	排名
广东	92.06	5220.42	606.6	86.6	202.8	694	9.74	1
浙江	85.03	4266.02	852	57.3	144.4	834	9.10	2
江苏	83.15	4553.83	1708.5	89.5	385.9	2170	8.13	5
上海	60.60	2140.95	1600.1	63.1	116.6	1722	8.54	4
辽宁	43.26	2049.00	344.1	54.1	86.6	679	6.61	9
吉林	26.73	712.74	68	1.9	11.8	194	5.14	20
黑龙江	20.92	789.04	67.9	3.4	8.3	95	4.98	21

注：市场化指标数据来自于樊纲和王小鲁主编的《中国市场化指数（各地市场化进程2004年度报告）》，经济科学出版社2004年版。

表3.17　　　2004年与2016年部分省份市场化程度对比

指示年份 地区指标	2004年对外开放程度（亿美元）		2004年市场化程度		2016年对外开放程度（亿美元）		2016年市场化程度	
	进出口总额	实际利用外资	市场代总指数评分（分）	排名	进出口总额	实际利用外资	市场化总指数评分（分）	排名
上海市	1600.10	63.10	8.54	4	4337.70	185.14	9.93	2
吉林省	68.00	1.90	5.14	20	184.50	94.31	6.70	17
辽宁省	344.10	54.10	6.61	9	865.50	29.99	6.75	16
黑龙江省	67.90	3.40	4.98	21	165.40	58.96	6.14	21
浙江	852.00	57.30	9.10	2	3365.70	175.77	9.97	1
江苏	1708.5	89.5	8.31	5	5092.90	245.43	9.26	5
广东	606.60	86.60	9.74	1	9552.90	234.07	9.86	3

从表3.16和表3.17可以看出三方面内容：第一，东北地区非国有经济发展程度不高，远远落后于沿海发达地区。一般来说，一个地区非国有经济所占份额越高，经济的市场化程度也就越高。第二，从上表可以看出，东北三省在进出口总额、外商直接投资、利用外资合同金额以及实际利用外资额几个方面除了辽宁省较好外，黑龙江和吉林两省与沿海发达地区相差很大。这说明东北地区对外开放程度（一个区域的对外开放程度完全是由制度因素决定的）相对比较还很低。第三，东北三省的市场化水平得分与排名情况与我国沿海地区相比还有一定差距，除了辽宁省发展较好以外，黑龙江省和吉林省都比较靠后。这说明东北地区还要继续加快推进市场化进程。同时这些数据也可以反映出东北地区计划经济体制改革程度以及市场体制的发展水平。

二 非正式制度失衡

非正式制度一般是指人们在长期社会交往过程中逐步形成，并得到社会认可的约定俗成、共同恪守的行为准则，包括价值观念、风俗习惯、文化传统、道德伦理、意识形态等。东北地区的非正式制度的影响一方面是源于计划经济建立而形成的以意识形态为主的文化；另一方面是东北地区固有文化中不利于中小企业发展的那部分因素。东北由于长期处于计划体制下，民众和政府都深受计划经济思想束缚，企业和职工"等、靠、要"思想比较严重，对政府依赖程度非常大；而且东北人在思想上比较保守，接受新事物过程慢，自主创新能力不足，比较喜欢安于现状。[①] 此外，东北地区市场经济体制发育不健全，道德建设有滑坡现象，人们在商业上的诚信度不高，欺诈行为时有发生，如坑、蒙、拐、骗等。出现上述情况的原因主要是在人们头脑里

---

① 王子良、金喜在：《东北地区产业集群发展的制度分析》，《东北师大学报》（哲学社会科学版）2008年第4期。

仍然没有形成市场经济条件下的意识形态和道德观念等涉及非正式制度方面的理念。① 最后，东北地区创新环境差。虽然，东北地区高校、科研院所云集，科研力量雄厚，各省市的知识储备、智力密度、科技产业等优势都比较明显；高校学科覆盖面广，专业齐全，有近 100 个学科或研究方向属于全国唯一或居全国领先地位；每万人中在高等院校的学生数居全国首位，几乎比全国平均水平高出 40% 左右；普通教育水平较高，小学入学率在 98% 以上，初中以上文化程度的人口占地区人口总数的 48%，比全国平均水平高出近 10 个百分点。但是，在教育经费支出上，东北地区国家财政性教育经费占各地 GDP 的数值之比与联合国教科文组织所规定的教育投资的最佳值之间还有一定差距。不论是在预算内教育拨款增长与财政经常性收入增长比较上，还是在预算内教育经费占财政支出比例情况上，都显示出处于落后状态。致使东北地区的劳动力素质还有待进一步提高，在实施技术创新和增加产出方面还欠缺实力，与工业化发展的目标还有一段距离。一般来说，评价科技实力首选的核心指标是技术研究开发（R&D）经费占国内生产总值的比例。当研发经费（R&D）占 GDP 不到 1% 时，该地区是缺乏创新能力的，只有在 1%—2%，才会有所作为；大于 2%，则说明该地区的创新能力比较强。例如，2019 年辽宁省创新能力综合效用值 22.73，排名第 19 位；吉林省创新能力综合效用值 18.80，排名第 27 位；黑龙江省创新能力综合效用值 18.53，排名第 28 位。虽然东北三省近几年企业 R&D 经费和高科技产业投资总额逐年增加，明显高于北京、上海等地区的投资额。但东北三省的专利申请授权量明显低于其他省份，仍需要加大创新投入。表 3.18 是 2012—2017 年部分城市和省份专利申请授权量。

---

① 王子良、金喜在：《东北地区产业集群发展的制度分析》，《东北师大学报》（哲学社会科学版）2008 年第 4 期。

表 3.18　2012—2017 年部分城市和省份专利申请授权量　单位：件

	2012 年	2013 年	2014 年	2015 年	2016 年	2017 年
吉林省	5930	6219	6696	8878	9995	11090
黑龙江省	11141	11557	13162	13701	15847	17425
辽宁省	21223	21656	19525	25182	25104	26495
北京市	50511	62671	74661	94031	100578	106948
上海市	51508	48680	50488	60623	64230	72806
江苏省	269944	239645	200032	250290	231033	227187
浙江省	188463	202350	188544	234983	221456	213805
甘肃省	3662	4737	5097	6912	7975	9672
四川省	42218	46171	47120	64953	62445	64006

资料来源：历年中国科技统计年鉴。

三　地方政府发展规划缺乏科学性

东北地区的市场经济进程起步于传统的计划经济体制，市场主体发育不良，体系不完备，不能充分有效地实现资源配置。因此，政府部门尤其是地方政府承担了培育市场的责任。[①] 政府作为公众代表总想把事情做好，但由于多种因素，如外部性、管理成本、制度因素、信息对称、监督机制等问题，其行动结果往往偏离预定的目标，导致"政府失灵"。例如，一些地方政府在制定企业集群发展规划时，是以当地产业特色为出发点，目的是为了推动当地企业集群的发展，为当地经济做出贡献。但往往由于地方政府内缺乏专业的经济管理人员，在集群规划过程中仅仅是以其他国家或其他地区的企业集群政策为参照物进行"拷贝"，脱离了当地产业本身的实际情况，在制定企业集群规划时，一味地追求高端产业、大型工业，没有重视当地已有的经济基础、传统的产业结构，在缺乏足以支撑其发展的智力型人才以及

[①] 陈琳、翟崇碧：《产业集群发展中政府治理与集群产出的传导机制分析》，《南开经济研究》2010 年第 2 期。

与之配套的有效金融体系、风险投资体系支持的情况下大搞所谓的高新产业。最后只能以低端的劳动密集型组装工业和仿制工业收场，并没有真正形成本地的支柱产业。还有一些地方政府，由于行业发展的传统优势或自然资源优势形成了企业集群，但却没有建立明确的统一引导部门，在疏于管理和引导、缺少人才支持的情况下，导致产业布局混乱。一些地方虽然有园区建设，但却没有形成合理的发展规划，地方产业政策与集群内企业成长不相匹配，产业结构不尽合理，未能实现设立时的意图，没有形成合理的功能分区，作为集群竞争优势核心的分工、创新和网络等机制还未真正形成，结果造成集群发展缓慢。[1] 经过分析可以得出，从短期看，政府行为对集群的快速发展是有效果的，但从长远来说，对企业集群会产生很多不应有的负面因素，会制约集群的可持续发展。

东北地区政府行为、政策制定及相应运营环境都表现出明显的"大国企情结"。地方政府在制定政策时以国家所有制形式为主，对大企业过多倾斜，这不利于中小企业的发展。由于国有大型企业在资本市场、技术市场的强大垄断地位，以及对资本和技术要求很高的单一、偏重的行业特点，使中小企业始终处于一个"被挤出"和"被压抑"的环境。[2] 尽管东北地区也提出要"大力发展中小企业"，但在实际行动中却是弱化的，对民营经济没有给予足够的支持。中小企业在土地使用、银行贷款、市场准入、税费减免等方面均未享受到应有的平等待遇。即使是有政策，也在执行中因执行者对政策的把握不准确而无法真正落实到位。而且，东北地区各级政府在基础设施、法律支援、技术创新、信息提供、信用体系的建立等方面对中小企业的支持也差强人意，企业集群内部几乎没有成形的公共研发机构，导致

---

[1] 黄涛、王祥伟：《辽宁产业集群的演变升级问题研究》，《沈阳航空工业学院学报》2008年第12期。

[2] 高斌、丁四保：《东北地区产业集群发展问题及战略研究》，《东北师大学报》（哲学社会科学版）2008年第2期。

集群的自我发展能力很弱，存在衰亡的风险很大。同时，东北地区各级地方政府缺少对中小企业的有效法律保护。尽管《中小企业促进法》已经出台近6年，但东北地区各级地方政府对《中小企业促进法》的宣传力度和执行力度都还远远不够，更没有相应正式的配套政策以及具体的管理办法和可操作的实施细则，致使中小企业在合同执行、权益保护、债务纠纷等方面都难以获得法律的有效保护。由于政府角色缺位严重，政府对于集群内一些企业欺诈行为、假冒伪劣、环境污染等问题，监管力度明显不够。此外，东北地区地方政府对行业协会组织的培育力度不足，也使行业协会组织发育不健全，许多原应由民间性的行业协会开展的事务，政府仍在代行，致使行业协会的作用没有充分发挥出来。而且，政府在研究制定中小企业集群战略和相关促进政策时，很少考虑企业及行业协会的参与或征求意见，大多召集政府相关职能部门参与讨论听取意见，这样往往导致决策与执行的偏差。

四 招商引资存在政策偏误

以目前经济发展情况来看，招商引资仍然是我国经济增长的有效举措。东北地区的投资环境在吸引外资方面虽然有一定优势（特别是辽宁省），但与发达省份相比尚存在较大差距，招商引资政策上还存在不足。

近年来，东北地区由于国家政策、劳动力及自然资源优势和市场容量等各方面的原因，吸引了不少经济发达国家的企业来此投资。这些外商的直接投资给东北地区经济带来资本来源和产出来源，同时带动了对外贸易优化和出口结构，直接促进了部分技术进步和产业升级。但这些外资行业并没有使我方掌握先进的生产工艺和生产技术，我方只有外资数量上的增加，没有在质量上取得实质性的进展。核心技术仍保留在外资企业手中，使得东北地区难以通过技术转移和溢出效应发展本地产业。这与国家招商引资的初衷"以市场换技术"的发展战略有些相悖。另外，引进外资后忽视带动当地中小企业的配套发展，对本地没有产生巨大的经济效用；没有对当地经济技术产生正向的技术溢出效应；没能促进现有子公司升级和促进与当地企业关联的形成；没能推动企业集群内更多的中小企业加入到跨国公司全球生产网络当中，这些也未能达到我们引资的目的。

东北地区区域一体化水平低，区域协作能力尚待提高。我国长三角、珠三角两大经济区已经度过了各地单打独斗进行发展的阶段，进入了强化区域经济合作、促进区域经济一体化进程的阶段，区域综合竞争力迈上一个新的台阶。[①] 这对东北来说是一个严峻的挑战。目前，东北地区由于行政区域划分意识比较强，各个省市政府对经济的干预程度比较高，再加上东北地区产业趋同现象严重，各地区国有经济比重偏大、民营经济发展不充分等原因，致使东北地区跨行政区进行产业结构大调整和资源整合的机制尚未形成，经济的一体化进程较慢。

最后，东北地区目前招商引资的主要形式之一仍是政府主导型的招商引资，政府直接与企业谈项目、拉投资，根本没有认识到政府的主要职能是起引导作用、提供公共服务和创造良好的投资环境。特别是在招商引资过程中，许多负责招商引资的工作人员对招商引资产业政策的掌握还不全面，对项目规划的符合性、项目选址的合理性、项目落户所需各类环境管理手续的规范、入园企业各类污染防治措施持续规范运行等环境管理工作上还认识不足。导致招商引资时只看重经济目标、招商任务、用地及规划指标数据，很少注意到园区的产业定位、阶段性的环境建设目标，[②] 弱化了东北地区产业环保高效可持续发展理念的贯彻。特别是许多地方对职能部门还存在定指标、压任务

---

① 侯志茹：《东北地区产业集群发展动力机制研究》，博士毕业论文，东北师范大学，2007年。
② 一般指年度生态保护目标、清洁生产开展目标、污染物削减目标、区域产业结构调整目标等。

的现象，尤其是数量指标最显眼，这种死任务无形中又引发了地方间的恶性竞争。致使负责引资的人员在招商引资上不顾整体利益，只顾个体利益，只要是项目就争取，只要有客商投资就给予优惠，怕被别的地区或省市争取到，在引资政策上没有认真考虑和顾及技术进步、竞争优势和长远利益，没有把提升国际竞争力放在首位，甚至引进了一些高能耗、高污染、低水平的重复项目，为了一时盈利，上马开工建设，还未待收回成本即因与时代发展趋势不相符而不得不停建拆迁，造成资源上的浪费。① 这种在招商引资上出现的恶性竞争局面，在不利于东北地区整体发展的同时，也直接导致了资源难以在区域范围内的合理流动，限制了东北地区市场机制下所形成的企业集聚效应的产生，甚至社会上广泛流传着"投资不过山海关"的说法。目前东北三省营商环境评价整体排名靠后，表 3.19 是 2018 年东北主要城市营商环境评价。

表3.19　　　　　　2018 年东北主要城市营商环境评价

	营商环境		软环境		基础设施		商务成本		市场环境		社会服务		生态环境	
	指数	排名	指数	排名	指数	排名	指数	排名	指数	排名	指数	排名	指数	排名
大连	0.318	19	0.13	31	0.197	14	0.702	20	0.201	15	0.464	10	0.690	8
沈阳	0.298	25	0.093	33	0.185	17	0.733	13	0.151	22	0.321	27	0.589	18
长春	0.301	24	0.17	25	0.172	20	0.718	16	0.151	21	0.336	24	0.592	17
哈尔滨	0.261	32	0.074	35	0.145	23	0.731	14	0.154	20	0.311	29	0.526	23

资料来源：国家统计年鉴、中国科技统计年鉴。

五　企业自身素质低下

东北地区中小企业普遍规模小、实力弱，资金短缺，并且在融资上也有一定困难。中小企业自身存在的劣势，不利于中小企业的成

---

① 谢宜家：《优化合肥经济圈招商引资策略研究》，《经济研究导刊》2010 年第 35 期。

长。在东北，多数中小企业信息不透明，不具备向社会和银行提供详细资产负债表和企业相关重要信息的能力，其信用值很难评估，难以进入资本市场获得资金。① 中小企业由于资信较差，无法达到银行对其进行融资的基本需求条件，致使企业不易获得银行贷款。

东北地区中小企业家的自身定位问题也阻碍了中小企业的成长。在很多中小企业中，企业家扮演的角色不是制定企业发展战略以及带领和指导团队实现战略的领袖，而是成为一个基层的管理者，在企业日常的管理中手伸得太长、事无巨细地参与和干涉，这样导致企业各部门职能形同虚设，组织效率低下，员工逐渐养成对老板的依赖，不愿意承担责任。② 而且，这种做法最大的缺点是企业家个人由于身陷在细节性事物中，也分身乏术，很难拿出更多的精力去思考企业的战略走向问题，使中小企业的发展受到阻碍。

东北地区中小企业的企业管理水平普遍较低，对企业文化建设认识不够。很多中小企业经营者在主观上认为中小企业发展的关键是生存，不是企业文化，企业文化是大企业的事情，这使得中小企业已滞后的文化建设问题更加凸显。还有一些中小企业经营者认识到企业文化的重要性，而且也风起云涌地搞起了企业文化建设，但经营者却对企业文化理论的认知出现了一定的偏差，错把企业文化看作表面文化，轻视企业文化的价值表现。③ 如有好多中小企业不惜重金聘请专家或咨询公司来设计一些振奋人心、华丽的语言作为企业的标语，来表现自己的企业文化。但这种迎合时尚的标语并不等同于企业文化，企业文化应是某一特定文化背景下，该企业独具特色的管理模式，是企业的个性化表现。如果只有表面的形式，而未能表现出内在的价值与理念，这样的企业文化对企业的发展无法产生深远的影响及推动

---

① 高斌、孙英杰：《延边地区中小企业发展问题及战略研究》，《东疆学刊》2007年第1期。
② 张立伟：《什么在阻碍中小企业的成长》，《观察与思考》2008年第4期。
③ 朱阳斌：《浅论中小企业文化建设》，《企业纵横》2008年6月。

力。因为，企业文化建设是一个系统的工程，不是能被一两句标语所概括的。

此外，东北地区大多数中小企业经营者既是资产所有者，又是资产经营者，产权单一，管理体制主要表现为"家族"和"亲缘化"特征，实行集权化领导、专制式决策。在企业经营理念上落后，经营者目光短浅，经营存在盲目性、投机性、随意性，缺少企业家精神，在经营中看重短期效益，缺乏长远规划，奉行"利字当头""金钱至上"的经营理念，只能跟随短期市场变化随波逐流，对企业发展造成阻碍。并且，大多数中小企业都面临着严重的人才危机和信任危机，其根本原因在于企业家落后的"雇佣劳动力"观念，认为员工和企业的关系只是简单劳动力的雇佣关系，并未从思想意识上真正重视过人才。而且中小企业用人唯亲的任人方式，使优秀人才难以真正融入企业当中。所以员工通常持打工心态，只关心眼前利益，对企业没有长期扎根的观念。而企业也不注重员工权益的保护，导致员工没有安全感，难以发挥其潜能。目前东北地区不少中小企业都很崇尚国外的成功管理模式，但在借鉴时又往往忽视与我国文化的相容性，最后反而弄巧成拙、得不偿失。例如，企业引用国外的激励模式，将管理者与普通员工的工资差距拉得很大，认为这能促进管理者对企业发展前景的关心。但这种分配制度反而易招致员工的不满，影响企业的生产进程。

最后，东北地区中小企业间的信任关系不稳定，"信任网络"不健全，普遍缺少有利的文化氛围，表现为组织形态非常松散，企业间并没有形成良好的集体行动规则和内部沟通渠道，缺乏诚信机制及包容开放的社会人文氛围。同时，企业间恶性竞争，缺少合作机会，也阻碍了企业间的信息交流与相互学习，进而制约了企业自主创新能力的提高和集群化成长的速度。

第四章　发达国家和地区中小企业集群化成长的经验借鉴

无论是在发达国家还是在发展中国家，中小企业集群在区域经济发展中都显示出无可替代的作用。本章主要研究国内外成功中小企业集群化成长的案例，如国外有美国硅谷高科技中小企业集群、意大利纺织业中小企业集群、印度班加罗尔软件企业集群；国内有台湾新竹科技工业园区、嵊州领带产业中小企业集群、永康五金中小企业集群。通过分析这些地区的中小企业集群化成长的成功案例，寻求促进中国东北地区中小企业集群化成长的主要因素。

第一节　国外中小企业集群化成长案例典示

一　美国"硅谷"高科技中小企业集群

（一）美国"硅谷"的概况

美国硅谷（Silicon Valley）的地理学名叫作圣他克拉拉谷（Santa Clara Valley），位于美国加利福尼亚中部圣弗朗西斯科以南的半岛上，它北起旧金山，南至加州第三大城市圣何塞市，长100公里，宽16公里，是一个湾区山谷地带。现在硅谷面积已扩大到1500平方公里，人口增加到230万（其中40%为亚裔，10%为南美和西班牙移民），

第四章　发达国家和地区中小企业集群化成长的经验借鉴

其间分布着众多大大小小的市镇。① 然而此地在20世纪40年代末，还是一个传统的农业区。"硅谷"之名来自于1971年美国一份独家报道半导体工业的周刊《微电子新闻》，在这篇报道中首次使用"硅谷"这个名字，此地因此而驰名。

1885年，私立斯坦福大学成立。1930年空军阿莫斯（Ames）研究中心建在空军基地的旁边，这对增强当地科技力量起了关键作用。第二次世界大战结束后，大学回流的学生骤增。为满足美国政府的财务需求以及给毕业生提供就业机会，斯坦福大学采纳弗雷里克·特曼②的建议开辟工业园，允许高技术公司在园区内租用办公用地。最早入驻的公司是20世纪30年代由斯坦福毕业生创办的瓦里安公司（Varian Associates）。80年代，硅谷约有3000家电子公司，员工人数超过1000名的公司只占2%，85%的公司的员工少于50名。90年代中期，柯达公司和通用电气公司也在工业园驻有研究机构，斯坦福工业园逐步成为技术中心。现在硅谷有上万家技术企业，其中3000多家电子工业企业，电子和计算机两个部门在高技术制造业中约占2/3，其电子产品销售额每年超过4000亿美元，占全美总销售额的40%左右，但硅谷各企业的雇员平均只有350人左右。硅谷虽然有惠普、网景、英特尔、苹果等在世界领先的大公司，但大部分是中小企业，形成了硅谷高新技术中小企业集群。硅谷经过大半个世纪的发展，现已是世界信息技术和其他高技术产业的"圣地"。

---

① 钟坚：《放眼世界科学工业园区》，《中国经济快讯》2001年第3期。
② 弗雷里克·特曼教授被誉为"硅谷之父"，在硅谷的形成与发展过程中扮演了重要角色。特曼在斯坦福大学毕业后来到麻省理工学院攻读博士学位，1925年，获得博士学位后回到斯坦福大学电机系，在那里开设了电子工程课程，并创办了电子通讯实验室。1937年，在特曼教授的鼓励和支持下，两名斯坦福大学的研究生大卫·普卡特和威廉·惠利特在帕洛阿尔托的一间车库里开始了他们的创业生涯。他们以特曼教授赠予的538美元成立了一家电子仪器公司，即至今还赫赫有名的惠普公司。据说这538美元是世界上第一笔"天使资本"（Angel Capital）。现在这间车库已被加州当局正式列为历史文物和"硅谷诞生地"。

（二）硅谷中小企业集群的成功因素分析

1. 硅谷企业集群文化

硅谷的企业集群文化是硅谷企业集群成长的精神支柱。首先，平等开放的环境氛围，是硅谷吸引世界各地精英和人才的关键，是硅谷凝聚各方优秀人才的力量源泉。在硅谷工作的人们对环境有着惊人的适应能力，不管原先来自哪个国家，不管以前的文化差异有多大，只要来到硅谷都会在短时间内适应这里的生活节奏、压力和氛围。据说很多中国人来到硅谷后，马上就会讲英语，适应吃面包和一日两餐的习惯，这既反映了硅谷文化的包容力和开放性，又体现了硅谷文化的熔炉力和渗透性。[①] 在这里工作大家看重的是你的才能，不会计较种族、血统和信仰，也不管你的学历、经验和背景。因此，硅谷形成了豁达的移民文化。

其次，在硅谷有着良好的创业文化氛围。硅谷的文化是鼓励和提倡个人奋斗，不管是新入区的创业者，还是区域内的老居民，创新的环境和机会对每个人都是平等的。在这里每个人都想成为富翁，都努力的创办新公司，如果没有这样的目标，就会被视为异类。当然，在创业过程中的失败者居多，成功者居少，但在这里创业失败是很平常的事，并不会受到社会的责难和同行们的耻笑，反而会被当作是再创业的经验积累和资本积累。因为人们对失败有很高的容忍力，在硅谷常听到这样一句话：It's OK to fail。他们认为"创业的失败孕育着成功""失败对人的发展是一种财富"。硅谷人这种勇于冒险、敢于制胜、允许失败、永不言败的精神成就了一批批优秀的创业家，沉淀了一种硅谷自有的创业精神。另外，区域内工作人员在区内公司间频繁的流动，有创造力的员工频繁跳槽成了硅谷的一种生活方式。无论是高级工程师，还是一般技术人员，一般在一个公司的任职时间平均是两年，如果一个人在一家公司工作超过 3 年，会被看作是保守者或者

---

① 钟坚：《美国硅谷模式成功的经济与制度分析》，《艺术界》2002 年第 6 期。

是能力不足。由于区域内这种独特的思维方式，为个人提供了无休止衍生新公司的土壤，从而也提高了硅谷整体创新的持久力。

再次，合作关系也是硅谷文化的重要组成部分。区域内的合作文化渗透到各个角落，竞争对手间有时也是合作伙伴关系。例如，在硅谷最新的生物科技领域有 600 家公司集中在直径 50 英里的范围内，每天他们互相通话或一起进餐，通过非正式的会餐、集会甚至是闲聊来进行面对面的交流。通过这种非正式性的交流，就可以获得许多世界上同行业的最新消息。在这里人们之间的相互信任关系超出了想象的范围，假如某企业在生产中临时遇到原材料供应短缺的问题，同行企业间可随时提供，而且不需要任何商业上的正式协议。这种合作的文化精神为硅谷适应当今世界迅速变化的技术和市场环境准备了条件。

2. 风险投资机制

硅谷拥有成熟的风险投资机制，可以说放眼全世界，风险投资最成功的地方就是"硅谷"。目前，在硅谷的砂山路（Sand Hill Road）3000 号，集中了美国将近一半的风险创业投资公司，聚集了大量优秀的风险投资家。就连斯坦福大学也积极参与硅谷的风险投资，定期将一部分资金投到有潜力的公司。目前世界上著名的高科技大型跨国公司都是在风险资本的投资下茁壮成长起来的，如微软、惠普、思科、英特尔、网景、苹果、雅虎等。

资料显示在硅谷用于风险投资的资金主要来源于富有的个人、养老金、大学和类似的机构：银行机构、保险公司和其他大公司。在硅谷，大多数风险投资家的投资过程通常是先将资金投资于那些具有发展潜力的高科技技术创业公司，并获得 50% 以上的股权，然后协助创业公司进行经营管理，公司取得成功后，再通过 NASDAQ（纳斯达克）使公司上市，或者以远远高于投资的价格将公司卖给其他同行业的公司来获取高额利润，然后，将获取的资本收益再重新投资于下一间创业公司之中，以此类推形成了良性的风险投资循环。当然，风险资本家们对注资的企业也是给予高度关注的。一位斯坦福大学的金融学教授兼前华尔街行政管理人员曾经这样评价当地的风险资本家和传统的投资者之间二者的区别:"在纽约,货币由专业的金融公司来管理。而在这里(硅谷),风险投资家们更倾向于创建新的公司,然后再把它卖出去。他们的投资一旦出了问题,他们定会参与其中,给予帮助。"从这可以看出硅谷内之所以衍生新企业的能力如此强,关键原因是成功的风险投资为区域内创造了一个崭新的金融环境,它是中小企业发展的"金融发动机"。

可见,在硅谷是先有企业后有资金,硅谷的风险资本产业是在原有企业的基础上发展起来的,风险投资和该地区的发展之间已经形成了一种相互促进的良性循环机制。风险资本家不仅是衍生企业关键的资本来源,也是当地的主要人物,如:仙童公司的尤金、唐·瓦伦丁等成功的企业家将资本再投资于当地有潜力的新企业,由此开创出一种新型的金融机构。这正好与一般大众的想法相反。

3. 硅谷的持续创新力

硅谷企业集群的成功离不开其拥有的智力、技术、人才、资金等大量生产要素的聚集。但企业集群持续的创新能力也是推动企业集群不断发展的因素之一,不容被忽视。美国权威研究机构 Milken Institute 在研究产业集群的报告中指出:大学和研究机构,是培育高科技产业的最重要的基础。这种说法与硅谷的发展是相吻合的,在硅谷发展的早期,大部分的公司是围绕着斯坦福工业园周围集聚起来的。在发展过程中,大学与企业之间密切合作,大学为企业提供重要的高科技人才、技术成果并帮助企业培训人才,以应对快速变化的市场环境,同时,企业也给人才一个展示自我的舞台。如今在世界上的诺贝尔奖获得者有近1/4在硅谷工作,该地区有6000多名博士,占加州博士总数的1/6。区域内汇集了著名的斯坦福大学、加州理工学院等一批研究型大学、科研院所和众多智力人才,这些对硅谷地区的经济发展起到了不可估量的作用。据统计,硅谷目前一半的销售收入来自斯坦福大学的衍生公司;反之,那些产学研不相结合的科技园区基本上是不成功的，如128号公路高技术产业区。

20世纪八九十年代起，有专业技能的移民在硅谷的数量不断上升，他们中主要来自中国与印度，占到了多数技术公司工程师总数的1/3。由于人才国际化的背景，进入硅谷公司后的各类人才通过不同方式（自行回国创业或被公司派往国外等）将新技术、新产品传播到其他国家和地区。所以硅谷产业一开始就是国际化的，并在这个过程中占据了主导地位。同时，硅谷不断移民的企业家，跨越了国界，建立起越来越多的专业和社交网络，使资本、技术知识的流动更加容易。这种网络关系给硅谷地区的经济发展增加了一定的外部竞争压力，在客观上驱动硅谷园区必须不断进行技术和制度创新，以此保持或提高硅谷的创新能力。不仅如此，硅谷还能够源源不断地衍生出新企业。企业衍生是指从母企业中脱离出来而创建的新企业。在硅谷大量"支柱型"企业的带动下，新企业从老企业中衍生出来，在技术、市场、产品等方面仍然与原来的企业有着密切联系，新生企业是老企业在技术上的"蔓延"和"剥离"，新企业仍然要和老企业合作来经营自己的业务和市场，这种频繁持久的合作关系不断地提高信任、承诺等社会资本的质量。如仙童半导体公司先后衍生出20多家企业，而这些企业又衍生出更多的新企业。

4. 政府对硅谷地区企业集群发展的推动作用

美国硅谷地区的政府在企业集群成长过程中一直遵循"大市场，小政府"的市场运行机制。首先，政府是硅谷科技研究成果的领先用户，政府采购对高新技术产业的发展，特别是新兴产业的发展起到积极的促进作用。例如在硅谷形成初期，半导体产业的最初发展动力就是来自于美国国防部的军事订货。另外，美国政府还颁布"采购美国产品法"等，这对原创性产品起到了很大的支持作用。其次，政府对硅谷技术发展进行研发投入和相关政策促进。对符合国家科学技术发展的研发项目，政府将直接给予资金等方面的帮助。另外，政府还对中小企业进行研发投入，而且还通过税收政策等鼓励中小企业自己进行新项目的研发。再次，政府还提供了相对完善的基础配套设施。成熟的组织制度和完善的基础配套设施是企业集群成长的基础。良好的配套服务为新兴企业提供了完备的一条龙服务，从资金筹集、申请营业执照到财务管理、企业上市等事情都有专业性公司来帮助运作。就犹如企业在用专业设备和流水线进行生产一样。在整个过程中，大家各自发挥专业特长，形成一个风险共担、利益共享的网络化组织，这有利于提高企业创业的速度和成功率。政府部门在整个过程中严格遵循市场竞争法则，并不直接参与到企业具体的生产经营业务中。最后，政府作为园区法律法规的制定者和完善者，严格实行专利制度，对自主创新知识产权进行保护，促进平等的技术交易市场；制定行业标准，推进企业科学技术的完善与进步；放宽技术移民签证条件，大量吸纳国外人才，为集群的发展提供保障。

二　意大利纺织业中小企业集群

（一）意大利中小企业集群概况

意大利是个自然资源高度匮乏，能源及原材料大多依赖进口的国家，甚至连食品进口也呈现入超状态。在这种情况下意大利却拥有中小企业"王国"的称号，以小产品、大市场，小企业、大容量，小集群、大协作而闻名。2007年意大利对美出口鞋共2200万双，出口额达到12亿美元。在2008年全球经济出现萧条的情况下，意大利出口依然保持较好的发展势头，机械、纺织和装饰装潢三大重点行业成绩显著，获得大量国际订单，均实现了高达300亿欧元左右的贸易顺差。意大利企业平均人数仅为4.3人，[①] 是日本的1/4，德国的1/3，不到美国的1/3。意大利企业规模虽然小，但其经济总量却不小，它提供了意大利制造业70%以上的增加值，80%以上的就业容量，50%以上的出口总额，意大利由此成为西方第七工业强国，第三贸易大

---

① 秦宇：《从金融风暴看我国中小企业自身缺陷——意大利与我国中小企业的比较研究》，《商业经济》2009年第4期。

国。能够取得这样的成绩主要应归功于意大利特有的产业集群优势。表4.1是意大利产业集群的地域分布情况。

表4.1　　　　　　　　意大利产业集群的地域分布情况

地　区	产业集群数量（个）	产业集群比例（％）	产业集群雇员（人）	占整个制造业雇员比（％）
西南地区	59	29.6	922140	44.0
东北地区	65	32.7	835521	60.6
中部地区	60	30.2	405613	43.7
南部地区	15	7.5	58970	7.2
总计	199	100	2222244	42.5

资料来源：钱平凡：《产业集群发展的国际经验》，《国务院发展研究中心：调查研究报告》2003年第126期。

　　意大利中小企业集群的形成有着悠久的历史。意大利虽然没有雄厚的重工业作为基础，但其手工业却极为发达，有为数众多的民间能工巧匠。18世纪时，意大利从中部到北部地区农村的农民就开始从事副业生产，为贵族阶层和有钱人制作服装、装饰品、家具、工艺品、马车等，而且颇受当时意大利贵族们的青睐，并逐渐形成了手工业传统。第二次世界大战后，随着工业革命的风起云涌，机器生产在意大利的手工业中逐渐崭露头角，极大地提升了家庭手工业的制作速度和水平，并迅速发展形成了日用品产业。从此，在意大利的北部、中部和亚得亚海沿岸，一些交通便捷的中心集镇和村落中都涌现出了一大批中小企业群。到20世纪60年代，这种以集镇为轴心展开的具有区域特色的块状经济形式陆续涌现。其实在第二次世界大战后，意大利经济水平还是比较低的，直到70年代才重回发达国家阵营，而且其经济整体增长率在第二次世界大战后仅次于日本。[①] 如果说日本中小

---

①　胡宇辰：《产业集群支持体系》，《经济管理出版社》2005年第6期。

企业的特色在于分包，为大企业提供服务；美国中小企业的特色是高科技技术含量高；那么，意大利经济有这样突飞猛进的成绩则主要归功于意大利中小企业的特色"地域同业中小企业集群"[①]。地域集群是指以地域为中心（往往是都市、城镇），大量同业中小企业有机集中分布所形成的集合，实质就是中小企业的有序分布。在意大利尤其是东北部和中部地区产业集群被称之为"第三意大利"现象。表4.2是意大利主要产业集群概况。

表4.2　　　　　　　　　意大利主要产业集群概况

集群名称	产业	产值（亿里拉）	企业数（个）	集中度（%）
比耶拉	毛纺织品	7000	1850	7
普阿莱之阿	贵金属加工	2000	1400	18
欧鲁佳特哲	纺织印染	4572	2614	—
卡驼莱	眼镜	2240	930	66
普拉托	毛纺织品	8040	8500	10
丝鲁阿纳瑙	皮革	3200	800	11
培沙罗	木材、家具	1900	750	20
蒙斯马诺	鞋	595	660	20
蒙特别鲁那	运动服	2367	556	75

资料来源：钱平凡：《产业集群发展的国际经验》，《国务院发展研究中心：调查研究报告》2003年第126期。

（二）意大利中小企业集群成功因素分析

1. 终端企业群和中间企业群的协调分工

在意大利，在同一行业的中小企业集群范围内，存在着终端企业群和中间企业群两个起主导作用的企业群体。终端企业群是指向

[①] 池仁勇：《意大利中小企业集群的形成条件与特征》，《外国经济与管理》2001年第8期。

第四章 发达国家和地区中小企业集群化成长的经验借鉴

市场提供产品的经营者,而中间企业群是指向终端企业群提供中间环节产品和服务的,这一群体是并不直接向市场提供产品的经营者;终端企业承担把产品的各阶段加工任务的众多中间企业组织起来进行生产,它们不一定拥有一个产品生产过程中所需的所有设备,但它们拥有制定产品生产计划、设计产品、安排生产工艺、检验产品质量的能力,可根据产品的加工工艺选择和组织中小企业,并把大部分加工部分分包给它们,自己负责监督和检验分包企业的加工质量。由于它们穿梭于中间企业和市场之间,因此被称为"协调者"。此外,中间企业是专业化生产者,作为产品生产过程中的一个小规模经营者,是产品生产过程中的一个专业化工序的承担者,他们在自己的工艺范围内不断革新技术,开发新技术,以适应市场要求。[①] 每个产品在加工生产过程中都存在大量的中间企业,并且各个企业拥有各自的技术特征,大量的中间企业聚合在一起就构成了中小企业集群,使得整个企业集聚地可以为商家提供多样化的技术、技能,适应不断变化的市场需要。虽然集群内中间企业不能直接接触市场,但由于终端企业信息的传递,使其中间企业的生产技术革新也能适应市场的变化和需求。另外,中间企业因自身企业规模小,生产成本低,经营比较稳定,从而使整个集群具有灵活性。以普拉脱毛纺集群为例来说明。

普拉托地处意大利亚平宁半岛北部西海岸托斯卡那地区的佛罗伦萨市附近。在这一地理范围内,集聚着1万多家毛纺织中小企业。这些企业之间具有高度的专业化分工,既有终端负责获得订单、提供原材料、设计和销售产品的毛纺织企业,也有向这些最终企业群提供中间制品和服务的专业化供应厂商。充当终端企业供货商的大量中小企业从事毛纺织业不同工序的加工活动,如在再生梳毛产品的生产活动

[①] 池仁勇:《意大利中小企业集群的形成条件与特征》,《外国经济与管理》2001年第8期。

中，不同的供货中小企业分别承担破毛料分拣、炭化、绞丝、整经、织布、印染和精加工等工序，还有大量的为生产企业进行服务的组织，如纺织机器维修和制造厂、旧毛料进口商、专业运输企业、信息服务企业和塑料配件生产企业等。① 由于普拉托精细的专业化分工使得每个中小企业不可能既独立又经济地完成某一产品的生产。在这样细致的专业化分工下，普拉托地区创造了企业间的合作关系，使最终企业与专业化生产企业之间紧密联系。

2. 地域文化传统

意大利人有着强烈的家族观念和情感意识。他们不愿离开家乡，与家族成员和朋友一起在故乡生活是他们普遍的共识，他们认为振兴家乡产业是他们的职责所在。所以，意大利中小企业集群能够留得住人才，这为集群发展奠定了良好条件。同时，由于这种文化传统使他们积累良好的社会资本，这有利于集群企业发展。这种社会资本主要的表现为"六缘"（血缘、亲缘、地缘、行缘、业缘、学缘）和"六同"（同宗、同姓、同乡、同学、同好、同会）所形成的人脉关系网络。② 这些基于亲缘和地缘等基础上的强联系网络，使意大利中小企业之间有着浓厚的信息交流氛围，形成了很强的以地域为中心的文化传统。还是以普拉托毛纺业集群为例，普拉托人把意大利人这种文化传统延续并发扬光大。随着中小企业专业化分工的不断精深、地理范围的日益集中、企业间来往日益频繁，合作精神成为了普拉托地区成功的基础。这种强烈的合作理念培育了普拉托地区丰富的社会资本。普拉托地区在发展之初，只有30多家全工序的毛纺织厂和少量的专业化供应企业，而且企业之间的联系也不多。正是由于意大利人的亲缘和地缘的文化传统，使该地区企业间慢慢有了联系，并形成良好的信任与合作关系。使普拉托地区的毛纺织终端企业和专业化生产的中

---

① 戎殿新、罗红波：《中小企业王国——意大利》，经济日报出版社1996年版。
② 毛文静：《中小企业集群社会资本再生产研究》，经济科学出版社2008年版，第106页。

小供应商渐渐地得到了发展并持续增加。

在普拉托浓厚的地域文化传统为企业间的合作提供了机会，普拉托地区内上下游的不同工序的企业间有着频繁而持久的供货关系。普拉托的终端企业通过亲缘关系与供货圈建立联系，并从中挑选出自己的合作伙伴。经过反复的合作，终端企业的周围形成了一个比较稳定的供货网络，这个网络的基础是信任和产品质量。同时，普拉托实力较强的终端企业还会帮助其他人建厂。在普拉托，当经营规模超过15名雇员时，企业宁可把企业一分为二，以亲属名义另设新厂。新厂与老厂之间的衍生关系使他们之间保持密切交往，并通过频繁的交易和合作增强了彼此间的信任，最后成为终端企业与供应企业的关系。由于是衍生企业与老企业之间的关系，使企业在面对困境时能通力协作，共渡难关，发扬高度的信任精神。另一方面，在普拉托生产同一产品的企业也有很多联系与合作。如一个企业接到数量较大的订货单时，为了能够按期交货，往往求助于其他同工序的企业。因此，他们之间也经常进行信息技术交流。最后，在普拉托地区不仅注重亲缘的社会资本，还重视地缘、友缘或业缘组织起来的合作伙伴关系。因为普拉托地区的企业人意识到当血缘或亲缘难以保证企业更大、更强发展时，地缘、友缘的社会资本是企业成长的最好选择。由于这种独特的地域文化，使意大利式的地域同业中小企业集群比其他国家或地区的企业集群更加成功。

3. 地方政府的推动作用

20世纪80年代以前，意大利的中小企业主要集中在烟草、食品、服装、纺织、皮革、制鞋等领域，经营方式主要以家庭式为主，生产规模小，不注重技术创新。80年代初，这些中小企业的传统产业也开始利用微电子等高新技术来改革传统的生产工艺或流程，并在此基础上注重开发新产品、新工艺，进行大胆的技术革新。大部分产业改变原有的手工作业、破旧机器的生产形象，改为使用先进设备和工程技术人员进行生产和创新。在产品或生产技术上，许多中小企业都有自己的"诀窍",而且企业家本身素质也有所提高,寻求不断创新,使意大利一跃成为外贸出口大国。意大利中小企业这样成功的转型经验之一是政府在注重动员社会各方面的综合力量来促进技术创新活动中所起到的推动作用。

首先,在政府的推动建设下,集聚区企业获得了廉价的土地、厂房以及商业服务等公共设施,从而吸引大量企业自主进入园区内,使集群保持旺盛的生命力。特别值得一提的是,意大利的地方政府在建设集聚区时,非常注重园区内产业的配套性,这有利于同一产业或相关产业的企业形成合理的专业化分工生产体系,促进集群内企业的整体发展。其次,地方政府还给予中小企业财政支持。为帮助中小企业筹措创新基金,政府专门设立了"技术创新特别滚动基金"来帮助中小企业利用先进技术改进现有产品或更新产品生产的流程。对中小企业无偿资助的资金占创业资金的50%,其余的还可以向银行申请贷款。国家给予为中小企业提供贷款担保的组织一定的补贴。还对落后地区和工业萧条地区的中小企业给予特别优惠,大多采用直接补贴的形式。再次,意大利的科研机构也对中小企业进行技术支持。意大利的众多科研机构从不同的角度为中小企业的技术创新活动给予支持,其中最为突出的是意大利工商部下属的工业性应用研究机构(EN-FA),它是意大利第二大科研机构,在全国有10个科研基地,主要从事能源方面和环境方面的新技术研究,并向意大利的中小企业积极推广已成熟的科技成果来帮助中小企业发展。最后,地方政府还推动各种中介服务组织的发展。在意大利集群内中小企业之间地域网络联系和产业功能的发挥,是通过高效的中介组织来实现的。[1] 最初的中介组织只是在私营企业之间走家串户的商人,现在意大利大多数中介组织已经成为重要的商业组织。中介服务组织不仅负责原材料的采购和

---

[1] 刘春香、李一涛:《借鉴国际经验——提升浙江民营企业集群竞争力》,《未来与发展》2010年第5期。

产品的销售，而且为企业提供产品设计、市场策划、制订生产计划等，更重要的职能是它们还可以为企业提供信息，使企业能独立地发挥设计、制造等能力。例如，Modena 地方政府为纺织业建立了联合服务中心 ERVET，此联合服务中心除了为中小企业提供信息服务之外，还针对手工业者提供各种培训服务，培训课程包括时装时尚、生产组织、营销及技术等，以促进产品质量的提高。此外会计、法律、经营管理、市场调查、国际贸易等服务机构也为集群的发展作出了贡献，提升了集群的整体竞争力。

三 印度班加罗尔软件企业集群

（一）印度班加罗尔软件企业集群概况

印度卡纳塔克邦（Karnataka）首府班加罗尔（Bangalore）位于印度南部，风光秀丽、气候宜人，虽然只有 500 万的人口，但上缴个人所得税在印度的城市中却名列第二（第一位的孟买有 1800 万人口），是印度的第五大城市。班加罗尔的发展最早可追溯到印度 1947 年独立，班加罗尔落户了一系列的科研机构，如国家航空实验室、印度太空研究机构、国家软件科技中心等，数以千计的科学家、工程师来到这里工作，使该城成为印度电子工业中心。班加罗尔成为科技园区要从 1984 年甘地政府重点扶持软件业开始说起，随后印度于 1986 年颁布《计算机软件出口、发展和培训政策》，广泛鼓励各种形式的合作与软件职业培训，包括"走出去"（如出国留学、国外办厂、办研究所）与"放进来"（如国外直接投资、合资办企业等），直接促进了印度软件产业的合资、合作与各种联盟，带动了软件业的巨大发展，尤其是在知识密集的班加罗尔。[1] 1988 年，班加罗尔就被美国《新闻周刊》评为全球十大高科技城市之一。1991 年，由卡纳塔克邦政府、

---

[1] 聂鸣、梅丽霞、鲁莹：《班加罗尔软件产业集群的社会资本研究》，《研究与发展管理》2004 年第 4 期。

印度塔塔集团与来自新加坡的财团共同出资在班加罗尔地区合建成立了印度软件科技园（STPI），园区耗资60亿卢比，邦政府占20%的股份，其他两家各占40%，这是在印度成立的第一个计算机软件技术园区。1992年，此地成为印度第一个设有卫星地面站的城市，用卫星通信渠道为软件出口提供高速信息交流服务。2000年8月，班加罗尔又率先在印度建立科技孵化中心，同年印度软件产业实现产值57亿美元，出口到世界97个国家。截至2001年，班加罗尔高科技企业达到4500家，其中1000多家有外资参与，还有大约250多家外国公司在这里开展业务。其中不乏世界500强企业在这里落户，如英特尔、IBM、通用、微软、甲骨文、德州仪器等。同时，这里也集聚了印度本土三大软件企业INFOSYS、WIPRO和TATA咨询公司。

1991—1992年，班加罗尔的计算机软件出口为150万美元；2000—2001年增加到16.3亿美元，而到2004年则猛增至42亿美元。在短短的十几年间，出口增加了200多倍。在技术方面，印度有170多家软件企业获得了ISO 9000质量认证，是世界上获得该项质量认证最多的国家。全球有5000家软件开发公司，对其评级的CMM（Capability Maturity Model）分为一至五等，五等为最高。目前全世界约有75家资质为五等的软件研发企业，其中有45家在印度，而这其中又有将近30家在班加罗尔。班加罗尔软件业集群不仅在产业规模上，而且在质量上在世界范围内也是一流的，成为推动印度经济发展的有力引擎。现在班加罗尔已经成为世界上继硅谷之后的又一信息技术产业基地，被称为印度的"IT首都""科学技术首都"。它也是印度的大学及研发机构最为密集的地区之一，拥有10所综合性大学、70多所技术学院。印度最有名的几家风险投资公司（TDICT、DRAPER、WALDEN、NIKKO、E4E）聚集在此处，有约30万软件专业人员在30多个园区工作，[①] 这里甚至被认为已经具备了向美国硅谷挑战的实

[①] 王德禄：《班加罗尔科技园的经验和启示》，《中关村》2015年第10期。

力，因此班加罗尔科技园拥有"亚洲的硅谷"的美誉。

（二）印度班加罗尔软件企业集群成功因素分析

1. 政府强有力的扶持政策

班加罗尔科技园区的蓬勃发展，是一种典型的政府主导型的产业模式，政府的政策导向起到绝对的影响作用。首先，印度政府为了发展计算机软件产业，先后出台了《科学政策决议》《技术政策声明》及《科学技术政策》来强调科技的重要性。同时又制定了相关法律以支持软件产业的发展，如《计算机软件出口、开发和培训政策》《版权法》《印度证据法》《信息技术法》《印度储蓄银行法》《印度刑法》和《印度背书证据法》等。非常重视保护知识产权，对版权所有者的权利、软件出租备份，以及侵权的处罚都作了明确的规定，有效地打击了软件盗版，为软件业发展提供了良好环境。其次，在税收方面印度制定了《信息技术法》《软件技术园区（SPT）计划》，让进入园区的所有软件企业在10年内享受免税政策；园区企业进口计算机与相关硬件可全部免税；允许进口计算机的企业资产限额从2亿卢比降至100万卢比；信息技术企业的研发费用可部分抵免所得税等。再次，是政府在金融方面的支持。印度政府1986年颁布的《科研开发税条例》中，将研发税的40%（每年约1亿卢比）用于对风险基金的补贴；对风险投资的投资收益全部免税。在1998年，又提供10亿卢比设立金融风险基金，鼓励银行以低利率向软件业发放贷款。最后，班加罗尔政府的服务意识很强，企业家在园区项目的审批时间短，建立一站式审批窗口，为企业家尽快创业，避免软件企业因政府拖沓的审批程序而失去订单，例如，低于1亿卢比，审批不会超过几小时，超过1亿卢比，时间也不会超过3—4周，如果国外的投资项目低于51%，可以在园区直接投资。[①]

[①] 潘利：《链网互动视角下中国产业集群升级研究》，博士学位论文，上海社会科学院，2007年。

2. 丰富的高素质人力资源及高度集中的研发机构

班加罗尔软件业的迅速发展得益于高质量的人力资源和由大量优秀的大学科研机构集中所形成的雄厚学术力量。班加罗尔汇集了7所大学、28个研究所、292所高等专科学校以及77所小型工程学院，每年培养3万名工程师，其中1/3左右是IT专业人员，特别是创办于1898年的印度理学院，现在是一所只招收博士、硕士的研究生院。据当地资料显示，班加罗尔地区现在拥有8万多名高素质的IT专业人才，其中软件专家数量正以每年超过50%的比例递增。除了部分外来人才以外，大部分都是由当地培养的，这些高素质的专业人才的培养方式大多与本地完善的教育培训体系密切相关。同时，在班加罗尔海外留学人员对印度软件产业发展也起到了不可忽视的作用，他们是印度和硅谷建立科技产业的"桥梁"和"纽带"。自20世纪60年代初开始，印度政府十分重视输送高素质人才到发达国家留学，海外印裔人口有近2000万人，其中有3000余人属于各科技领域的顶尖人才，大多分布在欧美国家，并且主要集中在美国。随着印度软件产业发展环境的改善，在硅谷的印度软件企业家开始回国自主投资开办软件公司，或者受跨国公司的委派，回印度开设软件加工基地或软件研发中心。这些"海归派"为印度带来了充足的资金和尖端的技术。他们一方面具备了从事软件开发和服务的卓越技能和丰富经验；另一方面又与海外同行保持密切的业务关系，出口信息灵、渠道畅，有助于印度计算机产业出口的迅速增长。

3. 高度的信任与合作

信任与合作是班加罗尔软件企业的行为准则。软件企业之间互相合作、共同开发软件项目，诚信守约是最起码的游戏规则。在那里企业人士普遍认为信任能够大大降低交易中的费用，特别是内生交易费用。①

---

① 交易费用分为外生交易费用和内生交易费用。外生交易费用是指在交易过程中直接或间接发生的那些费用，它不是由于决策者的利益冲突导致经济扭曲的结果。内生交易费用是指人们在交易中为争得更多的好处而不惜牺牲别人的好处（损人利己）这种机会主义行为而引致的效率损失。

我们可以通过假定企业来说明信任的益处,如市场上有任意两家企业 A 和 B,企业间信任博弈类似于囚徒困境,两个企业都有两种策略:信任与不信任,他们的利益取决于他们所选择的策略。在企业集群内部,一般企业间的"一次性囚徒困境博弈"在集群内的企业间就转化为"多次的重复合作博弈",完成这一转化的关键是理性的博弈双方为了获取长远的合作利益而主动放弃由机会主义行为可能带来的一次性的眼前利益。这样,集群内企业间就建立了以信任为基础的合作网络。

另外,印度的软件工程师们有一种普遍的共识,认为信任是培育集群内部组织之间关系的黏合剂,如果允许他们与其他组织的同事自由沟通,那么将更有利于他们的创造力和创新意识。由于这种互相信任和开放的心态使高手们很乐意向初学者传授各种经验,"导师"(Mentoring)成为班加罗尔软件集群职场的一大特色,在这种情况下人们相互交换创意,加速了知识和信息的流通,形成了比较宽阔的知识扩散渠道。因此,在集群外很难获取的行业信息,在集群内部可能是人尽皆知的事情。最后,班加罗尔企业集群内的行业组织从一定程度上也保证了信任机制的建立,例如,信息技术产品制造者协会、印度国家软件与服务公司协会等。这些行业组织在集群内起到了促进企业发展的作用,它们是集群企业之间的信托代理人,信任机制在那里得到最大的保障。假如有个别企业不守承诺,破坏行业规范,它们将受到行业协会的严重惩戒和制裁。

第二节 国内中小企业集群化成长成功范例

一 台湾新竹科技工业园区

(一)台湾新竹科学工业园的概况

中国台湾地区在 20 世纪 70 年代因国际经济形势剧变,岛内爆发能源危机,使经济面临严峻挑战,致使岛内产业急需升级,面对这一问题台湾当局决定兴办科技园区以促进产业升级渡过难关。1980年9月1日新竹科学工业园正式成立，规划面积21平方公里，目前已经开发6.32平方公里，由新竹园区（653公顷）、竹南园区（123公顷）、龙潭园区（107公顷）、新竹生医园区（38公顷）、宜兰园区（71公顷），及铜锣园区（350公顷）6个园区构成。园区自从创办以来入区企业数和营业额不断增长，入区企业从1981年的17家发展到2007年10月底的438家，年营业额也从1983年的30亿元新台币增长到2007年10月底的11418亿元新台币，约占台湾产业总产值的1/10。截至2007年10月底，园区从业人员共有123448人，平均年龄约30岁；其中具有专科以上学历的占67.57%，技术制造人员约占47%，从事研发及创新的占14%，行政及管理人员约占22.2%。

新竹科学园区成立以来，研发能力就在不断增强，并且高科技产品层出不穷经过近40年的建设，新竹科学工业园逐步走向成熟，网络卡、影像扫描器、终端机、电脑等电子产品产值均占全岛50%以上，IC产业在台湾地区处于垄断地位，也是全球最大的电子信息制造中心之一，涵盖IC设计、IC制造、IC材料、IC封装调试和制造设备等上、中、下游完整的产业链体系。IC设计则为全球第二，其中晶圆代工和IC封装位居全球第一，信息硬件产业产值位居世界第四位；通讯和光电产业也迅猛发展，短短几年时间里，XDSL客户端设备位居全球第二、大尺寸TFT-LCD产值亦位居全球第二、台湾的WLAN产业位居全球第一。新竹科学园区的发展蜚声岛内外，是全球半导体制造业最密集的地方之一，而且被誉为"台湾的硅谷"，是世界高科技园区中的一颗新星。

新竹工业园区按照园区内主导产业活动的差异与区域创新能力的强弱，可以把园区的发展历程分为四个阶段[1]：一是从筹划建园开始

---

[1] 朱邦耀、罗有贤、李利平：《台湾新竹工业园的技术创新措施及对重庆高新区发展的启示》，《重庆交通大学学报》（社科版）2008年第2期。

到20世纪80年代中期为止的大规模基础设施建设阶段，这一时期政府起主导作用，政府通过颁布一系列优惠政策吸引园区外的高科技公司投资设厂；二是自20世纪80年代中期至1990年前后的高科技产品标准化生产主导阶段，这一阶段园区的基础设施初具规模，企业数量增长迅速，跨国公司在园区内占有重要地位；三是自20世纪90年代初至90年代末的研发与标准化生产平分秋色阶段，该阶段民间资本的进驻使政府不再是唯一先进技术资源的拥有者与主要资本的引导者，跨国公司的地位也在被削弱，园区的自主创新能力日益增强；四是21世纪初至今的以研发活动为主的阶段，这一阶段园区开始向新竹外部扩张（如建设台南科学工业园区），以解决土地瓶颈问题，同时，台湾当局开始反思原来过分强调"制造"导向的高科技产业发展战略，转而倡导研发设计类产业的发展。[①]

（二）台湾新竹科学工业园成功经验

1. 地理位置优越

科技工业园设立地点的选择非常重要，新竹市位处台湾最发达的大台北地区。距台北市70公里，距北台湾最大的海港基隆港94公里，距台湾中部大港台中港90公里，距台湾最大的国际机场桃园国际机场55公里，和重要的城市距离近，易于获取各方面的信息。[②] 新竹科学园区交通便利，便捷的公路网络使至台北的车程只需1小时，至台中、基隆两大港乘车也只要1.5小时左右，至桃园国际机场车程40分钟，优越的地理位置有利于园区发展。

2. 研发队伍能力强

新竹科学工业园区的发展离不开高素质的研发队伍，科学园区附近紧邻密集的高校、科研机构。新竹拥有清华大学、交通大学、台湾

---

① 高雪莲：《上海张江与台湾新竹产业集群创新能力的比较研究——基于钻石模型的案例分析》，《科技进步与对策》2010年第10期。

② 张远鹏：《台湾新竹科学工业园的快速发展及原因分析》，《台湾研究·经济》1996年第2期。

电子技术研究院、中华工学院等众多的大学和"国科会"精密仪器发展中心、食品工业发展研究所、"中国"玻璃工业研究所；附近地区还有中原大学、中央大学、中山科学研究院、中正理工学院、"交通部"电信研究所等。[①] 这些大学和研究机构向科技园区源源不断地提供先进的科研成果和优秀的技术人才，并且还能在人才的培训等方面给予厂商充分的支持。同时海外留学归来人员对园区的发展也起到了举足轻重的作用。留学人员回来创办公司的数量持续增加，他们带回来的科技知识与新观念在园区里生根开花。在这里研发能力强的科技人员和技术过硬的高品质技术工人是台湾新竹科技园区的成功秘诀之一。

3. 政府政策良好

台湾科技园区是典型的政府主导型管理模式园区，政府在园区的产生和发展等方面主要起推动作用。台湾当局设立了自上而下的二级管理体制，对新竹科学园进行管理，并制订较完善的法规，做到"依法治园"。1979 年 7 月 27 日，台湾当局公布了《科学工业园区设置管理条例》，以立法为先导规划科学园区的建立和运作。此后又相继出台其实施细则以及一系列配套、附属的法令规章。这些立法形成了一整套服务园区经济社会发展的法律体系，为科学工业园区的产业升级营建了良好的法律环境。同时，政府较好的政策支持也推动了园区的发展。首先，税收和收费政策上给予优惠。进口税捐方面，自用机器设备、燃料、原物料及半成品等自外国输入园区的，厂商均免征进口税捐、货物税及营业税；园区内企业以产品或劳务外销者，免征货物税，并且营业税率为零。其次，在财政金融政策上台湾当局为发展和促进某些重要产业，在必要时会直接投资该产业或给予优先、优惠、长期的贷款等财政金融手段予以扶持。[②] 在人力资本方面，允许科技人员以专利权或特殊技术

---

① 张远鹏：《台湾新竹科学工业园的快速发展及原因分析》，《台湾研究·经济》1996 年第 2 期。

② 张远鹏：《台湾新竹科学工业园的快速发展及原因分析》，《台湾研究·经济》1996 年 2 月，第 58 页。

作为股权投资,最高比例为25%,远远高于台湾20%专利权及15%特殊技术的限制,鼓励国内外科技人员来台创新创业。①

4. 服务保障机构全面

科学园区服务保障机构的全面设立,为在园区投资的厂商提供"一站式"服务,简化了投资的程序和手续。在园区内可以找到经济部、工业局、国贸局、劳委会、营造署、环保署等各机关的办事机构。新竹科学园区海关机构经多年建设,逐步实现了办公自动化。园区内空运出口货物实行一站式通关,有助于降低园区产品出口通关的时间,降低费用和减少失窃等事件。新竹科学园区内建设了较完备的医疗卫生、休闲度假、生活娱乐等社区配套设施,并为在园区工作的人们解决子女就学问题,特别是为了帮助那些归台海外人士,园区内于1983年成立科技工业园区实验高级中学,为园区及邻近学术研究机构员工及归国学者子女就读,并设有高中部、国中部、国小部、幼稚园部及双语部。特别值得一提的是"双语部",它受到高度评价,由于采用双语教学,为归台学者及外籍员工解决了最为担忧的子女就学问题,毫无疑问新竹科技园的良好环境吸引并留住了人才。

二 嵊州领带产业中小企业集群

(一)嵊州领带企业集群现状

嵊州最早建制于东汉年间,古称"剡",在唐朝初期曾设嵊州,至今已有2100多年的历史,自古就有"东南山水越为最,越地风光剡领先"的美誉。嵊州作为全国第一批经济开放县市,获得过很多的荣誉:全国综合实力百强县市,全国县域经济基本竞争力百强县市。同时它还是闻名中外的"越剧之乡""领带之乡""茶叶之乡""围棋之乡""竹编之乡""根艺之乡"。全市总面积1784平方公里,辖区

---

① 王彬、刘磊鑫:《台湾打造IC产业生态圈的经验启示》,《宁波经济》2019年第6期。

内人口共73.8万。①

改革开放以来,随着西装在中国民众中的普及,领带这一西方服饰也被大众所喜爱,这带动了中国领带市场的发展。嵊州人最初开始接触领带行业,是因为一些嵊州籍港商在深圳创办领带厂开始,由于领带厂吸纳了大批嵊州农村剩余劳动力,而这些人在深圳的加工厂里掌握了领带制作的基本技术与技能,其中不少人还积累了经营管理经验,甚至有的还结识了一些客户,这些资源为嵊州人回乡创业奠定了良好而坚实的基础。刚开始嵊州企业仅仅局限于代加工阶段,还没有自主品牌,品牌意识处于模糊状态。1984年,随着第一家中外合资企业——浙江佳友领带有限公司的成立,带动了一批企业。1992年之后,嵊州市掀起了创业高潮,开始大力鼓励个体私营经济,并且原有的集体企业也进行了相应的股份制改造,形成了一批规模型企业。私营企业强劲的发展势头和良好的经济效益引起了嵊州地方政府的高度关注,政府开始为推动领带产业发展制定出台相应政策。特别是后来劳动密集型产业在深圳失去了竞争优势,而嵊州由于劳动力成本低廉且有深厚的产业基础,成功地接收了来自香港、深圳的领带产业转移,使领带产业扎根于此地。嵊州领带企业集群就是在这样的背景下发展并壮大起来的。

1999年以来,嵊州领带产业的经济增长方式开始发生了转变,企业开始步入内涵式发展阶段。嵊州相继举办了七届中国领带节以及多种规模的领带产业学术研讨会,领带企业的空间布局更为集中,专业市场的功能得到不断拓展,企业加快了技术改造的步伐,规模化、一体化生产趋势更加明显,外贸业务进一步增长,质量与品牌意识显著增强,出现大量的自主品牌,涌现出不少著名品牌,品牌梯队基本形成。② 2009

---

① 中国嵊州政府门户网站,http://www.szzj.gov.cn/。
② 吕丙:《产业集群的区域品牌价值与产业结构升级———以浙江省嵊州市领带产业为例》,《中南财经政法大学学报》2009年第4期。

年对外贸易受国际金融危机的影响很大，但嵊州领带出口额并未出现明显的下降，而且领带产量在全球领带市场份额中所占的比例已经超过了 50%，全世界领带产业向嵊州聚集的趋势已势不可当，如图 4.1 所示。2014 年嵊州市共有领带企业 1100 多家，年产领带 3 亿多条，出口 1.6 亿多条，实现工业总产值近 100 亿元，产量占全国的 90%、世界的 60% 以上；拥有进口高档电脑提花剑杆织机 1300 多台，国家重点高新技术企业 1 家，浙江省高新技术企业 1 家，326 种外观设计获国家知识产权局专利授权；"增重染色真丝"获国家重点新产品，"数码仿真彩色织物"获浙江省高新技术产品，"高密度全显像丝织技术"获国家技术发明二等奖。①

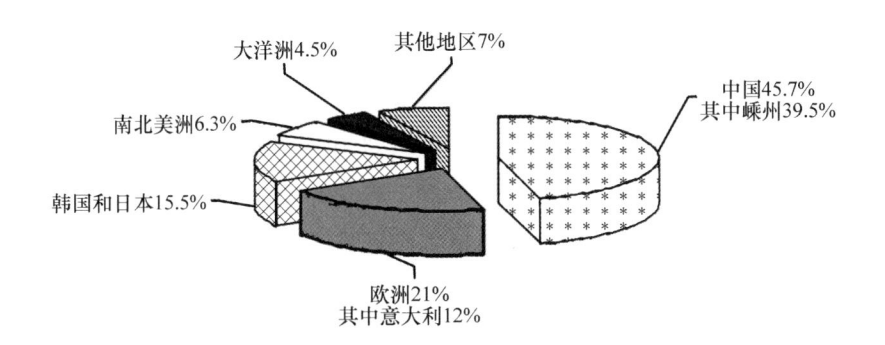

图 4.1　2008 年世界领带产量比例

资料来源：嵊州市领带行业协会。

由于嵊州领带产业的不俗发展，浙江省政府将嵊州定位为 "21 世纪的嵊州·国际性领带都市"；被国家发改委中小企业对外合作协调中心授予 "中国·嵊州领带产业国际合作基地" 称号；被中国纺织工业协会命名为 "中国领带名城"；被中国流行色协会授予 "真丝产品流行趋势发布基地" 称号。以上的荣誉充分表明了嵊州领带产业的

---

① 李兆晟、贾帆联：《嵊州领带产业集群转型升级的经验和启示》，《产经纵横》2015 年第 19 期。

优势，如今的嵊州领带产业既是嵊州市国民经济的一大支柱，也是嵊州人的骄傲。

(二) 嵊州领带中小企业集群成功发展的原因

1. 资源禀赋优势

嵊州自古以来就是江南的蚕桑大县，素有"蚕桑之乡""丝绸之乡"的美誉。如今蚕茧产量和质量在浙江省内更是首屈一指，生产的白厂丝质量在全国闻名，曾获得过金奖，嵊州生产的最优质领带都是使用本地的白厂丝。嵊州市有着优越的地理条件。它北进杭州，南下温州，西通金华，东达宁波，离上海只有220公里，距宁波港、萧山机场、柯桥中国轻纺城和义乌中国小商品城仅有1小时左右的车程。由于嵊州靠近沪杭等沿海发达城市，生产的商品可就近出口，有利于企业参与国内国际竞争。此外，嵊州交通运输条件良好，104国道、嵊义线、绍甘线等省道横穿嵊州市市境，使本市初步形成了以国道、省道为骨干，县乡道为支线，连接城乡的交通运输网络。[1] 这些促进了嵊州领带产业集聚，增强了其吸引力和辐射力。另外，领带业又是劳动密集型产业，需要大量的劳动力，嵊州市正好人口密集，劳动力充裕，有大量的农村妇女和不少曾经从事过纺织业生产的下岗工人，他们对缫丝、纺织等工艺娴熟，这更有利于领带产业在嵊州的形成与发展。而且，嵊州自古以来就是一个山水优美、文风鼎盛、崇尚礼仪的地方，领带这一西方服饰正好是表现礼仪的饰品，同时，还富有文化气息，它的这种特性正与嵊州的文化倾向契合，使领带产业可以扎根于此地。

2. 行业协会的沟通

嵊州领带行业协会于1996年成立，中国服装协会服饰专业委员会于1998年成立，会员主要由领带企业的老总和有关方面的专家组成，活动经费来自会员缴纳的会费。中国服装协会服饰专业委员会的

---

[1] 李珍珍：《嵊州领带产业集群分析》，《社会科学家》2005年第5期。

常设机构秘书处就设在嵊州领带行业协会，在全国有着很大的影响，协会的主要工作是负责收集和交流有关市场信息，研究、协调、解决行业发展中存在的问题，承担政府有关部门委托的业务管理工作；培养广大的消费者和采购商依标准采购商品的意识；为一大批技术力量薄弱的企业培养了标准化工作人才；配合质量技术监督和工商管理部门打假扶优，规范市场秩序。① 行业协会的成立为企业在产品价格、质量、服务等方面形成自律，避免"劣币驱逐良币"现象（俗称柠檬市场）的产生；② 为嵊州领带企业的发展抢得了先机；为企业间以及本地企业与国际相关企业之间的联系与沟通作出了贡献；在培育领带企业品牌产品等方面发挥着重要的作用。另外，行业定价权也是竞争力的集中体现。面对国际竞争日趋激烈，过度竞争造成的利润挤压，嵊州市借助协会这个平台进行统一提价，取得了明显成效，但标准和品牌才是取得行业定价权的主要因素。要想实现拥有绝对主动权，就必须拥有标准制定权。而对于领带这个行业来说，设计能力就是"标准"。目前巴贝集团已建立起一个花型数据库和电子图书馆（可搜集 36 万个全球领带花型）。

3. 地方政府的推动

嵊州领带企业集群有今天的规模和成就与当地政府长期的大力扶持有很大关系。1997 年开始，嵊州市政府就相继出台许多项优惠政策，大力支持领带产业的发展，并通过定期举办"中国领带节"以及"中国民间越剧节"等活动积极向外宣传嵊州领带产业。2004 年，嵊州市政府向全世界宣布了"要为地球系一条领带"的口号，这也为整个嵊州打造了一张金色名片。同时政府还通过组织企业赴国外考察、举办招商引资推介会等方式，引导当地企业"走出去、引进来"，并

---

① 宋明顺、范庆瑜、王晓军：《用标准化提升区域产品市场竞争力的实证研究》，《中国软科学》2004 年第 5 期。

② 骆建艳、丁颖：《论集群品牌的建设与运作：以嵊州领带为例》，《特区经济》2007 年第 1 期。

营造良好的硬件环境，规划高标准的领带工业园区；政府还协同行业协会牵头共同申请集体商标；这些措施极大地推动了领带产业集群的迅猛发展。

4. 产业链的形成

嵊州领带企业集群经过20多年的市场实践，现在无论是从技术准备、生产规模方面，还是从营销渠道、品牌影响力等方面都有所提升，并逐步形成一批当地知名企业和优势品牌，整体规模处于世界第一位。由于同行业的企业地理区域的接近，通过合资、合作或建立联盟等方式共同进行生产、销售等活动，如共同举办中国领带文化节，加强广告宣传等活动，降低整个行业的长期平均成本。随着集群之间竞争日趋白热化，嵊州领带产业集群积极建立企业技术中心、推进网络销售、提供技术水平，完善的产业链极大地增强产业集群的综合竞争力。近年来，嵊州领带产业集群的经验表明，上游产业链的延伸即可进入基础产业，也可进入技术研发环节，如在西部省份建设蚕桑基地为集群内企业提供原材料，如巴贝集团率先实现工厂化养蚕，技术的突破改变以往蚕茧养殖的格局，彻底避免了"丝价一上抬，领带就低迷"的局面。下游的拓展可延伸到销售环节，如网上销售增强企业经营主动权。例如，在美国，很大一部分领带是由沃尔玛销售的。有一次，嵊州一家公司购买了美国高端领带商标的使用权，以帮助其产品销量增长，但沃尔玛在得知该品牌已被中国制造商购买后，立即停止购买该品牌。这说明企业建立独立的营销网络的重要性。

三 永康五金中小企业集群

(一) 永康五金中小企业集群概况

永康，古称丽城，是浙江省中部的一个县级市，金华市境之东南，土地总面积1049平方公里。永康的地理位置条件优越，距省会杭州200公里，距国际大都市上海350公里，距宁波北仑港200公里，距温州200公里，境内有金温铁路、金丽温高速公路、330国道和临石省道贯穿而过。永康是全国闻名的"百工之乡""五金之都"。永康的五金生产源于手工业，由于永康人多地少，许多人靠做手艺谋生，所以形成了悠久的手工业历史。永康工匠走南闯北，足迹遍布全国各地，有古谚说"打铜打铁走四方，府府县县不离康"。

改革开放以来，永康以传统的五金产业为载体，以家庭企业为依托，以一把菜刀、一串钥匙或者一个顶针的需求为基础，来创造一个像样的企业，无数的能工巧匠由此而成为厂长、经理。在这样的条件下以五金产业为特色的工业经济得到了迅速发展，使永康五金产业集群从无到有迅速发展，现已成为全国闻名的五金产品生产基地和集散中心。2005年，永康位列在全国百强县的第46位；2006年，永康入选福布斯"2006中国大陆最佳商业城市百强榜"位列第66位，成为浙江省入选百强城市的19个城市之一。依托浙江永康这一中国重要的五金生产基地和出口基地，以及中国最大的五金产品集散中心。中国五金博览会的影响力不断提高，已成为享誉国内外的五金专业展会。2016年第21届中国五金博览会交易额达141.3亿元。永康现已发展成为以中小企业为主体，五金制造业的八大行业（衡器、电动工具、小家电及厨具、有色金属、汽摩配、不锈钢制品、防盗门和滑板车）为基础，中国科技五金城、永康职业技术学校以及十四大行业协会为依托的中小企业集群区。五金产业真正实现了由数量型到质量型再到品牌型三级跳的发展方式。

（二）永康五金中小企业集群成功经验

1. 企业人的创新理念

永康五金中小企业经过这么多年的"浪潮"洗礼，企业的经营已不再依靠单纯的低端模仿，而是不断地进行产品创新，扩展市场空间。永康五金企业集群内企业人在多年的摸索中达成了共识"创新是企业的灵魂，一个企业要想一直走下去，就必须提升自身的创新能力"。在这里不论是有实力的大型企业，还是大多数规模较小的中小型五金企业；不论是处于价值链高端的外资企业，还是处于价值链低端的私营企业，企业的管理人都认为企业在加强设备引进和技术创新的同时，还应进行自主研发，企业本身必须拥有独立自主知识产权和自主品牌的系列产品。另外，在永康很多具有实力的企业已在公司的内部设立创新基金和技术创新部门。例如，永康市的超人集团是第一家设立"企业自主创新基金"的企业，该公司每年都要拿出一定数量的创新基金（50万—60万元）奖励那些为企业可持续发展提出合理化建议的员工。

2. 职业教育对技工的培训

作为全国性五金产品生产和集散中心的永康，近年来，随着永康五金产业的快速提升，对技术工人的需求越来越旺盛，出现了"技工荒""招工难"等问题，特别是"高级技工"的缺失日益凸显。为缓解技工缺乏的问题，从2003年开始，永康市全面实施"十万农村劳动力培训转移行动"。以永康职业技术学校为主体，培养五金机电工程技术和经贸管理应用人才。随着产业集群的日益崛起，学校不断地转变办学理念，以立足当地、接轨企业、培养高质量的初、中级技术人才为办学宗旨，在专业的设置上主要依托当地产业需求。为了能与企业保持互动性，学校与130多家大中型企业签订联合办学协议，并建立了"金华职业教育机电集团"。同时，职业技术学校还联合著名高校共同进行专业技术人才的培训工作。例如，2005年1月，职业技术学校与浙江大学金工培训中心达成共同办学协议，依托浙大先进的设备优势和雄厚的师资力量，共同开展高技能人才培训，为永康的高技能人才培训搭建平台。另外，永康五金企业的内部管理者也十分重视对员工的培训工作，一般培训形式分为三种：一是直接发放相关学习资料和文献，让员工及时了解行业信息；二是公司内部培训，由公司内部高级人员或外聘教师对员工进行授课；三是直接到培训中心进行培训，增强员工的专业技能。这些培训办法为永康培养出很多适合实际需要的人才。

3. 永康政府的大力支持

永康政府在推动企业集群的形成和发展中起到积极的作用。首先，政府设立了"永康行政服务中心"，为在该地设厂的厂商简化审批程序，并针对企业在经营中所遇到的问题提供合理化解决方案。这种一元化行政服务窗口既提高了行政管理部门的工作效率也提高了服务质量，有利于企业集群的正常运作和新企业的诞生。并且，在这里政府人员对纳税人给予尊敬、对企业及企业家给予重视。例如，在行政中心大楼的外面挂着一幅"永康纳税企业20强"的海报，海报上面分别写出了企业的名称和其负责人的名单，这不仅鼓励企业百尺竿头更进一步，还鼓励其他企业人不断进取。其次，政府向社会及时公布整理的经济数据，便于企业以及政府的各个部门能够及时、准确地把握永康五金产业的最新发展动向。再次，永康政府部门特别重视建设企业形象。除了集群内部星月、步阳、群升、王力等著名企业一直在央视做广告外，政府每年也在央视上对永康的整体形象进行一定的宣传，如"中国五金名城""铸造世界品牌""五金制造业基地——浙江永康"等。[①] 最后，政府还大力扶持五金企业国际化发展，鼓励有实力的企业进行境外参展和跨境经营，建立外贸出口奖励专项资金来扶持加工贸易产品出口和高技术产品出口；同时帮助企业抵御外汇风险，对企业投保出口信用保险和海外投资保险给予一定的补贴。

4. 行业协会

行业协会是政府和企业进行沟通的纽带，完善的行业协会体制对企业及经济的发展起到推动作用。在永康，五金产业的行业协会最多。如今，永康已有30多家行业协会、商会，其中最引人注目的是永康市电动汽油机滑板车行业协会和永康市衡器行业协会。电动汽油机滑板车行业协会出台的《永康市电动车汽油机滑板车行业协会维权公约》遏制了行业内不间断的恶性竞争，引导整个行业向产品创新的方向发展；衡器行业协会的骄傲是从最初戴着区域性问题产品的"帽

[①] 蒋自然：《产业集群创新及其创新政策研究》，硕士毕业论文，浙江师范大学，2007年。

子"发展到如今不论在产品层次还是在价格上都在全国衡器市场上占据主导地位。从这些可以看出，永康五金中小企业集群内的行业协会作为中间组织正在走向成熟，为集群内企业营造了公平竞争、诚信经营的环境。

第三节　中外中小企业集群化成长的经验启示

通过研究国内外中小企业集群典型范例以及总结各集群的成功经验，对帮助中国东北地区中小企业集群的建设和发展具有很强的启示作用，主要表现在以下几个方面。

一　加大政府的扶持力度

由以上分析可知，美国硅谷、印度班加罗尔以及中国成功中小企业集群的发展都是在政府持续不断的支持下成长起来的。政府通过给集群制定优惠的政策、完善的基础设施、建立多种创新平台等措施，有效促进集群内创新主体之间的互动，加大集群演进力度，从而提高了集群向更高级阶段演进的速度。具体措施：一是政府加强领导，建立推进企业集群发展的领导协调机制。因为，促进企业集群发展是一项复杂的系统工程，需要各有关部门形成合力。二是各级政府在制定重点扶持某一产业发展计划时一定要有战略目标和具体的实施对象，以及推进途径与措施。各地区要根据自身优势出发，按照特色化、专业化、差异化的原则进行产业布局，并将过去使用的简单的地区式倾斜优惠政策逐渐转向对集群内企业的产业倾斜和技术倾斜。三是要加强集群内基础设施建设，采取切实有效的措施积极引导对集群发展有益的公共基础设施的投资。四是政府部门需要严格遵循市场经济竞争规则，不直接或间接参与企业具体的生产经营活动。

二 强化公共部门的支持及指导

完善的公共机构服务体系是集群健康、稳定发展的必要条件，它能够有效保证企业集群内部结构的不断优化。首先，公共机构可以有效地促进同业对话以及企业间互助协作，推进集群成员共同从事知识开发。例如，合作培训、共同设计、共同营销等措施的实施，能够提高企业间的合作效率。其次，公共部门还可以完善信息与管理服务体系来有效提高政策质量。这些机构如信息咨询机构、人员培训机构和中介服务中心等服务网络能够加快推动企业集群的发展，它们的核心功能是促进知识和技术信息在企业集群成员之间的交流。

三 营造集群内良好的发展环境

集群内良好的发展环境，有助于企业的成功。发展环境包括很多，如自然环境、教育环境、融资环境、法制环境以及文化环境等等。从美国硅谷、印度班加罗尔、中国台湾新竹等地发展和壮大的历程来看，良好的环境为企业创新和创业提供了强有力的支持。要营造良好的企业集群发展环境，一是把各种有利条件充分调动起来，打破传统的条块与区域分割，按照区域经济一体化的发展思路进行区域统筹规划布局，以此形成生长点，造就一个聚合效应。二是要重视软环境建设，好的软环境为企业提供产品与制造工艺的最新信息与洞察力，使企业形成持续竞争优势。好的软环境如企业信用建设、企业文化创新、政府公平公正公开执法等，都为企业集群化成长提供优质服务。

四 注重企业人才的培养

人才是企业发展之本。当今世界综合国力的竞争，归根结底是人才特别是高素质创新人才的竞争。企业只有树立人才是第一资源的观念，努力培养一支站在世界科技前沿、勇于开拓创新的高素质人才队伍，企业在竞争中才能掌握主动权。① 就像美国硅谷企业集群那样，在集群内大多数人具有勇于冒险、坚持创业、不断创新、善待失败、乐于合作的独特思维方式和创业文化才能为企业集群提供无休止衍生新公司的土壤，从而提高集群创新的持久力，使集群立于不败之地。

通过以上分析可以得出，发展成功的中小企业集群是区内各生产要素的有效组合，以及在区域内形成紧密的社会网络与开放的劳动力市场，从而形成了一个以网络为组织基础的生产系统。②

---

① 杨华峰、刘利军：《国外中小企业集群向创新集群演进模式研究》，《工业技术经济》2009年第12期。

② 张乃文：《国外中小企业集群特征与启示》，《企业活力》2005年第8期。

第五章　加快东北地区中小企业集群化成长的集聚区建设

基于前面的理论与实证分析，中小企业集群化成长作为"一种促成经济转变的有力而必不可少的发动机"，对于区域产业结构调整升级、区域经济发展具有重要的作用。因此，本章紧密联系我国东北地区的实际情况，就东北地区如何促进中小企业集群化成长提出合理的政策建议，为提升中国中小企业集群化成长的整体发展水平、提高区域经济竞争力和加快推进我国新型工业化进程提供有效保证。

第一节　地方政府推进中小企业集群化成长

一　加大公共产品和服务供给

政府在中小企业集群化成长发展过程中的重要职能之一就是提供公共产品和服务。在很大程度上公共产品与服务的供给关联到企业集群的竞争优势和集群的生死，公共产品和服务不到位，往往会造成地方中小企业集群发展的"水桶效应"[1]。从国内目前情况看，基础设

---

[1] "水桶效应"是指一只水桶想盛满水，必须每块木板都一样平齐且无破损，如果这只桶的木板中有一块不齐或者某块木板下面有破洞，这只桶就无法盛满水。是说一只水桶能盛多少水，并不取决于最长的那块木板，而是取决于最短的那块木板。也可称为短板效应。一个水桶无论有多高，它盛水的高度取决于其中最低的那块木板。

施仍然是制约中小企业集群化成长的重要因素。因此,政府应加大对公共产品或准产品的投入,为中小企业集群的健康发展提供良好的外部条件和环境。由于公共产品的非竞争性和非排他性,决定了市场经济中追求利润最大化的企业不会提供公共产品。所以,要求政府来投资建设集群内的公共设施。政府可以为集群发展建设需要的港口码头、铁路、高速公路等,为企业发展提供便捷的交通。政府可以提供医疗、教育、住房等社会福利,吸引人才为集群的可持续发展提供巨大帮助。政府还应该加快"网络化"建设,做好集群内与集群外对接,防止重复建设、无效建设,通过加快集群内交通网络、信息网络、水电网络、油气网络的规划建设,提高集群内基础设施的运行效率。

二 推动社会服务网络建设

政府应积极培育与发挥各种社会中介组织与社会力量的优势,实现公共服务供给的多元化,提高公共服务供给的效率和水平。[①] 政府应依据市场运行机制进行运作,以最快的速度实现行政职能向服务职能的转变,把其中隶属于政府的中介服务机构尽快从政府中剥离出来,更好地发挥地方企业集群内服务组织的作用。地方政府可以借鉴国外的成功经验,例如美国中小企业管理局的做法,为集群内企业提供融资服务,组织出国考察与参展,强化集群内中小企业与专业化大市场进行对接,为企业集群的持续发展奠定基础。[②] 同时,政府要推动集群内部行业协会的发展和完善,让它们承担政府的部分公共服务功能。因为,行业协会既是企业与企业之间的纽带,也是连接政府与集群企业的桥梁。针对目前东北地区中小企业集群内部过度竞争、协

---

① 贾凌民、吕旭宁:《创新公共服务供给模式的研究》,《中国行政管理》2007年第4期。
② 陈勇江:《产业集群"市场失灵"中的政府职能定位》,《中国行政管理》2009年第5期。

调乏力、纠纷不断等问题进行有效抑制，还能够弥补公共物品供应不足等问题。另外，行业协会的发展也能够协调行业内部企业与外部企业的纠纷，避免市场无序竞争，通过参照国际标准，建立行规行约以及制定行业自律制度，围绕企业集群的核心产业、产品、工艺、经营方式和销售对象等环节实施差异化生产经营战略，有利于企业不断创新。最后，政府需要完善集群创新服务工作，包括建设创新服务中心、创新资源共享平台、技术研究中心和管理咨询平台等，帮助企业在成果转化、科技评估、创新决策和管理咨询等提供专业化服务。化解或减少创新风险，加快创新成果转化，有效解决集群创新过程中出现的研发、成果转化、产业化等"创新链"割裂问题。

三 优化集群内企业发展环境

地方政府在企业集群的管理中起核心牵头作用，因此，政府要加强对集群的环境建设。首先，是法治建设。在制定企业集群政策时，要因地制宜，立足自身比较优势，制定出适合本地集群发展的政策，切忌盲目跟风。政府应建立明晰的公共产权制度，形成激励与惩罚机制，规范市场竞争秩序，严厉打击假冒伪劣行为。政府应积极建立集群信用机制，推进整个集群社会普遍信任的形成，减少交易风险，提高集群企业因败德行为所付的代价。政府应强化知识产权制度，特别是保护集群内中小型企业的合法权益，保护自主创新者的根本利益，利于集群内企业主动进行产品创新，提升企业整体创新能力。其次，政府应改善集群创新环境。加强引导企业、学校、科研机构三者合作，积极提倡大学与科研院校参与到企业技术创新活动中；政府相关部门要给予企业、科研院所、个人等参与方适当补贴，加强科技计划的顺利实施；鼓励集群内研发机构与国内外研发机构开展合作，建立联合研究所，在合作中中方要发挥主导作用；特别是在科技项目的立项与选择方面，聘请知名专家把关，采用符合国际规范的科技评价体系，在同行评议的水平上下功夫，力争优中选优；科技奖项评选方面，集群内要加大创新成果的评价权重与奖励力度，形成良好的奖励机制，提高企业及个人积极性，开创区域创新新环境，使集群企业进入良性循环。再次，政府要积极打造综合投资环境优势。吸引国内外高级人才、技术团队、优质项目等高端要素向区内聚合，形成创业项目带动产业集聚的局面，促进中小企业集群国际化程度的提高；政府要保证企业集群的内部环境、知识等资源基础不断地进行更新；始终保持企业集群的开放性，及时从国内外先进地区引入新的信息和技术；政府要挖掘新企业的进入，特别是对新进入者给予关怀和鼓励；政府要监督企业对新信息（包括新技术、需求变动等）的敏感度，不断推进集群企业持续学习和调整，避免集群网络组织内部僵化。

四 完善企业融资对策

融资困难一直是限制中小企业发展的瓶颈。面对这一实际情况，政府必须出台相关政策，为集群内的金融机构提供一些国家性的保障措施，来解决集群内中小企业缺乏通畅的融资渠道这一最棘手的问题。首先，政府与企业共建集群式的融资环境。政府可以鼓励集群内企业联合成为一个整体，使集群企业间彼此相互监督，提高资信评级，为集群内企业联合发行债券提供环境；政府可以鼓励大企业为配套中小企业进行担保，这有利于提高企业整体竞争力；同时，扩大政府与金融机构、担保机构合作领域，优化合作方式，建立政府、银行、担保、企业相互合作的风险分担机制。[①] 其次，健全市场化风险资本融资体系。目前我国已开通了中小企业上市融资、股权融资、债权融资、风险投资等直接融资渠道。二板市场是适合于规模相对较小、产权明晰、具有发展潜力的中小企业上市融资的证券市场。由于中小企业的自身局限性，政府可以通过推荐企业在二板市场融资，来

---

① 李九斤、胡博洋、常玉春：《黑龙江省中小企业融资现状及完善对策》，《财务与会计》2018年第11期。

壮大中小企业的发展规模。东北地区还可以加强区域性股权交易市场的培育服务能力，在吸引和鼓励中小微企业托管挂牌并引进、培养相关人才提高东北地区股权交易市场服务水平。同时，结合当前"互联网＋"战略，将区域性股权交易市场的规范化、大众化、透明化、专业化，为中小企业以及合格投资者提供多元化投融资服务。再次，完善融资法律制度。政府部门应当加快完善专业的风险投资立法，并给予风险企业一定的优惠保护政策，如税收优惠政策等。

第二节　企业增强创新能力

一　提高企业技术素质

企业要发展就要不断创新，技术创新是企业创新的核心。现代中小企业只有加强技术创新，才能改变生产技术基础，降低成本，提高产品质量，拓展以技术走向市场的道路，从根本上推动企业的发展。首先，政府要一如既往地关注中小企业的创新活动，政府要为中小企业技术创新开绿灯，通过财政政策、税收政策来鼓励和引导企业加强技术创新，实现企业研发费用与GDP同步增长，促进中小企业成为科技创新的主体。政府要设立专门资助中小企业研究开发的专项资金，对有价值的中小企业科研计划给予资金上的支持，刺激中小企业创新的积极性。同时，政府要尽快加强科技立法，把一批科技政策通过立法程序上升为法律，特别是加强中小企业科技创新和技术进步方面的立法，如高科技风险投资法、科学技术基金法和科学技术研究机构法等，只有依法办事，才会大大加快中小企业的科技进步。其次，企业要增加产品研发资金投入，提高研发资金投入强度，提升企业自主创新能力；公司高层领导要亲自组织成立专门小组，研究技术创新工作内容，要充分利用企业内部资源进行科研。在企业核心技术开发方面一个成功的案例就是华为，图5.1可以看出，华为一直持续的加大研发投入，过去十年累计研发投入超过4800亿元（约730亿美元）。未来几年，华为还会逐步将研发经费提升到每年 150 亿—200 亿美元。与之相对应的是近几年华为专利申请数量和授权数量持续上扬。截至 2018 年年底，华为获得授权专利 87805 项（全球范围），其中有 11152 项是美国专利，欧洲超过 6600 项，是全球最大的专利持有企业之一。

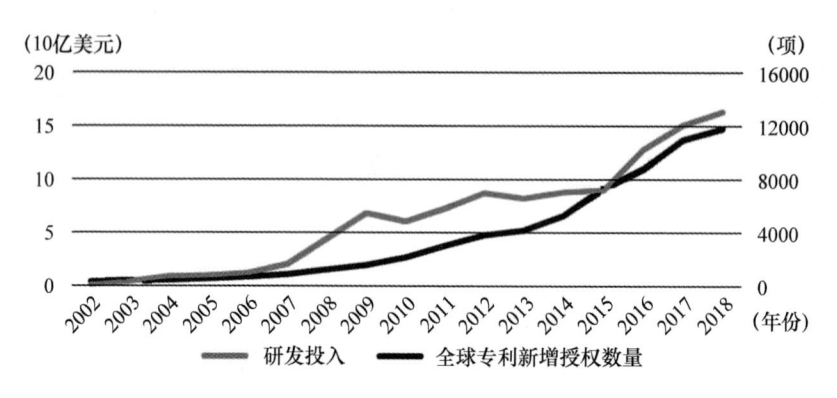

图 5.1　华为研发投入与新增授权专利曲线

二　创新企业管理制度

管理是企业生存和成长的关键，新世纪中小企业要想在国际市场竞争中占据有利地位，就必须把管理创新作为现代企业创新的重要手段。为了有效推动企业管理创新，要做到以下两点：第一，培养企业的观念创新。一个企业的观念始终支配着企业行为，观念创新是现代企业管理创新的先决条件。在社会主义市场经济活动中，企业人员只有具备了创新意识和思维，才能推动企业创新。今天在我们所处的时代，技术的作用已超过了资本，谁控制了先进的技术，谁就控制了经济技术的主动权。因此要培养企业人抢占创新先机的观念，抢占先机是企业创新本质要求的体现。在大多数产业中，创新者的利益主要来自于谁最早抢占先机，率先开发产品。企业在开展创新活动中要加快科技创新成果转化的进程，将发明创造的技术或成果第一时间转化为产品或现实的生产能力并成功市场化，才能使企业在激烈的市场竞争中处于不败之地。第二，建立现代管理制度。一是积极引进其他投资者。为了克服中小企业家族管理的弊端，实现企业的可持续发展，要积极引进其他投资者，降低企业经营者的股权，使得各个投资者之间达到均衡博弈，这是改进企业管理的重要手段之一。① 二是跨职能团队建设。管理创新要以自上而下的方式展开。企业的高层管理者必须从战略和顾客需求的角度出发，经常评估企业的改进机会，并激励员工识别生产运营过程中存在的问题，针对改进机构，系统地组织跨职能项目团队来解决问题。② 管理创新要靠团队合作来完成，企业管理活动是由许多职能部门的联合业务流程组成，管理创新过程是通过对各业务部门业务流程的改进和重新设计来实现的，个人或一个部门很难完成。所以，跨职能团队是从系统角度改进和优化流程的组织形式。③

三　加快企业人才培养

人才是企业技术创新的基础，企业只有积累了丰厚的人力资本，技术创新能力才有可能越高。第一，中小企业要加大人才引进力度。针对目前中小企业高新技术人才总量偏低及存量不足问题，做出人才吸纳规划，纠正以往"任人唯亲"的现象，从根本上转变思想，择优录取，坚持"引才"与"引智"相结合的原则，走高层次与实用型并重的引进道路，吸引懂技术、管理、生产、市场等各方面的人才进入企业，解决本企业人才结构不合理、高新技术人才缺乏的问题。第二，企业要加强科技人才的培养。一是对现有企业科技人才进行梯队建设，依托企业制定的发展目标和现有项目对企业内部人员实施基层

---

① 贺保民、张明庆、谭宏伟：《浅谈中国民营企业文化建设》，《经济研究导刊》2010年第3期。
② 何桢、韩亚娟、张敏、张凯：《企业管理创新、整合与精益六西格玛实施研究》，《科学学与科学技术管理》2008年第2期。
③ 何桢、韩亚娟、张敏、张凯：《企业管理创新、整合与精益六西格玛实施研究》，《科学学与科学技术管理》2008年第2期。

轮岗制度，定期选派专业人才与其他企业或高校进行学习和交流。二是在企业内部定期开设"学习交流会"，形成企业学习文化，让员工通过培训、交流，提高知识技能。三是对内部企业员工实施强化继续教育制度，帮助员工补充和更新知识，提高其操作能力和技术水平，整体提高企业人员素质，激发其创造力，为企业的发展作出更大的贡献。第三，建立合理的人才激励机制，完善人才评价制度，围绕公开、平等、竞争、择优的基本原则，为企业员工创造一个公平竞争、开放的工作环境。一是健全科技人才考核制度，考核竞争机制让科技人才拥有紧迫感。其次是科学合理制定人员晋升机制和收入分配制度。让工作业绩和提职加薪产生直接关联性，形成用待遇事业留人才的良性机制。再次是对高层次人次企业应实行谈判工资制，按照市场机制引进人才。积极推行差别化的多元分配政策，对有突出贡献的科技人员给予奖励，有利于提高员工积极性。第四，积极采取有效措施提高全体员工创新思维。无论是大企业还是中小企业都应加大人才创新创业宣传力度，营造尊才重才的企业环境，帮助员工树立全球化、信息化和知识化的现代化思想意识，加强科技创新的观念，特别是营销观念、竞争观念、品牌与形象观念的培养，整体提升人才层次和水平，进而提高企业知名度和行业影响力。

四 推进企业产业链整合

专业化分工的产业配套能力被认为是企业集群化成长要求的重要能力之一，现今社会人们已经发现，企业之间的竞争不再是单个企业之间的竞争，而是企业间基于产业链的竞争，是动态的竞争过程。竞争压力促使产业链成员不断地选择自身的优势环节进行研发和生产，而将不经济的活动交给其他更专业的企业进行，因而，企业之间形成了网络关系。

东北地区中小企业集群要想实现集群化成长，首先，坚持以分工协作、本地结网的形式来安排集群内企业项目。对于新进入集群的企业要明确以企业集群为导向；对于集群已有的企业，要重视相关企业之间网络体系的建立，形成以核心技术为中小，大、中、小企业紧密配合、专业化与协作完善的产业发展网络。① 此外，针对现阶段东北地区产业配套能力弱的现状，可以鼓励以各地区大中型企业或企业集团为龙头，通过产业环节的衍生，形成一批具有分工与协作关系的关联企业。按照"具体项目—产业链—产业集群"的思路，引导中小企业逐步进入大企业分工协作体系，通过"龙头带配套"的良性循环方式，拉长产业链条，拓展发展空间。同时，中小企业在集群产业链延伸过程中要注意向上延伸自身产业链条，争取介入大企业研发、设计、规划等过程中，提高企业技术含量，扩大企业发展空间。因为有研究表明，企业科技投入与企业的市场竞争力成正相关，当企业R&D投入占销售收入比重大于5%时，企业在市场竞争中就会呈现优势；比重在3%至5%间，企业能够生存下来，但创新能力不足；比重小于3%，企业发展潜力小，存活率低。② 另外，中小企业也要根据自身的产品服务系统，加大营销手段，尽可能地为消费者提供人性化的售后服务，提高产品附加值。

其次，在中小企业间，建立研发联盟。新产品的研发是集群产业价值链的关键环节。建立基于企业集群网络的研发联盟，使集群企业各要素间密切关联，并把供应商、制造商、销售商、顾客等有机地组合成一个整体，按照团队工作方式展开全面合作，研究和开发新产品以满足顾客需求，这是提升企业集群产品竞争力的关键，见图5.2研发联盟模式③。

基于以上模式，集群内企业应根据自身的技术优势和核心竞争力来

---

① 孙望：《基于价值链分析的企业集群竞争绩效研究》，硕士学位论文，天津理工大学，2008年。
② 秦佳良、张玉臣、贺明华：《促进产业价值链迈向中高端：演化路径和政策思考》，《企业经济》2018年第8期。
③ 解学梅、隋映辉：《科技产业集群：价值链及其实现途径》，《科技管理研究》2005年第9期。

规划新产品的未来发展方向，吸纳优秀的供应商和销售商成为产品开发团队中的一员，进行新产品开发评估与研发工作；对顾客建立准确、快捷的信息反馈机制，以便了解顾客需求及意愿，来刺激产品开发；及时转换科技成果的市场化、商品化和产业化。构建研发联盟，既促进集群企业间共享先进技术，又把集群产业链中各个环节的目标有效结合起来，以达到供应商、企业、销售商和顾客的合理对接，最终优化中小企业集群产业链条。再次，集群中小企业间在产业链环节上注意横向整合。产业链的横向整合，指产业链中相同环节企业间的合并或横向联盟。横向一体化可以提高市场集中度，丰富技术经验、管理经验、市场经验等，有效提升与上下游企业的谈判能力，从而在不改变价值链环节的前提下，改变原有微笑曲线的陡度和所代表环节之间的增值能力和收入分配地位差距。这不仅包括产业价值链中相对高端环节企业间的横向整合，也包括相对低端环节企业间的横向整合。

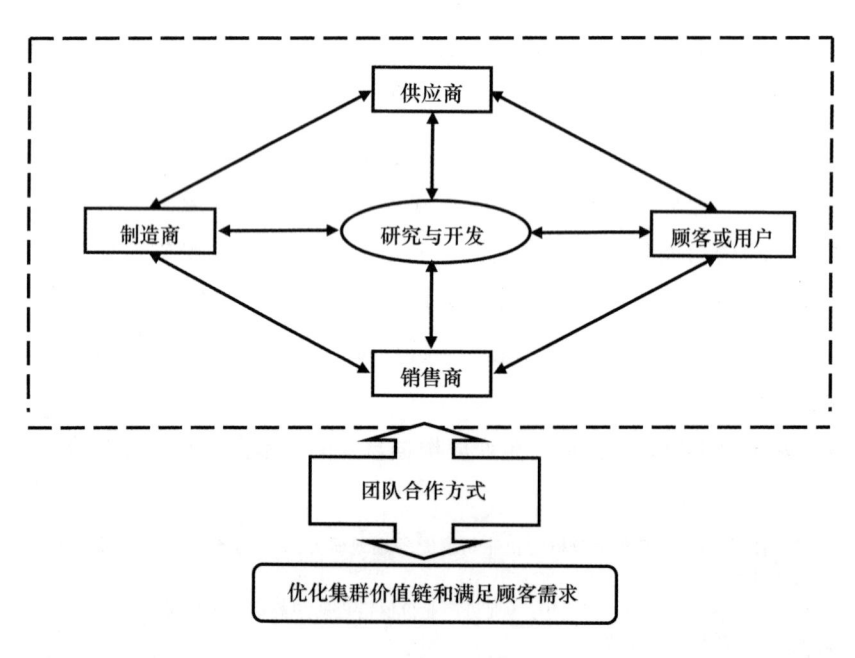

图 5.2 产业链横向整合

第三节 现代服务业高质量发展

一 深化服务业体制改革

深化服务业体制改革,是加快市场化步伐的基础。东北地区一直以来就存在"重制造、轻服务"的产业政策倾向,由于这种观点,导致了制造业同服务业之间不能有效地协调发展。东北地区必须要进行改革,不断消除影响服务业发展的体制机制障碍。首先,东北地区应进一步放宽和取消对现代服务业中投资项目的行政审批,打破市场壁垒,降低服务业中国有性质企业的比重,鼓励和吸引外资和民营企业参与服务业领域的经营,实现要素自由流动,以多种形式(参股、控股、收购、租赁等)参与国有服务业企业改组改造,促使其成为市场主体。其次,要完善现代服务业市场准入制度,争取除基本公共服务领域外,其他领域都要尽快实行产业化经营,改变部分行业垄断经营严重,透明度低的状况。目前,东北地区在卫生、教育、信息媒体、文化等行业中还没有放宽市场准入条件,仍然存在进入管制问题,所以,应取消市场壁垒,按照市场主体资质和服务标准,逐步建立公开透明、管理规范、行业统一的市场准入制度,并进一步深化公益、公用事业等服务价格改革,减少政府直接参与定价。

二 扩大服务业对外开放领域

目前服务业跨国转移的趋势日益明显,服务贸易越来越成为大国竞争的焦点。特别是高端服务业能够在生产、消费、降低成本等方面发挥重要作用,是经济增长的支柱性产业,而且它还具有明显的创新程度高、附加值高等特征,是中国服务业转型升级的主要方向。中国东北地区应借此机会,加大对现代服务业,特别是高端服务业加大开放力度,提高其国际化、现代化的水平。第一,优化招商引资的结构,多渠道开展招商引资活动。紧紧抓住经济全球化的有利机遇,通过引进国际机构战略投资者来调整产业结构,加快推进服务业的对外开放。第二,积极承接国际服务业转移。鼓励东北地区不同集群内服务业与国外优势服务业开展多层次、全方位合作,与国外大型连锁企业合资兴办零售和批发企业,与跨国公司联合设立采购中心、分销中心和物流配送中心,促进新兴产业的发展;推进港澳资本进入现代物流、金融、广告、旅游、交通运输、房地产、增值电信等服务行业。①第三,扩大服务业对外开放水平。鼓励东北地区有条件的服务性企业实施"走出去"战略,建立海外营销网络,开展海外并购,加强战略联盟,提升与国外高端生产性服务供应商的合作水平,②走向国际市场发展跨国经营;发挥东北地区地缘、人文和资源优势,加强与俄、日、韩、朝等东北亚国家的服务业对接,把承接国际服务外包作为东北地区扩大服务贸易的重点,培育一批具有国际资质的服务外包骨干企业;大力发展具有东北特色的文化旅游,提升东北地区的国际影响力。

三 突破服务业人才的"瓶颈"

人才是发展服务业特别是现代服务业的一个核心要素。所以,要注重现代服务业人才的培养和引进。首先,积极发挥各地高校优势,通过制定规划和相关扶持政策,引导高等院校有针对性的加强服务业相关学科建设,培养掌握专门技术和专业知识的基础性人才。加大职业教育培训,建立职业学校与服务业企业合作的人才培养新机制,探索出订单式人才培养的新模式。其次,建立相应的激励制度,吸引海外优秀服务业人才以及发达地区优秀高端服务人才来东北地区工作,特别是对紧缺人才、高技术人才,给予充分的优惠条件招揽引进,东北地区政府也应完善人才区域流动机制,鼓励和引导拥有富足知识型

---

① 崔俊敏:《现代服务业对河南新型工业化发展的作用及对策》,《商业时代》2010年第10期。

② 刘兵权、王耀中:《分工、现代生产性服务业与高端制造业发展》,《山西财经大学学报》2010年第11期。

人才的发达省份向东北地区输送人才，这既可以实现人力资源产出最大化，也可以促进技术转移和扩散，加大知识"溢出"的范围和速度，有利于实现区域现代服务业能力整体提升。同时，还要吸引更多具有创业意识和创新精神的企业家来此投资。最后，完善以知识资本化为核心的激励机制，尤其是解决人力资本价格扭曲的不合理现象。以个人持股、技术入股、股票期权等新型分配方式建立人才柔性激励机制，争取高端服务业人才来东北地区创业和工作。

四　引导现代服务业集聚

不断加强东北各地区现代服务业的集聚程度，无疑会加大东北现代服务业发展的步伐。当前，东北地区现代服务业发育还很不成熟，产业集聚程度不高，企业"散、乱、小"情况比较普遍，企业经营粗放，外延式扩张的矛盾日益凸现。① 所以，要借鉴发达国家的成功经验和先进机制，通过政府规划引导、政策扶持强化区域优势，营造良好的产业生态环境，提高现代服务业的集聚程度，使集群内相关互补产业产生共生效应，促进服务业群落的形成与发展，获得规模经济和外部经济的双重效益。首先，完善东北地区网络节点，提升服务能级。重点培育东北地区主要城市（沈阳、大连、长春、哈尔滨）区域性服务中心，加快提升东北地区大城市现代服务业在产业结构中的所占比例，并带动和改造周边区域服务经济网络节点，积极建设国家服务业集聚发展示范区，加快形成具有东北各地特色的现代服务业产业。其次，提升集聚区的管理能力与服务水平。优先保障服务业用地，对大城市特别是其中心城区利用闲置老工业厂房、传统商业街区发展现代服务业，简化审批程序和运作办法，鼓励以自主开发、土地折价入股合作开发、协议转让、土地租赁等方式开发服务业用地。②

---

① 吉庆华：《现代服务业集群特征及发展战略》，《云南民族大学学报》2010年第5期。
② 邱灵、杨玉英：《加快东北地区服务业发展》，《宏观经济管理》2013年第2期。

另外，促进现代服务业集团化、网络化、品牌化经营，使管理服务与配套能力达到国际先进水平，进而促使集群内企业间形成良性的互动，实现产业的高效率发展。再次，突破关键行业，一是优先发展东北工农业转型升级的生产性服务业，扶持发展新型农技和农机服务、种子种苗和农资供应服务、农产品检测认证和现代物流服务、农业信息和会展服务等农业生产性服务业，加快推进东北地区农业现代化进程；[①] 二是重点发展一批有规模的大型连锁企业和注重引进国际知名的现代服务业连锁企业；三是发展高技术服务业，如能够研发设计或能够为企业提供知识产权服务的公司，增强东北地区工业领域自主创新能力。

第四节　企业加强文化建设

一　发挥企业家领导才能

著名经济学家熊波特将市场经济看作是企业家经济，并认为企业家是现代经济发展的主体。假设这一命题是真命题，我们也可以说，中小企业家是现代中小企业文化的主体，是企业文化的设计者、倡导者和建设者。所以，在中小企业文化建设中，首先，应努力提高中小企业家自身综合素质，正确作出科学决策、依法经营、诚信待人，以身体力行，向员工言传身教，做出企业文化理念和企业经营思想上的表率，来影响员工的价值取向，进而在企业内部形成一种共识、一种文化力、一种凝聚力。其次，作为企业家有必要了解每个追随者的梦想、希望及抱负，要不断激活他们的希望和梦想，企业家要用生动的语言和极具感染力的方式把激情点燃，要让追随者知道企业的愿景符合大家的整体利益。当管理层团队真正理解支持企业的战略和发展思路时，管理者就会在自己的实际工作中认真贯彻落实企业发展战略，

[①] 邱灵、杨玉英：《加快东北地区服务业发展》，《宏观经济管理》2013年第2期。

第五章 加快东北地区中小企业集群化成长的集聚区建设

并通过中间层的带动来影响基层的职员。再次，企业家作为企业发展的核心人物要具有创新意识，在面对不断变化的市场环境中，企业家要不断调整战略构思，发展和拓宽业务类型，拓展创新潜能的主体精神。例如，过去单个企业领导者具备业务能力、生产技术和个人人格魅力就能够抢夺市场份额获得成功。但今天，企业发展要素已经发生变化，除了简单的企业资源整合，还需要对外界信息、资源更新换代频次的掌握，以及对经济、政治、社会生活、科技等因素进行全面衡量的能力。以 App 市场为例，几年前国内对终端下载并不看好，但现在已突破 2000 万大关。这就是微观市场调整战略和持之以恒、坚持不懈的决心决定。企业家从宏观上改变原有产销模式，增添新的业务模式，扩张小众市场服务区间，通过 App 迅速占领市场，增加企业利润。这就说明当企业无法从原有市场获得红利时，应注重企业自身的微观调整能力，在不断认知自身优劣势，进行微观调整后，完成自我迭代和成长。

二 塑造企业"诚信"形象

诚信是构筑企业核心竞争力的基石，是企业的立身之本，兴业之道。在我国西汉时期，司马迁就提出过"贪贾三之，廉贾五之"的思想。指出廉商们的经营方针是"诚信为本""薄利多销"，以"诚信"赢得顾客，以"薄利多销"增加利润。时至今日，诚信依然是市场经济的基础，也是企业发展的法宝。以中小企业融资来说，融资难、上市难一直是制约中小企业发展的瓶颈，其背后的根源在于信用难，要解决自身"信用"问题。除了中小企业要讲究诚信，其实大企业也面临诚信问题。例如，国内的三鹿集团经过近半个世纪的发展成为国内乳品行业首屈一指的巨头，却因将三聚氰胺加入奶粉这一严重失信行为而在一年内迅速破产；长春长生生物科技有限公司作为一家从事人用疫苗研发、生产、销售的国家高新技术企业，是国内少数能够同时生产病毒疫苗和细菌疫苗的企业之一，曾经有着良好的经济效益和发展前景，因为出现疫苗造假问题而迅速濒临倒闭。这两家企业都给所在产业造成巨大损失、造成极为恶劣的社会影响，并危害到消费者的生命健康和人身安全。国外也不乏因诚信问题而臭名昭著的企业，例如，日本综合化工企业、全球碳纤维材料巨头东丽集团承认子公司东丽HC存在篡改产品强度数据行为；美国安然公司财务舞弊事件等。目前中国市场处于发展阶段，企业诚信缺失问题比较严重。2014年国家发改委给出数据，企业因诚信缺失（商业欺诈、制假售假、偷逃骗税、学术不端、食品安全事故等）造成的经济损失超过6000亿元。

企业追求效率、效益，以较低成本创造较大的价值，为自己和员工创造价值，为大家谋福利无可厚非。但在追求利益的同时，注重产品质量和创新发展也是非常必要的。所以，企业要树立"诚信"理念，打造诚信文化，塑造良好的企业形象，获得社会对企业的认可度。相对于大企业而言，中小企业首先需要做的就是在生产经营的过程中确保原材料供应、生产、销售过程的诚信程度，以及完整的生产设备避免生产要素断流。其次，中小企业内部要制定一个标准化、独特性的保障制度，通过行为管理和奖惩制度，建立"遵守诚信、认真负责"的工作环境，解决企业失信的问题。再次，要不定期的组织活动和讲座，宣传企业诚实守信的文化氛围，让员工能够在自己的工作岗位上始终遵守诚信原则。抛弃"金钱至上"的理念，建立"义利并重，守义取利"的企业价值观，对内是调动员工积极性的"强心剂"，对外是抢占市场的利器。所以，现代中小企业要以"价实、货真、量足、守义"这四点作为中小企业行为准则，在遵守国家政策法规的前提下，尽可能地提高经济效益或追求企业利益最大化。

三　创立学习型组织架构

现代社会是知识经济时代，科技日新月异，企业竞争的实质是人才的竞争。要想跟上时代的步伐，个人需要终身学习，企业要转化为学习型组织。联想集团总裁柳传志先生认为，"要形成乌龟的久性，兔子的灵活性，还要有狮子的强壮性的企业，只有不断学习"。现在中国企业无论大小都面临一个尴尬的事实：许多企业年年吸纳大批人才精英，但雄厚的人才优势却没有发挥出应有的效力；许多高新技术企业，可谓精英荟萃，但其企业团队行为却表现出整体智商的低层次。有专家认为，是企业组织的智障阻碍了组织的学习成长，使组织被一种"无知"的力量所吞没，影响团队的整体运行。所以，企业要转变观念，打破以往的思维定式，为员工创造良好的学习环境。改善员工的心智模式，鼓励企业成员求知上进，营造相互教育、共同提高的学习气氛，从而形成不断推动企业前进的强大动力。具体做法：一是集群内积极构建政府部门、行业组织、高校和企业"四位一体"的高素质人才培养工作格局，发挥政府部门的主导作用，发挥各行业组织的平台和桥梁作用，发挥高校的主渠道作用，发挥以企业为主体，加强合作，共建共享，建立人才联合培养基地，鼓励有条件的高职院校开设相关专业课程，培养有针对性的应用型人才。二是制定人才引进利用专项方案，引进高层次人才、急需人才、创新创业人才、高技能人才和柔性人才，开展一系列高层次人才专项服务活动。例如，妥善解决相关人才户籍、人事档案管理、子女教育、配偶就业等实际问题，为园区员工创造良好的工作和生活环境。三是落实企业文化培训工作，企业要将企业文化的要求贯穿于企业培训之中，对员工的培训工作主要集中在理念讲解、组织的运作方法、客户沟通技巧等方面。四是改变中小企业组织"大而全""小而全"的管理形式和管理方法，改变企业管理方式向集约型管理转轨。

四 注重企业品牌文化

市场竞争日益激烈，中小企业要想生存和发展就必须建设品牌文化。品牌文化是指有利于识别产品生产者或销售者的产品或服务，并使之与竞争者的产品和服务区别开来的名称、符号或设计，或是这些要素的组合是文化特质，如经营观、价值观、审美观等观念形态结晶在品牌中的沉淀和品牌经营活动中的一切文化现象。① 世界上任何一个优秀的品牌文化都涵盖了被企业人所接受的思维方式、价值观念和行为准则。所以，企业在建设品牌文化时，都要深刻理解各自企业的精髓，创造一种具有内化外宣的控制能力的企业文化。

建设好的品牌文化体系应抓好四方面的建设：（1）管理文化。管理植根于文化之中，将企业管理从技术、经济上升到文化层面，从一个全新的视角来思考企业这个经济组织的运行。用企业经营者的思想、信念、价值观，通过管理方式间接地影响企业员工的行为。它的核心理念是重视企业内在激励机制，注重满足员工自我实现的需要，使企业管理柔性化，强调管理的和谐性和艺术性，为企业实践带来生机和活力。（2）质量文化。品牌企业的质量文化是指企业和社会在长期的生产经营中形成的质量意识、质量规范的价值取向、行为准则以及习惯，强调的是质量意识决定产品质量。企业要想从根本上解决质量问题，必须以人为本，从指导人们实践的观念形态寻求解决途径。（3）营销文化。企业营销文化是贯穿于企业整个营销活动过程中的一系列指导思想、文化理念以及与营销理念相适应的规范、制度等的总称。营销文化的精髓是营销理念与其价值观，优秀的营销理念可以提升企业形象、树立品牌，吸引人们的眼球和关注；同时可以吸引更多的人才、资金、技术和项目，促进企业向更好的方面发展。（4）服务文化。品牌服务文化是企业在长期对用户服务的过程中所形成的服务理念及职业观念等。不仅包括服务态度、行为，对服务素质、技能的要求，更重要的是在服务中凝结着一种先进文化。这种服务文化注重体现出先进的服务理念，真挚的服务精神和高超的服务艺术，渗透于品牌服务的各方面，赋予品牌特有的内涵和强烈的个性。②

---

① 徐丽、胡仪元：《企业品牌文化的构建研究》，《生态经济》2008年第8期。
② 吴剑南：《品牌文化与企业核心竞争力浅探》，《重庆电子工程职业学院学报》2010年第4期。

第五章 加快东北地区中小企业集群化成长的集聚区建设

第五节 对外贸易规模持续扩大

一 完善东北地区经贸条件

按照约翰·穆勒的理论和"对外贸易是经济增长发动机"的说法，以及通过进口、出口和进出口对经济增长的分析，东北地区要想使经济发展有所进步，就必须要大力发展对外贸易、扩大对外开放度。首先，东北地区应完善开放战略规划，构建开放型经济新体制。具体做法如下：一是加强对外开放基础研究。成立研究小组，规划一批关系中国对外开放战略长远的重大政策、重大项目和重大工程。二是完善对外开放的区域布局。加强基础设施建设，以及东北沿海地区与延边地区的互动与合作，找准东北的创新点和增长点。三要完善外商投资布局，加强与周边国家在能源、林业、农业、物流、基础设施、商贸等领域的合作，支持制造业企业开展跨国经营，加大对"走出去"农业项目的支持力度。四是强化服务业尤其是生产性服务业的开放力度。东北地区装备制造业比较成熟，是东北地区外贸开放的主体，未来东北地区应加强商贸、文化、航运、金融以及社会等服务内容，以保证开放的协同性和配套性，实现商品、服务、投资的统筹推进，对标国际水平，提升东北地区对外开放的整体效果。五是加速推进互联互通国际通道建设。加速构建东北地区航运口岸网络、航空枢纽网络、公路网、铁路网，全面提升东北地区的联通水平与辐射能力。

其次，根据目前东北地区对外贸易条件不完备等实际情况，为了促进东北地区对外贸易发展，东北应实施整体崛起计划，搭建东北地区经济圈一体化合作平台。具体措施如下：一是建立政府首长联席会议制度，每年定期召开会议，研究决定区域合作规划，协调区域对外贸易政策，会议决定将对区域内各政府具有普遍的约束力。这种跨行政区域和行政层级的地区建立的区域合作组织，应拥有统一的协调机构、优惠政策和信息共享平台,能够协调各方关系,避免各地区间的恶性竞争。要力争创造较完备的市场结构和市场体系,让生产要素在区域内自由流动,通过扩大对外贸易,推动资源的重组和优化配置,带动各地区经济增长。二是设立日常事务处理协调机构,组织有关单位联合编制招商引资政策合作计划,并定期向联席会议提交招商引资政策合作执行的进展情况报告和建议;[①] 此外,建立一个招商联合小组,由东北地区各省市招商局成员组成,仔细分析各省在招商引资中的长短处,明确各省市的规划功能,充分利用各博览会和各种洽谈会等国际国内活动平台,联合策划对内对外重大招商活动,树立东北地区经济圈整体品牌形象。当部分企业有意愿进驻经济圈内,就结合企业发展目标和行业特征,有针对性地建议企业去某省市投资,其余地区应给予积极合作与大力支持,来提高招商引资的整体水平和成功率。三是由于各地方政府间的合作很多都是靠地方领导人来推动的,当地方领导人有所变动,合作机制往往就随之消亡。因此,东北各地区要逐步探索出不因领导人的改变而改变的规范化、制度化和具有稳定性的对外贸易合作机制。当合作机制或制度一旦形成,就要使之具有合法性和稳定性。

二 调整出口产品结构

针对目前东北地区对外贸易发展潜力较大的实际情况。首先,中小企业要发挥各地区的比较优势,优化产业结构,提升产业层次,积极发展资本和技术密集型的产业。同时,推进加工贸易转型升级,提升加工贸易的水平和档次,发挥加工贸易的技术溢出效应和产业带动效应,增强产业配套能力及自主创新能力,提高东北地区在产业价值链中的地位。将中低端产品逐步向中国西部地区转移,以满足现阶段西部地区经济发展的需要。东北地区中小企业应特别注意装备制造业

---

① 谢来位:《政府间招商引资政策合作机制的建构》,《开放导报》2010 年第 16 期。

第五章　加快东北地区中小企业集群化成长的集聚区建设

产品的出口，以此来带动东北地区的发展。其次，协调东北地区重工业与轻工业的比例关系，加大对轻工业的投入与支持力度，加快对轻工业优势产业集群的培育，有效利用本地区丰富的轻工业原料和劳动力来发展轻工业，促进轻工业产品出口。再次，东北地区在扩大出口规模时也要适度扩大进口规模，充分利用和发挥外贸对产业结构优化的作用，鼓励经济效益低下、产品技术水平落后、缺乏竞争力的企业增加进口，引进必要的科学技术和机器设备来改造本企业的生产工艺，[①] 以及提高产品的附加值，缩小与国外企业的差距，使产品质量不断提高。另外，在扩大进口规模后可能会出现一定规模的入超，在一定程度上入超是有益的，但入超规模不能过大，要密切注视及分析产生贸易入超的原因。最后，政府在管理上要以市场为导向，加大对本地产品出口的扶持力度，积极协调各口岸部门减少通关环节，放松限制条件，简化审批手续，完善登记制度；建立符合国际惯例和通用规则的市场体系；加快推进涉外经济法律法规体系建设，完善法律服务体系。

三　推进企业国际化进程

东北地区集群内中小企业应该紧紧抓住发展对外贸易的历史机遇，立足自身，以更先进的理念、更先进的技术、更先进的经营管理参与国际市场竞争，实现中小企业的跨越式发展。首先，中小企业要依托计算机和网络技术，加强企业的信息化建设，提高企业的信息化水平，大力发展电子商务，整合物流、资金流和信息流，提高效率，降低成本，在国际市场上争取竞争优势。其次，中小企业要及时掌握国际市场需求，企业要对国际市场进行准确的调研，广泛了解市场的供需状况、价格动态、竞争情况以及有关国家的进出口政策、法规、措施和贸易习惯等，并根据国外市场的消费特点，消费水平、消费政策和技术标准，及时开

---

① 王锦红：《东北老工业基地外贸发展水平研究》，《理论界》2009年第3期。

发适销对路的产品，扩大集群企业产品出口。最后，集群企业要发展品牌战略。知名品牌，不仅是企业的形象，更是一个城市或地区的最佳名片。因此，中小企业集群要走"品牌兴企"之路，强化集群内企业品牌意识，调动企业争创国际品牌的积极性。(1) 企业要利用先进生产技术和生产设备对产品进行精加工和深加工，增加产品科技含量及附加值。企业在提高产品质量（产品的核心、形式和附加值的整体质量）的同时，还要在产品的功能、包装、款式、运送、安装、维修等十多个要素中下功夫，缺少或忽视任何一个都会影响品牌形象。[1] (2) 企业要多了解相关产品的国际质量标准和规范，提高人员素质，加强质量意识，加大资金投入，将有限的资金用在"刀刃"上。[2] (3) 政府要高度重视企业品牌建设，建立完善的、多层次、全方位的出口品牌培育机制，对符合相关规定的品牌出口企业予以适当政策倾斜，推进本地企业知名品牌建设；重点扶持一批在国际国内市场上已初具影响力的企业，培育他们成为拥有自主知识产权、国际竞争力的知名品牌。同时，帮助出口企业进行国际商标认证和注册，树立产品品牌形象，提升企业品牌价值；逐步培养外贸企业的品牌意识，引导企业在产品创新和品牌研发上下功夫，从而全面提高东北地区外贸出口企业的国际竞争能力，带动外贸整体水平的提高。

四　认真落实招商引资工作

招商引资其目的是为了促进经济增长，东北地区要认真落实招商引资工作。首先，政府应退出招商引资第一线。招商引资属于经济活动，引资的主体应该是能够对招商引资结果承担责任、深知市场法则和客观经济规律的中介机构或企业。政府直接从事有违招商

---

[1] 王英华、侯静：《浅析民营企业对外贸易可持续增长的途径》，《中国经贸导刊》2009年第23期。

[2] 王英华、侯静：《浅析民营企业对外贸易可持续增长的途径》，《中国经贸导刊》2009年第23期。

第五章 加快东北地区中小企业集群化成长的集聚区建设

原则,政府应专注于为招商引资创造一个良好的投资环境和创业氛围。具体做法是:政府应做到法律政策公开透明、公平公正,以廉洁政府、服务政府的形象和良好的口碑来吸引更多的优秀企业进入;政府要提高办事效率,通过整合各类招商资源,建立起协调、规范、有序、竞争的市场化招商引资机制,使招商引资按照商业规则和市场规律运行;政府要改善服务态度,改进服务方式,把服务贯穿到招商、安商、乐商、富商的全过程,全力帮助外资企业加快项目建设投产速度,力争使每个项目早日投产,并取得显著成效;政府要加强改革力度,减少审批和收费事项,提高行政效率;政府要支持引导中介机构,发挥其在招商引资中的作用,规范招商引资行为,凡是已经交给中介机构的职能,政府部门不应再参与,防止政府部门职能同中介机构职能的交叉错位和政企不分。[①]

其次,政府要树立正确的招商引资理念和科学的政绩考核制度。东北地区各级地方政府应尊重经济规律和市场规律,以经济效益与社会效益并重为原则,选择符合国家产业政策发展方向的外资项目;在招商引资数量指标上,应与本地经济增长速度成合理的比例关系,应该考虑到经济发展的合理速度和本地的承受及消化能力,不能盲目追求数量规模和增长速度;要以国家和人民群众的利益为重,抓当前、谋长远,做好基础工作,既要看到量的指标,也应看到质的重要性,防止只顾眼前利益、不顾长远利益,彻底改变重量不重质的短浅眼光。在政府绩效考核时,应区别对待,把招商引资的政府职能定位于服务与宏观调控上,把对投资者的服务作为一项重要指标,以各部门在处理企业要求时所牵涉的政府部门的服务效率的档案记录和企业的满意度为重要依据,作为政府"政绩"考核的一部分;在质量指标上,应当确定招商引资资金的到位、项目完成验收、投资周期、投资收益、财政增收、行业分布、产业关联、

[①] 刘作雨:《地方政府招商引资角色定位探析》,《现代商业》2010年第32期。

吸收就业等多种指标加权模型和综合评估方法，以此进行规划和评估。[①]

再次，政府要以培育产业链为中心实施招商引资。目前在经济发展过程中，市场竞争日益激烈，客观上形成对产业链的强烈要求。针对东北地区中小企业集群化成长过程中存在的产业链条短、前后向关联弱、产业整体抗风险能力低等问题，今后在中小企业集群的招商引资中要做到：一要加强对产业技术路线的研究，全面把握市场需求，了解产业发展趋势，科学的选择招商引资项目，避免盲目跟风。二是通过招商引来终端产品的大企业入区，提升集群内技术优势和品牌优势，促进国际化运作。同时，还可以吸引生产半成品的中小企业入区发展。三是要注重产业链的完整性，加大对"断链"和薄弱环节项目的引进力度，提升关键产业链条，而且特别要注重对研发设计、核心零部件生产等环节的引进。四是要围绕目标产业整合科研院所、信息服务、物流网络等各种资源，建立完善的技术支撑平台。[②]

第六节　战略性新兴产业加快发展

一　加大配套政策扶持力度

新一轮技术革命推动下新兴产业正快速发展，东北地区各级政府要深刻解读国家发布的"十四五"规划、"中国制造2025"以及"互联网+"规划行动计划，重点考虑培育中小企业集群发展战略性新兴产业。政府要研究并制定中小企业集群发展战略性新兴产业的指导纲要，搞好区域布局，注意寻找差异，推动战略性新兴产业健康发展。

[①] 谷立海：《试论地方政府招商引资中的问题与对策》，《经济师》2009年第10期。
[②] 梁丹：《金融危机背景下推进河南产业升级的对策研究》，《黄河科技大学学报》2010年第1期。

第五章　加快东北地区中小企业集群化成长的集聚区建设

第一，深化体制机制改革，营创良好发展环境。政府要加强对新兴产业的领导和服务，可借鉴京津冀成立国家级的协调委员会机构的经验，建设东北地区战略新兴产业协同发展组织机构，协调和统筹整个东北地区的战略新兴产业发展，做好顶层设计，制定新兴产业发展规划，尽量避免三省之间以及省区内部的恶性竞争；加快市场化改革，推动国企改革，增加民营经济比重，营造公平竞争的制度环境；[1]加强立法，加大对中小企业发展战略性新兴产业知识产权的保护力度，规范市场行为，提高产品质量，增强品牌意识。

第二，政府要制定财税扶持政策，加大财政对战略性新兴产业发展的投入力度，设立专项资金用于扶持新兴产业，安排部分财政性资金对重点产业发展特定环节、事项进行专项补贴，积极争取各类投资基金、引导基金支持重大产业科技攻关；在税费方面，对于重点扶持的新兴产业项目应给予中小企业适当贴息或税收减免优惠，着力减轻中小企业税费负担，如适当扩大中小企业可在税前扣除的费用范围和标准。

第三，实施采购扶持计划，对符合标准的战略性新兴产业领域的创新产品提供消费支持，为新兴产品打开市场，通过公共环境领域的示范应用，促进产业形成良性循环；政府应放宽市场准入政策，扩大能进入新兴产业的企业的主体范围，使广大民营企业和中小企业获得自由进入新兴产业的资格与权利。[2]

第四，尽快完善战略性新兴产业的投融资体系，建立风险投资引导基金、科技融资担保公司、科技创新金融服务中心等，构建"投、保、贷"一体化的科技投融资体系；[3]多实行PPP模式，信贷模式创

---

[1] 刘荫、曾春水、王军礼、李成林：《经济新常态下东北地区战略性新兴产业发展路径研究》，《科技管理研究》2017年第23期。

[2] 黄先海：《浙江发展战略性新兴产业的基本思路与对策建议》，《浙江社会科学》2010年第12期。

[3] 李天舒、张天维：《战略性新兴产业的领域选择和政策取向》，《特区经济》2010年第10期。

新、创投基金等方式,拓宽社会资本投资渠道;优先扶持符合条件的战略性新兴产业企业上市,在资本市场上市融资,到场外交易市场挂牌,发行企业债券、私募债券、短期融资券、中期票据、中小企业集合票据和区域绩优集合债券等拓宽融资渠道。[①]

第五加大对战略性新兴产业的招商引资力度,目前中国大力支持发展战略性新兴产业,市场发育程度与之前相比有很大进步,特别是目前战略性新兴产业上市公司在研发上的投资,高于普通上市公司研发费用的5%。但是大多数民营中小企业不敢投入仍是问题。

东北地区要结合本地区的实际情况,围绕战略性新兴产业发展规划,引进一批具有国际领先水平、产业引领作用和规模化发展前景的企业,来促进中小企业集群新兴产业的发展。首先是加快建设和完善战略性新兴产业基础设施,为战略性新兴产业的发展提供必要的保障;其次是制定有吸引力的产业政策,吸引国内外知名大型企业集团的研发机构和生产基地进驻,以此提升并带动本地新兴产业产品的整体水平;再次是立足产业基础优势,贯彻科学发展观,抓好项目引进,变"盲目招商"为"产业招商",变"一般招商"为"特色招商",变"招商引资"为"招商选资",并进一步提高项目签约资金的落实率。

二 提高企业关键技术自主创新能力

战略性新兴产业在本质上是高新技术产业,保证战略性新兴产业发展的关键因素是企业关键技术自主创新。中小企业要想发展战略性新兴产业,就要强化目标导向,瞄准国际科技前沿,实施高端跨越。首先,坚持把企业自主创新作为培育发展战略性新兴产业的关键环节,积极推动创新要素向企业集聚。着力增强企业两方面能力:一是

---

① 刘荫、曾春水、王军礼、李成林:《经济新常态下东北地区战略性新兴产业发展路径研究》,《科技管理研究》2017年第23期。

企业的资源配置能力，即鼓励和引导企业通过市场机制，有效利用高校及研究院所的技术、成果、人才等资源，力求达到"不求所在，但求所用"；二是企业的内在研发能力，即根据企业不同的规模和需求加强分类指导，推动企业自主研发能力建设；在强化自主创新能力的同时，积极鼓励省外优秀企业集团、跨国公司等在东北重点发展产业，创办研发机构。其次，中小企业要加大研发投入，拓宽科技投资的融资渠道，尽快建立起以企业投入为主体，吸引外资和社会资金为补充的多渠道、多层次的科技创新投入新机制。[1] 针对目前新兴产业上、中、下游企业脱节、自主创新资源分散、整合能力不强等现象发挥作用，认真分析中小企业集群内各主要产业在供应链中的比较优势，强化专业分工，优化要素配置，尽快通过产业链整合战略，降低创新成本，建立完善的创新资源整合机制，使处于整个产业链条的企业一起寻求关键技术创新，形成战略性新兴产业发展的集聚效应，争取在某些产业或者产业的某些环节高端化，达到世界一流的水平。再次，合理的人才结构和人才储备是战略性新兴产业持续健康发展的基本保证。企业要增加对人力资本的投入，着力吸引优秀人才来东北地区创业，通过采取核心人才、团队、项目等不同的引进方式，解决企业人才结构不合理、高新技术人才缺乏的问题，为企业的技术创新准备人力条件。

三 加快公共服务体系建设

建立一个有较强竞争力的战略性新兴产业群，健全的公共服务体系是必不可少的。首先，政府应加大对生产性服务业的投入，扩大创业基金规模，重点扶持和培育促进技术成果转化、知识产权交易咨询、评估等中介服务机构，通过发展信息、新材料、生物医药、新能

---

[1] 王亚丰、刘敬伟：《丹东市战略性新兴产业发展研究》，《辽东学院学报》（社会科学版）2010年第6期。

源、生态环境保护、光机电一体化、工业设计、文化创意等技术服务业，实现东北地区服务业的结构优化和升级。其次，应增强公共技术服务能力，整合现有公共科技资源，实现公共科技资源的社会共享，通过加强公共技术服务平台的建设为企业提供公共技术服务，大幅提高公共科研与服务的实力和创新能力，形成对核心技术攻关的整体合力。① 例如，中小企业集群内要建设科技创新平台，争取在战略性新兴产业的基础性、共性技术和重大关键技术进行重点突破。再次，战略性新兴产业具有高投入、高回报和高风险等特征，其发展需要通过金融创新来构建风险分担机制和新型的融资机制，实现新兴产业与金融资本之间的良性互动，从而推动新兴产业规模逐渐壮大和产业层次逐渐提升。② 因此，要发挥多层次资本市场的作用，以此促进中小企业发展战略性新兴产业，打造完整的创业投资链。积极推进各金融机构建立针对战略性新兴产业的信贷体系和保险担保联动机制，促进知识产权、质押贷款等金融创新，通过建立以民间创业风险资本和外资为主体的风险投资基金，完善并拓宽股权投资的市场进出渠道，支持有条件的企业上市融资，并鼓励风险投资参与高校、科研机构的研发活动，进一步提高高校和科研院所智力资源的利用率。

四 促进新兴产业拓展国际市场

在经济全球化的形势下，政府应支持发展战略性新兴产业的中小企业实施"走出去"战略，提升新兴产业领域国际化水平，推进高科技产品的商品化、产业化和国际化进程。政府要支持具备条件的中小企业集群通过跨国经营和合作，提升集群在国际分工合作中的地位和水平；鼓励有比较优势的中小企业到海外进行投资创业，或兴办研究

---

① 沈坤荣、虞剑文、李子联：《发展战略性新兴产业提升江苏经济发展内生动力》，《江苏社会科学》2011 年第 1 期。
② 刘洪昌、武博：《战略性新兴产业的选择原则及培育政策取向》，《现代经济探讨》2010 年第 10 期。

第五章 加快东北地区中小企业集群化成长的集聚区建设

开发机构,或购并中小高技术企业,有效利用国外智力资源;① 政府可以通过政府间援助项目帮助企业拓展境外市场;政府可以支持中小企业和科研院所合作,积极参与国际标准的制定、申请国际专利、参与国际通行的产品技术标准认证体系,加强对重点产业的出口商品进行质量体系认证、环境体系认证和产品质量安全环保体系认证等,构建具有质量效益导向的外贸促进和调控体系。中小企业要坚定信心,积极调整出口商品结构,敢于放弃低端产品,积极寻找适合自己的发展模式,以自有品牌、自主知识产权和自主销售为重点,支持有高附加值的劳动密集型产品、深加工产品出口;中小企业要完善加工贸易政策,有效提高出口产品的层次和核心竞争力,增加国内配套能力;企业要积极开拓非传统出口市场,推进市场多元化发展。② 同时,东北地区中小企业集群发展应立足各省产业基础,因地制宜选择新兴产业发展重点领域,突破关键技术,带动产业发展。例如:辽宁省可依托沈阳机床、沈阳新松机器人自动化股份公司、华晨宝马和大众汽车自动变速器(大连)有限公司等龙头企业,发展机器人、轨道交通装备、大型煤炭、冶金、石化设备、矿山大型设备产业及核心零部件等发展高端制造业;吉林省可重点突破生物医药、新能源动力电池和轨道交通等关键技术,以引领产业技术创新;长春市依托中国一汽发展新能源汽车、智能汽车产业园建设,设立国家级承接产业转移示范区,承接国内外产业转移;黑龙江省重点发展生物产业(依托哈药六厂、北大荒等)生物制药、秸秆制糖及醇化技术,航空装备制造即飞机的总装、发动机及零部件(依托哈飞集团等)。③

---

① 王昌林:《努力保持高技术产业平稳快速增长》,《中国科技投资》2009 年第 4 期。
② 魏际刚:《加快提升重点产业竞争力的思路与建议》,《新经济导刊》2010 年第 11 期。
③ 刘荫、曾春水、王军礼、李成林:《经济新常态下东北地区战略性新兴产业发展路径研究》,《科技管理研究》2017 年第 23 期。

第六章 结论与研究展望

第一节 研究结论

目前中国中小企业贡献了50%的税收，60%以上的GDP，70%以上的技术创新，80%以上的城镇劳动就业，90%以上的企业数量，是国民经济和社会发展的主力军。但中国中小企业成长状况并不乐观，中小企业素质普遍较低，竞争力较弱，抗风险能力较差，是市场经济中的"弱势群体"。但中小企业集群能够形成具有持续竞争优势的价值网络，中小企业集聚区建设可以使各种不同特质资源有机整合，助力中小企业成长。面对中国经济发展新常态以及东北地区经济发展滞后现象，大力推进中小企业集群化和集聚区建设，能够为东北地区中小企业打造高质量成长的生态体系，拉动地区经济活力，扩大城市经济规模，优化地方产业布局，促进地方经济发展，扭转地区经济在全国的劣势地位有一定的现实意义。

为了更好地解决东北地区的经济现状，本书对东北地区中小企业集群化成长的现状进行分析研究，总结出东北地区中小企业集群化成长的现存问题：企业间专业化分工程度低，不利于发展集群经济；企业创新动力不足，不利于增强其竞争优势；对外贸易额偏小，与东部沿海发达省份相比差距在逐渐拉大；服务业发展缓慢，不论是在服务实体的组织、形式上，还是在服务的范围、质量上都跟不上产业发展的步伐，不能有效实现集群内产业聚集，无法建立起企业集群化形成与发展的强有力的支撑环境；战略性新兴产业市场发育程度与发达省份相比还较低，不利于新兴产业的发展以及区域经济的持续竞争力。根据东北地区发展中小企业集群化问题的不足，继而本书又对阻碍东北地区中小企业集群化成长的原因进行分析，得出结论主要有几个方面：一是制度原因，不完善的市场制度阻碍了东北地区中小企业集群的发展。二是中小企业自身素质较低，阻碍了集群化的成长。东北地区中小企业集群内大多数中小企业规模小，发展时间不长，企业管理水平普遍较低，企业资信较差，特别是多数中小企业信息不透明，其信用值很难评估，难以进入资本市场获得资金。再加上，中小企业文化发展落后，对企业文化建设认识不够，这也不利于企业的发展。三是部分地方政府规划缺乏科学性，不利于中小企业集群的发展。在东北垄断的特大型、大型企业一直占有极其重要的地位，相比较而言，中小企业在东北地区几乎没有得到过充分的发展，始终处在一个"被挤出"和"被压抑"的环境。四是引资政策存在偏误，部分招商引资的工作人员对招商引资产业政策的掌握不够全面，弱化了东北地区产业环保高效的可持续发展理念的贯彻。另外，引进的行业并没有使我方掌握先进的生产工艺和生产技术，没有质量上实质性的进展。

在以上研究的基础上，本书以解决东北地区的经济状况为出发点，提出以集聚区建设为依托促进东北地区中小企业集群化成长的对策建议来有效帮助东北地区中小企业提高整体竞争力。

(一) 地方政府积极推动中小企业集群化成长

政府在中小企业集群化成长发展过程中的重要职能之一就是提供公共产品和服务。在很大程度上公共产品与服务的供给关联到企业集群的竞争优势和集群的生死。所以政府应积极培育与发挥各种社会中介组织与社会力量的优势，实现公共服务供给的多元化，提高公共服务供给的效率和水平。同时，地方政府是企业集群管理的核心力量，政府要加强法治建设。在制定企业集群政策时，要因地制宜，立足自身比较优势，制定出有针对性的适合本地集群发展的政策，切忌盲目跟风。

（二）企业增强自主创新能力

企业要发展就要不断创新，提高企业技术创新是增强企业竞争力的基础。同时，还要培育企业观念创新，一个企业的观念始终支配着企业行为，企业创新首要问题就是观念创新，观念创新是现代企业创新的先决条件。同时，企业还要推动管理创新。管理是企业生存和成长的基础，新世纪中小企业要想在国际市场竞争中占据有利地位，就必须把管理创新作为现代企业创新的重要手段。当然，企业在创新中也不能忽视人力资本的投入，人才是企业技术创新的基础，企业积累了丰厚的人力资本，技术创新能力才能更强。所以，中小企业要全面提升人才创新的投入，针对目前中小企业高新技术人才总量偏低及存量不足等问题，作出正确的人才吸纳规划。

（三）企业集群拉长产业链条

企业成长并不简单地依赖于企业内部的资源状况及其管理，同时还依赖于联盟伙伴企业的资源状态、行为以及相互之间的合作沟通情况。[①] 因此，中小企业集群要提高企业集群网络组织化程度，协调内部成员间的紧密合作、集体意识以及自律行为。中小企业要转变观念，甘当配角，积极发展与大企业的配套与协作，通过"龙头带配套"的良性循环方式，拉长产业链条，拓展发展空间，从而实现中小企业集群化成长。而且，集群内要建立中小企业研发联盟，有效地解决中小企业技术水平低、创新不足的问题。

（四）服务业加快发展

政府要加大引导力度，积极制定发展服务业相关的政策法规体系，加强政策引导，通过制度规范引导服务业健康发展。政府要建立促进生产性服务业发展的引导资金，加大对生产性服务业的投入，扩大创业基金规模。要积极引进外资发展服务业，外资在发展现代服务

---

① 邬爱其：《集群企业网络化成长机制：理论分析与浙江经验》，中国社会科学出版社2007年版，第158页。

业方面，具有明显的技术、管理经验、服务创新等方面的优势。此外，集群内要培育中介机构。专业化服务机构为中小企业提供信用担保、技术支持、筹资融资、经营管理、人员培训等各种服务，为中小企业发展过程中扫清障碍。

（五）企业加强文化建设

中小企业要想做大做强，长久地生存，就必须建立适合本企业生存发展的文化。中小企业家是现代中小企业文化的主体，是企业文化的设计者、倡导者和建设者。所以，中小企业家及管理者应努力提高自身综合素质，以身体力行，向员工言传身教，做出企业文化理念和企业经营思想上的表率。同时，现代中小企业要树立"义利并重，守义取利"的企业价值观，抛弃"金钱至上"的理念，以"价实、货真、量足、守义"这四点作为中小企业行为准则。另外，中小企业要建设成为学习型组织。现代社会是知识经济时代，科技日新月异，要想跟上时代的步伐，个人需要终身学习，企业也要转化为学习型组织。最后，中小企业要注重企业文化与品牌文化相结合，以树立品牌为契机，不断加强企业文化建设。

（六）集群企业提高对外贸易质量

东北地区中小企业集群要加快发展对外贸易，加大国际市场的开发力度，积极发挥区位优势，扩展与周边国家贸易规模、品种和方式，以投资贸易带动共同贸易规模的进一步扩大。东北地区中小企业要坚定信心，积极调整出口商品结构，扩大技术密集型产品出口规模，把产品价格优势转变到质量优势上来，使出口结构和产业结构可以及时随国际市场需求和分工格局的变化而变化。中小企业应认真对待自主品牌的培养，有效提高出口产品的层次和核心竞争力，进行从生产到销售的全面质量管理，保证出口商品的高质量、高效用，在国际市场上树立企业品牌信誉。

（七）招商引资工作进一步加强

在现阶段经济发展中，招商引资仍是加快经济可持续发展和增强经济发展后劲的有效举措。各个中小企业集群要结合实际情况，组织社会各界力量探讨和挖掘集群企业发展的战略走向，确定集群在国内外招商引资的市场空间及主攻方向；以培育产业链为中心，以"产业招商""特色招商""招商选资"为主要方式实施招商引资工作，并进一步提高签约资金的落实率；明确开发区管委会组织机构内的环境管理职责，加强各级人员的环境管理意识，并对环境意识培养、环境管理能力、专项能力等方面进行培训；建立能力评价指标体系及考核规程，促进开发区工作人员的能力建设。

（八）中小企业集群积极发展战略性新兴产业

东北地区中小企业集群要抓住这次机遇，抢占先机，积极主动的发展战略性新兴产业。首先，政府要加强政策引导、扶持及制订适合产业发展的规划，为中小企业发展战略性新兴产业提供宏观条件。同时，政府要支持战略性新兴产业中小企业实施"走出去"战略，提升新兴产业领域国际化水平，推进高科技产品的商品化、产业化和国际化进程。其次，企业是要瞄准国际科技前沿，加大研发投入，拓宽科技投资的融资渠道，尽快建立起以企业投入为主体，吸引外资和社会资金为补充的多渠道、多层次的科技创新投入新机制。[1] 最后，集群内要大力发展信息技术服务业、新材料技术服务业、生物医药技术服务业、新能源与高效节能技术服务业、资源、生态环境保护技术服务业、光机电一体化技术服务业、工业设计和文化创意产业支撑技术服务业等，为中小企业发展战略性新兴产业提供配套支持。

第二节　研究展望

目前国内对于中小企业集群化成长理论全貌的介绍还很少，中小

---

[1] 王亚丰、刘敬伟：《丹东市战略性新兴产业发展研究》，《辽东学院学报》（社会科学版）2010年第12卷第6期。

企业集群化成长的研究尚处于起步阶段，而国外的相关研究也没有形成系统化的理论。所以，研究中小企业集群化成长问题是一项极富挑战性的工作。本书在缺乏足够厚实的理论支撑前提下，进行对东北地区中小企业集群化成长的构建，一方面丰富了中小企业集群化成长理论的发展；另一方面，探讨东北地区中小企业集群发展模式与阻碍中小企业高质量发展的主要因素，为打造富有竞争力的东北地区中小企业集群提供新思路。这些既是本书的创新之处，也是研究的难点，在一定程度上加速了中小企业集群化成长理论向更高层次的探索。在即将顿笔之际，本书在写作过程中已经解决了中小企业集群化成长的部分问题，但却发现有更多的问题展现在面前，期待后期进一步研究。

（一）加快传统中小企业集群转型升级

传统中小企业集群在中国工业经济中发挥着资本积累、促进社会就业的重要作用。但是，由于过度依赖国际市场和廉价劳动力的低成本优势，也造成了许多结构性和制度性的弊端。随着全球化的经济波动，我国传统中小企业集群的劣势逐渐凸显。根据发达工业国家的工业化和传统产业结构升级的历史表明，工业化国家的劳动密集型传统产业最终将进一步转移到劳动力成本较低的地方。新兴的高新技术产业、高附加值服务业（包括生产性服务业和消费性服务业）和文化创意产业将成为经济生活的主流，产业结构升级就意味着产业的去工业化、高度化和服务化，而中国中小企业正面临着劳动力价值大幅度提升，产品附加值低、缺乏创新能力等问题。如何在东北新一轮转型升级过程中继续发展，是中小企业家和学者们需要思考的问题。

（二）融入开放的全球分工体系

由于交通和技术的发展，生产要素不再局限于一地，生产过程被分割，企业依据各个阶段对生产要素的不同要求，以及投资效益最大化的原则寻求生产区位。全球化的生产链并没有使生产活动和创新活动的空间分布趋于均衡，反而集聚增强。区域之间的发展差异并不表现在产业是传统还是新兴,只表现在区域是否能承受市场变动和灵活地进行产业结构调整。东北地区中小企业集群极具地方特色,具有很强的内动力和灵活性。所以未来研究东北地区中小企业集群,首先需要把中小企业集群放在开放的全球分工体系中加以研究。因为不同区域在全球生产网络中所处的地位是不同的,全球分工格局使得地方创新过程被卷入全球生产的大背景下,一些区域成为某个产业的创新中心,聚集了大量相关技术的研发机构和企业,掌握着核心技术和产品生产,把握着产业的发展趋势和走向;另一些区域成为生产和加工制造的基地,技术创新依赖创新中心的扩散。融入这样的分工体系为后发地区加速学习、快速追赶提供了机遇。东北地区中小企业集群不能陷入故步自封、停滞不前的境地,要强调本地区与其他地区或国家的交流与合作,无论自身处于分工体系的哪个位置,都需要有开放包容的心态,面对复杂变动的市场和技术发展,依靠持续创新,实现精益求精。

(三)全球经济波动对中国中小企业的影响

新冠肺炎疫情对全球各国经济都造成了一定程度的影响。让世界各国都陷入了一定程度的停摆状态,使全球资本市场都遭受了一定程度的震荡。针对这种经济状态,以美国为首的贸易保护主义大行其道,受到很多国家的拥护。面对这一情况,中国的大中小企业受到一定影响,这种趋势下很有可能会改变甚至重塑全球价值链治理结构的形态与格局。中国的中小企业未来要如何发展,是值得继续研究下去的内容。因此,作者会继续沿着这条思路研究下去。

参考文献

艾忠：《吉林省石化产业循环经济发展研究》，硕士学位论文，长春理工大学，2009年。

安虎森、朱妍：《产业集群理论及其进展》，《南开经济研究》2003年第3期。

白钦先、薛誉华：《各国中小企业政策性金融体系比较》，中国金融出版社2001年版。

包锡妹：《中小企业法律界定标准初探》，《中国青年政治学院学报》2000年第5期。

陈丹宇：《区域创新系统研究的回顾与评述》，《科技进步与对策》2007年第8期。

陈德智、王浣尘：《企业之间合作创新模式》，《科技管理研究》2003年第3期。

陈和平：《我国企业集群化成长及其预警研究》，硕士学位论文，中国海洋大学，2006年。

陈琳、翟崇碧：《产业集群发展中政府治理与集群产出的传导机制分析》，《南开经济研究》2010年第2期。

陈柳钦：《专业化分工下的产业集群演进》，《长安大学学报》（社会科学版）2007年第3期。

陈琦、曹兴：《企业成长理论述评》，《湘潭大学学报》2008年第3期。

陈小洪、金忠义：《企业市场关系分析——产业组织理论及其应用》，科学技术出版社出版1990年版。

陈勇江：《产业集群"市场失灵"中的政府职能定位》，《中国行政管理》2009年第5期。

陈真、韩奕萍：《黑龙江省加快发展中小企业与增加就业的问题研究》，《商业经济》2010年第11期。

程丽霞、孟繁颖：《企业成长理论的渊源与发展》，《汉江论坛》2006年第2期。

池仁勇：《区域中小企业创新网络形成、结构属性与功能提升：浙江实证考察》，《管理世界》2005年第10期。

池仁勇：《意大利中小企业集群的形成条件与特征》，《外国经济与管理》2001年第8期。

迟明园：《东北地区服务贸易对经济发展的影响研究》，博士学位论文，东北师范大学，2019年。

仇保兴：《中小企业集群研究》，复旦大学出版社1999年版。

初天天、柴秋星：《黑龙江省装备制造业全球价值链升级研究——基于"冰上丝绸之路"背景下》，《北方经贸》2019年第7期。

崔俊敏：《现代服务业对河南新型工业化发展的作用及对策》，《商业时代》2010年第10期。

段学军、虞孝感、陆大道：《克鲁格曼的新经济地理研究及其意义》，《地理学报》2010年第2期。

范明、汤学俊：《企业可持续成长研究——一个一般框架及其对中国企业可持续成长的应用分析》，《管理世界》2004年第10期。

费洪平：《地域生产综合体理论研究综述》，《地理学与国土研究》1992年第2期。

傅京燕、郑杰：《中小企业集群与竞争优势》，《财贸研究》2003年第2期。

盖文启：《创新网络：区域经济发展新思维》，北京大学出版社2002

年版。

盖文启、朱华晟、张辉：《国外产业集群理论探析》，《经济理论》2006年第7期。

高斌、丁四保：《东北地区产业集群发展问题及战略研究》，《东北师大学报》（哲学社会科学版）2008年第2期。

高斌、孙英杰：《延边地区中小企业发展问题及战略研究》，《东疆学刊》2007年第1期。

高雪莲：《上海张江与台湾新竹产业集群创新能力的比较研究——基于钻石模型的案例分析》，《科技进步与对策》2010年第10期。

高正平：《中小企业融资新论》，中国金融出版社2005年版。

葛传斌：《浙江省中小企业集群网络关系链研究》，硕士学位论文，浙江工业大学，2004年。

龚双红：《国外产业集群理论综述》，《哈尔滨市委党校学报》2006年第1期。

谷立海：《试论地方政府招商引资中的问题与对策》，《经济师》2009年第10期。

郭蕊：《企业可持续成长能力的关键纬度及分析模型》，《科学学与科学技术管理》2005年第11期。

国家发展改革委：《努力形成新一轮东北振兴好势头》，《中国经济报导》2016年3月22日。

何桢、韩亚娟、张敏、张凯：《企业管理创新、整合与精益六西格玛实施研究》，《科学学与科学技术管理》2008年第2期。

贺保民、张明庆、谭宏伟：《浅谈中国民营企业文化建设》，《经济研究导刊》2010年第3期。

侯志茹：《产业价值链视角下的东北地区产业集群发展问题研究》，《经济纵横》2009年第12期。

侯志茹：《东北地区产业集群发展动力机制研究》，博士毕业论文，东北师范大学，2007年。

胡宇辰：《产业集群支持体系》，《经济管理出版社》2005年第6期。

黄涛、王祥伟：《辽宁产业集群的演变升级问题研究》，《沈阳航空工业学院学报》2008年第12期。

黄先海：《浙江发展战略性新兴产业的基本思路与对策建议》，《浙江社会科学》2010年第12期。

惠宁：《产业集群的区域经济效应研究》，博士学位论文，西北大学，2006年。

吉庆华：《现代服务业集群特征及发展战略》，《云南民族大学学报》2010年第5期。

贾凌民、吕旭宁：《创新公共服务供给模式的研究》，《中国行政管理》2007年第4期。

贾生华、邬爱其、张学华：《企业集群化成长障碍调查——以浙江省为例》，《经济理论与经济管理》2003年第7期。

蒋自然：《产业集群创新及其创新政策研究》，硕士毕业论文，浙江师范大学，2007年。

解学梅、隋映辉：《科技产业集群：价值链及其实现途径》，《科技管理研究》2005年第9期。

经济与管理研究编辑部：《中国企业成长的规律性研究——首届中国企业成长研讨会综述》，《经济与管理研究》2004年第6期。

康立：《非对称信息条件下中小企业银行信贷融资研究》，博士学位论文，华东师范大学，2007年。

康耀辉、黄婉珺：《吉林省资源型城市培育产业集群的障碍及对策》，《通化师范学院学报》2010年第5期。

科斯：《企业的性质》，上海财经大学出版社2000年版。

蓝庆新、王述英：《产业集群的内在竞争力效应分析》，《山西财经大学学报》2004年第4期。

李迪：《黑龙江省林业工业园区发展机理及绩效评价研究》，东北林业大学，2015年。

李金华:《基于复杂网络理论视角的产业集群网络特征浅析》,《江苏商论》2007年第1期。

李九斤、胡博洋、常玉春:《黑龙江省中小企业融资现状及完善对策》,《财务与会计》2018年第11期。

李明:《我国商业银行规模经济分析》,《上海金融》1999年第12期。

李盼盼:《新形势下辽宁省农产品加工业发展状况分析》,《农业经济》2017年第7期。

李天舒、张天维:《战略性新兴产业的领域选择和政策取向》,《特区经济》2010年第10期。

李新春:《企业集群化成长的资源能力获取与创造》,《学术研究》2002年第7期。

李兆晟、贾帆联:《嵊州领带产业集群转型升级的经验和启示》,《产经纵横》2015年第19期。

李珍珍:《嵊州领带产业集群分析》,《社会科学家》2005年第5期。

李志能、杜锦根、温容祯:《企业的X效率问题与制度分析》,《上海经济研究》1996年第12期。

梁丹:《金融危机背景下推进河南产业升级的对策研究》,《黄河科技大学学报》2010年第1期。

梁浩:《企业网络理论的现状及国内研究中的困境》,《江淮论坛》2006年第3期。

林岗、张宁:《马克思主义与制度分析》,经济科学出版社2001年版。

刘兵权、王耀中:《分工、现代生产性服务业与高端制造业发展》,《山西财经大学学报》2010年第11期。

刘春香、李一涛:《借鉴国际经验——提升浙江民营企业集群竞争力》,《未来与发展》2010年第5期。

刘东:《核心竞争力——企业成长的超久能源》,《企业改革与管理》2000年第5期。

刘洪昌、武博:《战略性新兴产业的选择原则及培育政策取向》,《现代经济探讨》2010年第10期。

刘巨钦：《企业集群成长机理与竞争优势培育》，中国经济出版社2007年版。

刘巨钦：《企业集群的内生性成长研究》，上海三联书店2008年版。

刘荫、曾春水、王军礼、李成林：《经济新常态下东北地区战略性新兴产业发展路径研究》，《科技管理研究》2017年第23期。

刘志高、张薇、刘卫东：《中国东北三省对外贸易空间格局研究》，《地理科学》2016年第9期。

刘作雨：《地方政府招商引资角色定位探析》，《现代商业》2010年第32期。

吕丙：《产业集群的区域品牌价值与产业结构升级——以浙江省嵊州市领带产业为例》，《中南财经政法大学学报》2009年第4期。

骆建艳、丁颖：《论集群品牌的建设与运作：以嵊州领带为例》，《特区经济》2007年第1期。

马歇尔：《经济学原理》上卷，陈良璧译，商务印书馆1964年版。

马歇尔：《经济学原理》下卷，朱志泰译，商务印书馆1965年版。

马云俊：《辽宁省中小企业集群发展研究》，《理论界》2010年第4期。

毛文静：《中小企业集群社会资本再生产研究》，经济科学出版社2008年版。

聂鸣、梅丽霞、鲁莹：《班加罗尔软件产业集群的社会资本研究》，《研究与发展管理》2004年第4期。

宁钟：《企业集群理论的演进及评述》，《武汉大学学报》（社会科学版）2002年第6期。

欧志明、张建华：《企业网络组织及其理论基础》，《华中科技大学学报》2001年第8期。

潘利：《链网互动视角下中国产业集群升级研究》，博士学位论文，上海社会科学院，2007年。

平狄克、鲁宾费尔德：《微观经济学》，中国人民大学出版社1997年版。

钱平凡：《产业集群发展的国际经验》，《国务院发展研究中心：调查研究报告》2003年第126期。

秦佳良、张玉臣、贺明华：《促进产业价值链迈向中高端：演化路径和政策思考》，《企业经济》2018年第8期。

邱灵、杨玉英：《加快东北地区服务业发展》，《宏观经济管理》2013年第2期。

戎殿新、罗红波：《中小企业王国——意大利》，经济日报出版社1996年版。

萨缪尔森、诺德豪斯：《经济学》，萧深译，华夏出版社1999年版。

佘明龙：《产业集群理论综述》，《兰州商学院学报》2005年第6期。

沈坤荣、虞剑文、李子联：《发展战略性新兴产业提升江苏经济发展内生动力》，《江苏社会科学》2011年第1期。

斯蒂格利茨：《经济学》（第二版）上册，梁小民、黄险峰译，中国人民大学出版社2000年版。

宋明顺、范庆瑜、王晓军：《用标准化提升区域产品市场竞争力的实证研究》，《中国软科学》2004年第5期。

孙望：《基于价值链分析的企业集群竞争绩效研究》，硕士学位论文，天津理工大学，2008年。

泰勒尔：《产业组织理论》，中国人民大学出版社1999年版。

唐晓华：《产业集群：辽宁经济增长的路径选择》，经济管理出版社2006年版。

田凌：《金融业混业经营与范围经济》，《华商》2008年第4期。

万兴亚：《中小企业成长原理与方略》，人民出版社2005年版。

王彬、刘磊鑫：《台湾打造IC产业生态圈的经验启示》，《宁波经济》2019年第6期。

王昌林：《努力保持高技术产业平稳快速增长》，《中国科技投资》

2009 年第 4 期。

王大树：《关于范围经济的几个问题》，《管理世界》（月刊）2004 年第 3 期。

王德禄：《班加罗尔科技园的经验和启示》，《中关村》2015 年第 10 期。

王缉慈等：《创新的空间：企业集群与区域发展》，北京大学出版社 2001 年版。

王缉慈：《关于中国产业集群研究的若干概念辨析》，《地理学报》2004 年第 10 期。

王缉慈、王可：《区域创新环境和企业植根性——兼论我国高新技术企业开发区的发展》，《地理研究》1999 年第 18 期。

王锦红：《东北老工业基地外贸发展水平研究》，《理论界》2009 年第 3 期。

王凯：《企业集群创新能力提升的结构视角分析》，《科技管理研究》2009 年第 11 期。

王磊：《论我国企业集群类型的划分》，《科技进步与对策》2004 年第 6 期。

王荣：《浙江中小企业集群发展的竞争力分析》，《商场现代化》2007 年第 3 期（下旬刊）。

王蓉梅：《我国中小企业集群国际化及其策略研究》，《江苏商论》2007 年第 5 期。

王拓：《分工经济思想的发展——从亚当·斯密到新兴古典经济学》，《当代财经》2003 年第 11 期。

王文君：《中小企业集群网络化成长影响因素研究》，硕士学位论文，大连交通大学，2006 年。

王小平：《钻石理论模型述评》，《天津商学院学报》2006 年第 3 期。

王晓娟、韩勇：《对企业网络化成长的研究》，《价值工程》2008 年第 11 期。

王兴娟、张占洋：《论中小企业集群的竞争优势》，《山东工商学院学报》2004年第12期。

王亚丰、刘敬伟：《丹东市战略性新兴产业发展研究》，《辽东学院学报》（社会科学版）2010年第6期。

王英华、侯静：《浅析民营企业对外贸易可持续增长的途径》，《中国经贸导刊》2009年第23期。

王子良、金喜在：《东北地区产业集群发展的制度分析》，《东北师大学报》（哲学社会科学版）2008年第4期。

魏际刚：《加快提升重点产业竞争力的思路与建议》，《新经济导刊》2010年第11期。

魏江：《产业集群——创新系统与技术学习》，科学出版社2003年版。

魏江：《小企业集群创新网络的知识溢出效应分析》，《科学管理》2003年第24期。

魏守华、赵雅沁：《企业集群的竞争优势探究》，《财经问题研究》2002年第5期。

邬爱其：《集群企业网络化成长机制：理论分析与浙江经验》，中国社会科学出版社2007年版。

邬文兵、詹荷生：《企业成长二次跨越模式探讨》，《科学学与科学技术管理》2000年第4期。

吴国林：《广东专业镇：中小企业集群的技术创新与生态化》，人民出版社2009年版。

吴剑南：《品牌文化与企业核心竞争力浅探》，《重庆电子工程职业学院学报》2010年第4期。

吴强军：《浙江省中小企业集群化成长影响因素实证》，博士学位论文，浙江大学，2004年。

向清华：《基于新产业区理论的小商品市场空间集聚特性研究》，《商业研究》2010年第4期。

谢来位：《政府间招商引资政策合作机制的建构》，《开放导报》2010

年第 16 期。

谢宜家：《优化合肥经济圈招商引资策略研究》，《经济研究导刊》2010 年第 35 期。

熊远光、张莉莉：《新经济地理理论下的工业发展路径分析——以广西北部湾经济区为例》，《生产力研究》2009 年第 14 期。

徐丽、胡仪元：《企业品牌文化的构建研究》，《生态经济》2008 年第 8 期。

徐强：《产业集聚因何而生——中国产业集聚形成机理与发展对策研究》，浙江大学出版社 2004 年版。

徐艳梅：《企业成长研究》，《北京工业大学学报》1999 年第 12 期。

薛勇：《中小企业集群的竞争优势分析》，《商场现代化》2007 年第 6 期（下旬刊）。

杨国亮：《论范围经济、集聚经济与规模经济的相容性》，《当代财经》2005 年第 11 期。

杨华峰、刘利军：《国外中小企业集群向创新集群演进模式研究》，《工业技术经济》2009 年第 12 期。

杨立峰、李政：《企业成长理论与成长动力研究评述》，《价值工程》2006 年第 12 期。

银温泉：《推动东北地区国企改革不妨设立国企改革试验区》，《经济参考报》2019 年 7 月 8 日第 7 版。

尤振来、刘应宗：《西方产业集群理论综述》，《西北农林科技大学学报》（社会科学版）2008 年第 2 期。

张海山：《培育特色产业群——推进赤峰经济发展》，《赤峰学院学报》（文哲学社会科学版）2007 年第 5 期。

张立伟：《什么在阻碍中小企业的成长》，《观察与思考》2008 年第 4 期。

张明、许晓明：《转轨经济中制约企业成长的四维模型初探》，《上海管理科学》2005 年第 4 期。

张乃文：《国外中小企业集群特征与启示》，《企业活力》2005年第8期。

张平：《加快现代服务业发展的路径选择》，《科技信息》2010年第32期。

张庆辉：《内蒙古产业集群发展特征研究》，《阴山学刊》2007年第3期。

张娴、王萃：《谈引资、用资及三大弊端》，《商场现代化》2006年第27期。

张远鹏：《台湾新竹科学工业园的快速发展及原因分析》，《台湾研究·经济》1996年第2期。

张之梅：《中外企业成长理论研究述评》，《山东经济》2010年第1期。

赵强、孟越、王春晖：《产业集群竞争力的理论与评价方法研究》，经济管理出版社2009年版。

赵鑫、王淑梅、纪流河、程铭：《中小企业产业集群发展模式及建议——以辽宁省为例》，《科技管理研究》2010年第18期。

赵优珍：《中小企业国际化》，复旦大学出版社2005年版。

甄艳、李春艳、郑妍妍：《产业集群形成机制理论综述》，《东北师大学报》（哲学社会科学版）2006年第2期。

朱邦耀、罗有贤、李利平：《台湾新竹工业园的技术创新措施及对重庆高新区发展的启示》，《重庆交通大学学报》（社科版）2008年第2期。

朱海燕：《产业集群研究述评：研究脉络、趋势与焦点》，《研究与发展管理》2010年第12期。

朱婷：《中小企业集群网络竞争力评价分析——基于浙江省纺织、服装行业实证研究》，《经济问题研究》2007年第11期。

朱阳斌：《浅论中小企业文化建设》，《企业纵横》2008年。

[美]迈克尔·迪屈奇：《交易成本经济学》，经济科学出版社1999

年版。

[苏] H. H. 涅克拉索夫:《区域经济学——理论、问题、方法》,东方出版社 1987 年版。

[英] R. J. 约翰斯顿主编:《人文地理学词典》,柴彦威等译,商务印书馆 2004 年版。

Butera F. , "Adapting the Pattern of University Organization to the Needs of the Knowledge Economy", *European Journal of Education*, Vol. 35, No. 4, 2000.

Cross Rob, "A Practical Guide to Social Networks", *Harvard Business Review*, Vol. 83, Issue 3, 2005.

Foss N. , "Networks, Capabilities and Competitive Advantage", *Journal Management*, No. 15, 1999.

Johanson B. , "Business Formation A Network App Roach", *Scandinavian Journal of Management*, No. 4, 1988.

Oliver Williamson, *The Economic Institutions of Capitalism*, New York, Free Press, 1985.

Porter M. E. , *Competitive Strategy*, New York: Free Press, 1980.

Porter M. E. , "Location, Competition, and Economic Development: Local Clusters in A Global Economy", *Economic Development Quarterly*, No. 14, 2000.

Stigler G. J. , "The Division of Labor is Limited by the Extent of the Market", *Journal of Political Economy*, No. 59, 1951.

Uzor, "Small and Medium Scale Enterprises Cluster Development in South-Eastern Region of Nigernia", Osmund Osinaehi, IWIM, 2004.

Wernerfelt B. , "A Resource-based View of the Firm", *Strategic Management Journal*, No. 5, 1984.

后　　记

　　本书系我的博士毕业论文，因时间问题，其中有一些数据进行了相应的调整。本书从选题、研究、撰写、修改直至定稿的整个过程，都获得了吉林大学徐充教授悉心的、一丝不苟的指导。在写作过程中，我曾数次遇到瓶颈，是徐教授给予我某些独到的见解和观点，帮助我打开思路，使我能够顺利完成博士毕业论文。但之后的几年，我对"产业集群"的研究仍意犹未尽、热度不减，我结合国家发展政策及现实需要又对"产业集群低碳化"和"创新集群"问题进行思考，并发表《产业集群低碳化发展对策思考》（《经济纵横》）、《产业集群低碳化建设路径探讨》（《学术交流》）和《东北老工业基地产业集群低碳发展探析》（《税务与经济》）三篇文章，出版学术专著《美、日、德产业集群低碳化及对中国的启示》《吉林省产业集群向创新集群演进研究》两部。虽然近几年洋洋万言，但"集群经济"内容丰富，本人也仅能涉足其中很小的一部分，对很多内容还没来得及进行思考，例如，文化创意产业集群问题、贸易保护主义抬头后的产业集群未来发展走向等。因此本人未来的研究空间还很大，我将会继续关注"集群经济"，期望能够拥有更多心得。

　　在本书成稿付梓之际，我又再一次回想起3年的博士学习时光以及老师和同学们。在这里我要感谢吉林大学马克思主义学院其他的老师对本书曾经提出的宝贵意见！我要感谢师母王陆黎老师在我博士学习期间对我学习和生活等多方面悉心关怀！感谢我的同窗同学王晓雨、张志元、刘卫东、岳文飞等在博士论文写作期间对我的帮助、关心和支持。感谢吉林省长春市税务局的同志、吉林省中小企业局的同志、东北亚博览事务局的同志、长春市高新区管委会的同志以及辽宁省外经贸局的同志在实证调研过程中给我提供的帮助，如果没有他们的相助，我将不能顺利完成本书的写作。

另外，我还要深深地感谢家人，因为他们是我最坚强的后盾和最温柔的港湾。我的母亲张士清女士，给予我无私的爱与大力的支持，如果没有母亲的帮助我将与知识无缘！我要感谢我的公婆宁吉安先生和邵阁慧女士，帮助我照顾孩子，让我可以安心工作、心无旁骛！我要感谢我的表姐于洋女士和我的弟弟姜钧先生，在我论文撰写期间，帮助我校对稿件，提出合理化建议！我要感谢我的丈夫宁宇先生，对我默默地支持，每次工作中遇到瓶颈时，他都陪伴在我身旁，给予我勇气，支持我前行！我还要感谢我的儿子宁奕博，由于工作上的繁忙和压力，让我很多时候疏于对他的管理和照顾，但他依然爱我、支持我，并朝着我希望的样子，健康、善良、诚实、快乐地成长。而我，将始终怀着一颗感恩的心，继续努力前行！

最后，我衷心的希望读者对本书提出批评指正，并做进一步的学术探讨，以便让我能够用科学的思维方式来理解中国集群发展的经验和未来走向，更好地将高深的集群理论与我们的国家政策紧密联系起来研究"集群经济"。

姜宏
2020 年 6 月